# 皖西民间文学概要

马启俊◎主编

马启俊 王德兵 黄克顺 李莉 张虹◎编著

北京师范大学出版集团
安徽大学出版社

## 图书在版编目(CIP)数据

皖西民间文学概要/马启俊主编.—合肥:安徽大学出版社,2016.12

高等学校规划教材

ISBN 978-7-5664-1283-6

Ⅰ.①皖… Ⅱ.①马… Ⅲ.①民间文学－文学研究－安徽－高等学校－教材 Ⅳ.①I207.7

中国版本图书馆 CIP 数据核字(2017)第 001342 号

皖西学院校级质量工程优秀(特色)教材项目《皖西民间文学概要》(2013jc07)成果
皖西学院校级质量工程特色课程培育计划项目《皖西民间文学研究》(2013py07)成果

### 皖西民间文学概要

马启俊 主编

| | |
|---|---|
| 出版发行: | 北京师范大学出版集团<br>安徽大学出版社<br>(安徽省合肥市肥西路 3 号 邮编 230039)<br>www.bnupg.com.cn<br>www.ahupress.com.cn |
| 印 刷: | 安徽省人民印刷有限公司 |
| 经 销: | 全国新华书店 |
| 开 本: | 152mm×228mm |
| 印 张: | 17.75 |
| 字 数: | 210 千字 |
| 版 次: | 2016 年 12 月第 1 版 |
| 印 次: | 2016 年 12 月第 1 次印刷 |
| 定 价: | 42.00 元 |

ISBN 978-7-5664-1283-6

策划编辑:卢 坡　　　　装帧设计:李 军
责任编辑:戴欢欢 苗 锐 卢 坡　美术编辑:李 军
责任印制:陈 如

**版权所有　侵权必究**

反盗版、侵权举报电话:0551－65106311
外埠邮购电话:0551－65107716
本书如有印装质量问题,请与印制管理部联系调换。
印制管理部电话:0551－65106311

# 目 录

序 言 …………………………………………………… 〔001〕

## 第一章　皖西民间文学概述 ………………………… 〔001〕

第一节　皖西历史与现状概述 ………………………… 〔001〕
第二节　皖西民间文学概述 …………………………… 〔008〕
第三节　皖西民间文学调查与研究 …………………… 〔044〕
第四节　皖西民间文学保护与传承 …………………… 〔049〕

## 第二章　皖西民间故事 ………………………………… 〔057〕

第一节　皖西民间传说 ………………………………… 〔058〕
第二节　皖西传统生活故事 …………………………… 〔084〕

## 第三章　皖西民间歌谣 ………………………………… 〔112〕

第一节　皖西民间歌谣概说 …………………………… 〔112〕
第二节　皖西民间歌谣的内容与分类 ………………… 〔115〕
第三节　皖西民间歌谣的形式和艺术特点 …………… 〔127〕

## 第四章 皖西民间谚语、歇后语、谜语、对联 〔135〕

第一节 皖西民间谚语 〔135〕

第二节 皖西民间歇后语 〔156〕

第三节 皖西民间谜语 〔170〕

第四节 皖西民间对联 〔178〕

## 第五章 皖西民间曲艺和戏剧 〔194〕

第一节 皖西民间曲艺 〔194〕

第二节 皖西四弦书 〔214〕

第三节 皖西民间戏剧 〔223〕

第四节 皖西庐剧 〔239〕

**主要参考文献** 〔262〕

**后　记** 〔269〕

# 序 言

六安市位于安徽省西部,俗称"皖西"。皖西是一个山川秀美、物华天宝的好地方。山有大别山,崇山峻岭,峰峦叠嶂,云蒸霞蔚,雄奇秀美;水有淠史杭,碧波荡漾,舟楫往来,灌溉发电,造福一方。皖西自然资源丰富,是著名的麻都、茶乡、竹海、粮仓、中药材宝库、动植物天堂。

皖西地处大别山北麓、江淮之间,依山襟淮,承东接西,贯淮淠而望江海,连鄂豫而衔中原,地理位置十分重要,自古就是兵家必争之地。清人有《咏六安州》诗,把地处皖西的六安市的地理位置及其战略意义概括得十分准确:"屏障东南水陆通,六安不与别州同。山环英霍千重秀,地控江淮四面雄。"

皖西历史悠久,文化积淀丰厚。皋陶文化、楚汉文化、古城文化、水利文化、茶麻文化、民俗文化、红色文化、教育文化等众多文化在这里孕育、产生、发展、传播,意义重大,影响深远。

皖西的文学艺术就是在这样的自然环境和文化氛围的深刻影响下产生、成长,并逐渐积累、丰富,蔚为大观,成为中国文学史乃至世界文学史上颇具地域特色的组成部分。一大批皖西籍的文人作家在诗词、散文、小说、戏曲等文学领域贡献巨大,声名远播。皖西文苑,可谓星光灿烂。聊选数例,可见一斑。

明朝嘉靖、隆庆、万历年间的寿州人张野塘,善弹三弦,又善唱北曲,改革昆山腔(又称"水磨腔"),创江南丝竹,成为著名的戏曲音乐家、昆曲音乐创始人之一,随着昆曲的广泛流传而被世人所熟知。

清末民初寿春人黄吉安(1836—1924),是近代川剧史上的剧作大师,潜心于川剧剧本与扬琴唱本创作,短短 20 多年时间,共创作川剧剧本《江油关》《柴市节》《闹齐廷》等 80 多部和四川扬琴唱本 20 多种,作品被誉为"黄本",为川剧艺术宝库留下了一笔珍贵的遗产。《黄吉安诗集》6 册共收录旧体诗 888 首,亦有可观。

现当代皖西籍作家文学成就更是斐然,影响深远。1925 年,鲁迅在北京发起组织的"未名社"文学团体,成员有鲁迅、曹靖华、韦素园、李霁野、台静农、韦丛芜 6 人,其中后 4 人都是从皖西叶集古镇走出去并对文学创作和翻译做出重要贡献的作家,叶集"未名四杰"成为中国现代文学史上的著名作家群体。

皖西金寨县白塔畈人蒋光慈(1901—1931),是现代著名作家、中国无产阶级文学奠基者和最有代表性的小说家之一。他在短暂的 30 年的人生历程中,留下了约 150 万字的文学作品,其中诗集《新梦》(1925),中篇小说《少年漂泊者》(1926)、《短裤党》(1927),长篇小说《咆哮了的土地》(1930)等,在中国现代文学史上占有重要的地位。

祖籍皖西寿县的北京大学教授金克木(1912—2000)是著名学者,也是著名文学家、翻译家,与季羡林、张中行、邓广铭一起被称为"未名四老",又与季羡林、张中行合称为"燕园三老"。金克木一生笔耕不辍,留下学术专著 30 余种,其中《梵语文学史》是学习印度文学的必读课本。金克木的诗歌、散文文笔清秀,情感深沉,寓意深刻,耐人寻味。他有诗集《蝙蝠集》《雨雪集》,小说《旧巢痕》《难忘的影子》,散文随笔集《天竺旧事》《燕口拾泥》《燕啄春泥》《长短集》等,翻译作品《云使》《我的童年》《印度古诗选》《流转的星辰》等,在中外文学史上都颇有建树。

皖西霍邱籍当代著名军旅作家徐贵祥(1959—),有多部军事题材的小说问世,获得众多奖项。如长篇小说《历史的天空》获得第六届茅盾文学奖、第三届人民文学奖、第十届中国人民解放军文艺奖、第八届"五个一"工程奖;中篇小说《潇洒行军》获《昆仑》1991至1992年优秀作品奖,中篇小说《弹道无痕》获《解放军文艺》1991至1992年优秀作品奖,中篇小说《决战》获第七届中国人民解放军文艺奖,长篇小说《仰角》获第九届中国人民解放军文艺奖等。有多部小说被改编成电影和电视连续剧,反响强烈。

其余的皖西籍现当代文学家还有很多,如霍邱城关人李何林(1904—1988),是作家、著名的鲁迅研究专家,"开鲁迅研究先河的人"。霍邱城关人王冶秋(1909—1987),是学者、作家、社会活动家,新中国文物事业的奠基者。舒城人钟鼎文(1914—2012),笔名番草,是诗人,与覃子豪、纪弦并称台湾现代"诗坛三老",又与覃子豪、余光中等为"蓝星诗群"的代表人物,曾任世界诗人大会荣誉会长。舒城人艾煊(1922—2001),是作家,出版小说、散文集和电影剧本多种。寿县人张锲(1933—2014),是作家,出版长篇报告文学、长篇小说、长诗、电影剧本、话剧、散文等作品近300万字,担任过中国作家协会书记处常务书记、副主席,中国文联副主席,中华文学基金会副会长兼总干事。

皖西历史上还有一些贤达乡绅、隐逸文人、闲居官宦、客居商贾等,用文学笔触记录皖西历史变迁、文化发展,描述皖西山水人文、乡风民俗,抒发个人怀抱、喜怒悲欢,留下大量文学书画作品。其中的诗词、散文、小说、剧本等多数在家族后辈中流传、亲戚朋友中转抄,存世不多,文名不显,甚至后来真名亦不为外人所知,但其文学艺术价值和历史认识价值不可等闲视之。如清末民初浣月道人的《六安竹枝词九十九首》、寿县当代隐逸诗人朱鸿震(笔名江雨)的旧体诗词《江雨七言律诗手抄》《江雨五言律诗手抄》《朱鸿震诗词集》等,可谓字字珠玑,篇篇锦绣,皆为上乘之作。

皖西当代文坛还活跃着一大批生于斯、长于斯的本土作家,他们始终扎根皖西大地,努力汲取乡土营养,描写皖西市井百态,讴歌皖西振兴发展,在文学创作领域辛勤劳作,自由挥洒,纵横驰骋,硕果累累。如以孙坂、马德俊、陈斌先、张子雨、金从华、谢鑫、方雨瑞、黄圣凤等8位中国作家协会会员为代表的、以省市作家协会会员为主体的一大批老中青作家,用优秀的诗词、散文、小说、剧本装点了皖西文学艺术的天空,滋润了皖西民众渴求审美、爱好文学的心灵,扩大了皖西文学在全省乃至全国的影响。

皖西的民间文学同样历史悠久,精彩纷呈。皖西地区地形、地貌复杂,文化积淀深厚,民间文学的生态环境优越,资源丰富,独特的自然环境和人文环境孕育了独特的民间文学艺术。皖西民间文学可以追溯到远古时期的民歌民谣和神话故事,此后经历了漫长的发展历程,融合皖西的地理环境、人文传统,具有鲜明独特的地域特征和多姿多彩的艺术特征。皖西民间文学作品种类齐全,体裁多样,数量众多,既有优美动听的民间歌谣、神奇迷人的民间故事、热闹诱人的民间戏曲,又有言简意赅、启人心智的谚语、歇后语、谜语、令语、对联等。皖西民间文学是我国文学艺术大花园里一朵朵鲜艳的山花,芳香四溢,美不胜收。

美国著名人类学家弗朗兹·博厄斯说过:"任何一个民族文化,只能理解为历史的产物,其特定性决定于各民族的社会环境和地理环境。"皖西民间文学正是皖西人民在漫长的历史发展过程中,结合所生活的社会环境和地理环境,用情感和智慧创造出来的口头语言艺术,具有丰富的思想内容和多样的艺术形式,具有多样化的价值,如历史认识价值、艺术审美价值、民俗文化价值、科学实用价值、思想教育价值、娱乐消遣价值等。

皖西民间文学在历史上既产生了大量优秀的作品,有过令人骄傲的辉煌成就,也遇到过各种阻力和障碍,有过令人痛心的挫折和坎坷。皖西民间文学从古到今,为皖西人民建立了一片美丽富饶的精神家园;皖西民间文学还要借助时代的东风,在传承中发展,在保护中利用,为党的文化强国战略实施和社会主义文化大发展、大繁荣谱写新的篇章。

目前皖西民间文学的确面临着一定的生存和发展的困境和危机。随着社会经济的不断发展和人们生活水平的逐步提高,人们的思想观念和生活方式在改变,对文学艺术欣赏的要求和接受的途径也在不断变化,导致一些口传的民间文学遗产正在淡出人们的文化视野,面临失传的危险。因此,抢救性保护、适度开发和合理利用皖西民间文学遗产,已是迫在眉睫的重要任务。六安市各级政府、文化部门和社会各界有识之士应积极行动起来,加紧调查研究,采取妥善措施,对皖西民间文学加以采集整理、研究宣传、保护利用、传承创新,以使皖西民间文学遗产能够取得应有的地位,发挥应有的作用。

在重视民族文化和民众文化,推动社会主义文化大发展、大繁荣的政治生态和时代背景下,对皖西地区民间文学遗产进行调查和研究、保护和传承,是一项十分重要和急迫的政治和文化任务,需要政府部门、社会各界、高等院校的相关人员和有识之士共同参与,寻找解决问题的策略和途径。我们要高度重视皖西各地民间文学遗产资源的调查和挖掘,组织申报各级非物质文化遗产代表性项目,同时保护和开发好已申报成功的项目;要组织文史研究专家学者和民间文化爱好者,对皖西地区民间文学遗产及其活态保护传承等相关问题进行深入的调查与研究,积极出版和发表相关学术成果;本地各类媒体要经常刊登相关文字或播放相关音频、视频作品，共同宣传和介绍皖西民间文学作品，或报道皖西民间文学相关活动；各级政府部门、文化单位、旅游景区、各类传媒等可以组织民歌展示会、广场舞、街头文艺演出、旅游文化艺术节等活动，宣传推介皖西民间文学，提高皖西民间文学的知名度和美誉度，实现活态保护和传承的目的。

皖西地区还有大量的民间文学遗产代表性传承人，也需要我们真诚地加以关心，大力改善他们的生活条件，使他们能够全身心传承皖西民间文学和培养后继人才，实现皖西民间文学的延续和发展。皖西地区各级各类学校也应该让本土民间文学资源走进课堂和教材，积极主动开展乡土教育、素质教育，培养应用型人才（特别是民间文学专门人才），使皖西民间文学能够后继有人，代代相传。

高尔基曾经说过："过去所创造的东西，对社会可珍贵的东西，都和今天保持着可贵的联系。"因此皖西民间文学自身也要进行内容和形式的革新和发展，在保留传统艺术精华的基础上，紧密结合新时期人民群众的审美情趣、欣赏需要，内容要跟上时代发展和社会变迁，形式要适应科学技术的最新发展和应用，多侧面、多途径地反映群众的生活和情感，只有这样，才能赋予皖西民间文学以新的时代气息，使之不断发扬光大。

总之，只要政府重视，社会支持，民众参与，皖西民间文学遗产的保护与传承一定会取得成效，并发挥长远效益；只要继承传统，大胆创新，与时代紧密结合，坚持以人民为中心，皖西民间文学就会发展到一个新的高度。我们衷心地期望生长于古老的皖西大地上的民间文学艺术之花，在新的时代里绽放得更加多姿多彩、鲜艳夺目。

马启俊

2016年4月10日

# 第一章　皖西民间文学概述

## 第一节　皖西历史与现状概述

"皖西",顾名思义,字面所指即安徽省西部地区,不过,在人们的语言表达中,已经约定俗成,"皖西"一般情况下仅指六安市,六安市也俗称"皖西",两者可以互指互换。因此,"皖西"一词的内涵有广义和狭义之分。本书的"皖西"所指为狭义,等同于六安市。

六安市位于安徽省西部,大别山北麓,现在的管辖范围包括霍邱县、金寨县、霍山县、舒城县4县和金安区、裕安区、叶集区3区,以及六安经济技术开发区和六安市承接产业转移集中示范园区。全市130个乡镇、8个街道、106个城市社区、245个农村社区、1831个行政村。总面积15451平方公里,居全省第一。总人口580.5万人,居全省第五。人口分布在29个民族中,其中以汉族为主,少数民族占0.7%,以回族居多。[①] 六安市委、市政府所在地六安(俗称小六安市,区别于包括各县区

---

[①] 本章第一节有关六安市历史沿革和发展现状的基本情况,主要依据六安市人民政府网六安市情《概述篇》(http://www.luan.gov.cn/content/detail/52131b13682e0918d44ae2e2.html,发布于2016年4月21日)。

的大六安市)是大别山区域中心城市和皖西政治、经济、文化、教育、医疗、交通中心。

六安市区划图

皖西地区是中华文明曙光升起的地方之一,远在新石器时代,这里就有人类活动。从新石器时代开始,三苗部落就在此生息繁衍。尧、舜、禹时期,皋陶部落迁来皖西,这里是偃姓皋陶部落活动和聚居地。《帝王世纪》记载:"皋陶卒,葬之于六。禹封其少子于六,以奉其祀。"故六安市又称"皋城"。皋陶部落与三苗部落融合为东夷之一支,创造了辉煌厚重的皖西远古文化。

西周时期,六安境内形成英、六、蓼、群舒诸方国。春秋后期到战国时期,六安属楚,皖西逐渐发展成为晚楚文化的重心,寿县的寿春镇就是楚国的最后一个都城。

秦时六安属于九江郡。公元前121年,汉武帝在此置六安国,取"六地平安,永不反叛"之意,"六安"之名遂沿袭至今。"六安"的"六"也因"六地"的古方国之音而读"lù",不读"liù"。

此后六安的行政归属和区划名称代有沿革,变化较多。三国时六安归属魏国;两晋时,分属于豫州的安丰郡和扬州的淮南郡、庐江郡;隋时,分属于淮南郡和庐江郡;唐时,分属于寿州和庐州,其间还设置了舒城县和盛唐县;两宋时,沿袭旧制,归属大致与唐相当;元末,始有六安州;明时,北属寿州、南属六安州;清初,属江南行省右布政使司所辖的寿州和六安州,在江南行省分为江苏省、安徽省后,隶属于安徽省凤颍六泗道的六安州。

民国初年,寿县、霍邱县属于安徽省淮泗道,其余县区属于安徽省安庆道。1931年,六安、霍山(含有今金寨县的一部分)和邻近的英山、罗田、商城五县成立工农民主政权,曾称"五星县"。1940年,改称第二行政督察区。1947年10月,成立了皖西行署。1949年1月,六安迎来了解放;4月,成立了六安地区专员公署,隶属皖北行署。1952年,皖北行署与皖南行署合并,成为安徽省,六安专区隶属安徽省。此后,庐江县一度划入六安专区,后来划归巢湖专区;肥西县曾两度划入六安专区,后来划归合肥市。

1978年,以原六安县城关及附近郊区组建成立了县级六安市。1992年12月,六安市与六安县合并,成立新的县级六安市。1999年9月,经国务院批准,六安撤去地区建制,设立管辖原"六安地区"所辖范围的六安市(大六安市),原县级六安市分设为金安区、裕安区。六安市区(小六安市)即分属于金安、裕安两区,两区其余范围为原六安县管辖范围。

2000年3月,省辖六安市正式挂牌成立,至2015年底,管辖范围包括寿县、霍邱县、金寨县、霍山县、舒城县5县和金安区、裕安区2区,以及省级六安经济技术开发区、叶集改革发展试验区和六安市承接产业转移集中示范园区。2015年10月,国务院批复同意设立叶集区(原为叶集改革发展实验区),2016年2月28日叶集区正式挂牌成立,原霍邱县部分乡镇分两批划归叶集区管辖。全区现辖姚李镇、洪集镇、三元镇、孙岗乡、平岗办事处、镇区办事处共6个乡镇(办事处),区域面积568

平方公里,总人口26.9万人。① 2015年12月,国务院批复同意将六安市寿县划归淮南市管辖。2016年1月4日,寿县正式划入淮南市。②

六安因地理位置独特,位于大别山区、江淮之间,历史上就是战略要地。清人有《咏六安州》诗赞曰:"屏障东南水陆通,六安不与别州同。山环英霍千重秀,地控江淮四面雄。"因此在六安这片土地上,发生了诸多重要的战争和重大的历史事件,不仅影响了六安市的历史发展和政区沿革,而且对中国的社会政治、历史文化、民风民俗、语言文学等的发展进程也产生了深刻的影响。仅列举几例,即可见一斑。

战国后期,楚考烈王迁都寿春,使寿春成为楚国政治、军事、经济、文化的中心和当时的大都市,晚楚文化优秀灿烂,影响可谓深远。

西汉淮南王刘安都寿春时,主持编写了著名的历史文献《淮南子》,又因为炼丹而发明了豆腐,这些对中国乃至世界文化的发展,贡献可谓巨大。

《淮南子》后世版本之一

寿县淮南王墓

---

① 主要依据六安市叶集区人民政府网站《六安市叶集区简介》(http://www.ahyeji.gov.cn/UserData/SortHtml/1/7886197746.html,发布于2016年8月)。

② 主要依据寿县人民政府网站(http://www.shouxian.gov.cn)等相关网站资料。寿县尽管已于2016年年初正式划归淮南市管辖,但是其地理位置仍属皖西地区,与皖西自然和人文有着割不断的联系,因此本书仍然将其纳入皖西民间文学调查研究的范围,继续开展相关课题研究和文化服务。

公元 383 年 10 月,东晋迎战前秦,在寿阳(今寿县)淝水之滨、八公山下取得了中国历史上著名的淝水大捷。这是一个以少胜多的辉煌战例,改变了当时北强南弱的政治局面,开始了南北朝的对峙局面。

　　辛亥革命时期,六安风云突起,思潮涌动,处在时代变革的最前列。淮上军在寿州崛起,成为当时革命军中的一支劲旅,先后光复了六安、霍邱、颖上、阜阳等广大区域的 23 个州县,大力推动了六安乃至江淮地区革命形势的发展,在中国近代史上写下了极为光辉的一页。

　　众所周知,六安是全国著名的革命老区,堪称革命的前哨、斗争的中心、红军的摇篮、将军的故乡。早在 1920 年,朱蕴山等六安进步知识分子就组织了"中国革命小组",积极宣传马克思主义和反帝反封建思想。1923 年,在寿县小甸集成立了中国共产党特别支部,这是安徽省建立最早的党组织,并且直属党中央领导。1929 年,在六安爆发了立夏节起义和六霍起义,组建了红十一军三十二师、三十三师,创建了皖西革命根据地。1932 年 3 月,徐向前在这里指挥了著名的苏家埠战役,历时 48 个昼夜,粉碎了国民党军队的"第三次围剿",取得了鄂豫皖苏区革命史上空前的辉煌胜利。

　　抗战初期,六安的金家寨因其重要的地理位置和战略位置,一度成为安徽省首府所在地,国共两党的重要机构均设驻于此。一时间各路人员纷纷汇聚皖西,各界人才荟萃,精英名流如云,六安一跃成为当时安徽的政治、军事、经济、文化中心,广受国内外关注。1938 年 2 月,安徽省抗日民众总动员委员会在六安成立,董必武等共产党的领导人曾在这里指导和推动抗日救亡运动。

　　解放战争时期的 1947 年 6 月,刘伯承、邓小平率领晋冀鲁豫野战军主力,挺进中原,千里跃进大别山,在六安取得了张家店大捷等重要战果。六安在中国革命战争中又一次成为发生重大转折的重要地区,为新中国的诞生做出了新的贡献。

古往今来,在六安这块土地上,不仅出现了诸多政权的新旧更替,发生了无数重大的历史事件,在中国历史发展进程中发挥了重要的影响作用,而且六安也是人杰地灵、英才辈出之地,数不清的历史文化名人为家乡、国家乃至世界做出了名垂青史的巨大贡献。如上古时期有辅佐舜、禹劳苦功高,与尧、舜、禹合称"上古四圣"的皋陶;秦末农民大起义时期有能征善战、叱咤疆场的名将英布;汉代有"开巴蜀教化之风"的文翁,主持编写《淮南子》的淮南王刘安;三国时期有"雄姿英发"的名将周瑜;宋代有号称"宋画第一"的国画巨擘李公麟;明代有我国兽医学鼻祖、写出《元亨疗马集》的喻氏兄弟喻本元、喻本亨;清代有一代帝师、状元孙家鼐;近代有辛亥名杰柏文蔚、张汇滔、朱蕴山;现代有抗日名将方振武、孙立人,著名"左翼"作家蒋光慈,"未名四杰"台静农、韦素园、韦丛芜、李济野等。

新民主主义革命时期,六安更是时势造英雄,平民出伟人,涌现了以许继慎为代表的一大批无产阶级革命先驱和杰出的军事将领。在20世纪五六十年代授予军衔的中国人民解放军将军行列中,皖西籍的将军就有108位,占全安徽省130位的近85%。其中有两次被授予上将军衔(在中国人民解放军历史上仅此一例,在国外也没有先例)的洪学智,有解放战争时期指挥中原突围、创造了堪称世界军事史上奇迹的中将皮定均,有被毛泽东主席、周恩来总理誉为"游击专家""民兵专家"的中将林维先,有被毛泽东主席誉为红军的"陕南王"的中将陈先瑞等著名将领。在全国9个将军县中,六安就有金寨县和原六安县两个,六安是名副其实的"将军之乡"。

新中国成立以后,六安人民发扬艰苦奋斗、勇于奉献的革命传统,积极开展社会主义革命和社会主义建设,全力以赴支援国家发展,做出了巨大的牺牲和杰出的贡献。特别是响应毛泽东主席"一定要把淮河修好"的号召,完成了举世闻名的淠史杭特大型水利工程，创造了彪炳千秋的人间奇迹，彻底改变了六安农业生产和农村经济长期落后的面貌。

改革开放以后，六安注重农村改革和城市建设，发展速度在加快，全市经济和社会发展步入了"快车道"。六安依山襟淮，承东接西，区位优越，得天独厚。六安地处中原，周边与合肥市、安庆市、淮南市、阜阳市、武汉市、信阳市等省内外城市相连，是沿淮经济区和合肥经济圈的重要城市。

如今的六安改变了过去穷乡僻壤、交通极不发达的状况，道路可谓四通八达，方便快捷，平稳舒畅。312、206、105等3条国道，宁西、合九、阜六、沪汉蓉快速铁路通道等4条铁路，沪陕、沪蓉、济广、合阜、合安等5条高速公路纵横全境，连接祖国的四面八方。六安市因此被国家交通部确立为陆路交通运输枢纽城市。除了陆路，六安空中交通也比过去便利，距离新建成使用的合肥新桥国际机场也仅仅半个小时的车程。

六安还是个资源富集的地区，有1000多万亩广阔的山场，近400万亩可养水面，120亿立方米的地表水资源，6大水库积蓄了Ⅱ类以上优质水源70亿立方米。因此，竹木、茶麻、中药材、水产品相应的产量很高，经济价值巨大。六安矿藏资源丰富，有40多种金属和非金属矿藏。如霍邱铁矿探明储量20亿吨以上，远景储量30亿吨，居华东第一、全国第五；金寨钼矿探明储量220万吨以上，开采潜在价值达1万亿元；六安玉石（又名霍山玉、㵐河玉、黄蜡玉）藏量较大，品相上乘，色泽独特，遐迩闻名。

六安的产业发达，基本形成了铁矿冶金、食品加工、机械制造、服装轻纺、能源电力、建筑建材等重点产业，初步构建了大别山区域生产制作、商贸物流中心。尤其是融红色、绿色、古色为一体的旅游产业特色鲜明、效益显著。六安是绿色家园、人文胜地，境内自然景观、人文景观众多，大大小小的风景区遍布各地。位于金寨县的国家5A级风景区天堂寨，堪称华东最后一片原始森林、大别山国家地质公园,每年吸引大批游客前来观光考察。全国历史文化名城寿县,保存着全国唯一完整、宏伟、壮观的宋代古城墙。八公山、南岳山、铜锣寨、万佛山、万佛湖、安丰塘、水门塘等是著名的风景名胜区和休闲度假区,还有大量历史悠久的古建筑、古墓群、古战场,多处国家级、省级、县级重点文物保护单位和革命纪念地。所有这些,真实地反映了皖西优美的自然风光、丰厚的历史文化和可歌可泣的革命先烈英雄事迹。

改革开放以来,六安市的农业总产值和工业增加值有很大提升,旅游经济、个私经济、开放型经济蓬勃发展,城镇规模不断扩大,农村面貌大为改观,居民收入增加,衣食住行等生活条件得到了极大改善,教育、医疗、卫生、广播、电视、网络媒体等各项社会事业也在蓬勃发展。

在当今开拓创新和建设发展的转型时期,六安将继承革命老区的光荣传统,发扬"立德、奉献、创新、图强"的新时代的"六安精神",走科学发展、可持续发展、特色发展和绿色发展道路,全面推进政治、经济、社会、文化以及生态文明建设,把六安建设成繁荣、富裕、文明、和谐的幸福六安,让皖西大地成为祖国的一颗璀璨明珠。

## 第二节　皖西民间文学概述

六安市所辖区域即皖西地区,地形地貌多样,有山区,有平原,有河流,有湖泊,可谓山清水秀,沃野千里。境内湖泊星罗棋布,岗岭高低起伏,肥田沃土,阡陌纵横,物阜粮丰,人杰地灵。皖西地区自古以来就是政治斗争的漩涡、金戈铁马的战场,也是农林畜牧水产品繁盛的鱼米之乡,又是民族文化产生、发展、交汇、融合的一片热土。因此,皖西民间文学的生态环境极为优越,资源极为丰富,文学作品不仅种类齐全,数量众多,而且独具皖西地域特色和民俗风格,是我国民间文学大花园里一朵朵鲜艳的山花,芳香四溢,沁人心脾。

**一、皖西民间文学的发展历程**

皖西民间文学历史悠久,可以追溯到远古时期的民歌民谣和神话故事。此后经历了漫长的发展历程,融合进了皖西的地理环境、历史传统、人文色彩、方言土语,具有鲜明独特的地域特征和多姿多彩的艺术特征,体现出自然与人文交融、共性与个性并有、高雅与通俗齐备、稳定与发展共存的特点。可以说,皖西的山林里孕育着、山泉水里浸润着、庄稼地里生长着、渔船舱里满载着的,都是令人心驰神往的民间文学艺术。

皖西民间文学体裁多样,有韵文类的民间歌谣,散文类的民间故事,说唱类的民间戏剧、民间曲艺,还有短语类的谚语、歇后语、谜语、令语、对联等。皖西民间文学除了具有国内外各类民间文学体裁的共性特征外,也有很多作品从形式到内容都具有皖西地域文化的独特性。

皖西地区民歌数量众多,内容丰富,形式多样,感染力强,其中皖西大别山地区的民歌尤为丰富多彩,独具特色,是中国民歌体系中的重要一环。大别山民歌2008年被列入第二批国家级非物质文化遗产名录,受到了世人的关注和认可。

大别山位于鄂、豫、皖三省交界处,皖西是其主要组成部分。大别山群峰逶迤,林木茂盛,沟壑纵横,川流不息,鸟兽成群,花果飘香。大别山自古以来就有人居住,繁衍生息,代代相传,并且人文荟萃,人才辈出。这样独特的自然环境和人文环境,孕育了独具魅力的大别山民歌。

皖西著名作家徐航在全面研究大别山民歌后说:"民歌的编创、演唱和运用,自古以来,一直是大别山地区的群众文化活动,从未停息。随着原始农业和采矿业等等的出现,而涌现的歌咏各种劳作的歌谣;随着社会进步,人们对娱乐的追求,而在各种灯会及文娱活动中涌现的形形色色的歌谣;随着阶级、民族斗争激烈出现,而涌现的歌咏各种斗争、战事、英雄的歌谣;还有,无处不在、无人不唱的丰富多彩、动人心魄的情歌等等,不同时代都在大别山地区留下了踪迹。"①

皖西大别山区远古时期的先民就有了音乐舞蹈、诗歌传唱,如中国第一部诗歌总集《诗经》的"周南"部分,就收有大别山地区的民歌。战国时皖西属楚,受楚文化浸润颇深。楚人善唱,楚歌有名。宋玉《对楚王问》提到楚国都城郢中有主客唱和楚曲《下里》《巴人》《阳阿》《薤露》《阳春》《白雪》,还"引商刻羽,杂以流徵"。可见楚人唱歌风气浓厚,唱歌技巧高超,难怪有"四面楚歌"之威力。

商周时期出现的"南音"既是歌诗,也可配合乐器伴奏演唱。南方民间歌词南音后来发展成为"楚辞",流行于楚地。汉代楚歌与赵、代、秦地歌谣一起被称为四大地方歌谣。南音、楚辞、楚歌在汉代依然盛行于淮南和皖西地区。

因为皖西是楚汉故地,具有众多的楚汉文化遗迹和深厚的楚汉文化底蕴,所以皖西大别山人爱唱歌,而且善唱歌,所唱慢赶牛、挣颈红就是有名的大别山民歌腔调。至今地处大别山腹地的金寨县斑竹园一带,还有人会用楚声唱歌,这是古代楚国民歌在皖西深山区的遗留,堪称"活化石"。

值得一提的是,西汉由淮南王刘安都寿春时主持编写的《淮南子》,反映了皖西地区农民们"叩盆抚瓴,相和而唱野歌"的情况,还记载了百姓抬重物时喊号子"邪许"的具体情况。更为难能可贵的是,该书还记录了一首当时在寿县当地流传的民谣《尺布谣》:"一尺布,尚可缝,一斗粟,尚可舂;兄弟二人不相容。"因此,《淮南子》在记录皖西民间文学方面具有很大的贡献。

魏晋南北朝时期,皖西地区仍然流行有不少民间歌谣,有

---

① 徐航:《大别山民歌概述》,载《大别山民歌精选》,中国文联出版社,2012年版,第5页。

的被史书记载下来。如三国吴时寿春有童谣:"吴天子,当西上。"六朝时大别山区有歌谣:"君乘车,我戴笠,他日相逢下车揖。君担簦,我骑马,他日相逢为君下。"

唐宋时大别山区出现了类似于今天仍然在皖西金寨、舒城一带流传的挣颈红民歌腔调,这种民歌唱法极为独特,发音不合常规,外地人难以听懂,因此常使人感到很奇特。如宋代苏轼在《东坡集》中就记载道:"余来黄州,闻黄人二三月皆群聚讴歌,其词固不可解,而其音亦不中律吕,但宛转其声,高下如鸡唱尔,与庙堂中所闻鸡人传漏微似……土人谓之山歌。"这里记载的虽然是苏轼在鄂东北黄冈为官时当地人讴歌的情景,但是因为黄冈位于大别山南麓,也属于大别山区,东部又与安徽相连,因此当地山歌与皖西大别山区的山歌具有同样的艺术风格,并且这种山歌相沿传承至今。

明代大别山区已经出现了颇具代表性的"五句头"式山歌,就是由五句歌词构成的短歌谣,其中以情歌为主。在明代文学家冯梦龙选编的《山歌》中,收录了地处大别山区的桐城的时兴歌 24 首,多为当时流行在大别山区的五句头山歌。今天的皖西大别山情歌仍然多为这样的五句头,其中往往前四句是叙述和铺垫,最后一句点题。如霍邱民歌《送别》:"送郎送到十里岗,送郎一挂小炮仗。走一里来放一个,走二里来放一双。看不见情郎听炮仗。"再如六安的慢赶牛民歌《新打龙船下江河》:"新打龙船下江河,桅杆高头挂铜锣。好锣不要重锤敲,撩姐不要话语多,只要五句真山歌。"

明清两代大别山区茶叶生产、销售旺盛,但是茶农们在采茶季节日夜操劳,辛苦备尝,遭受层层盘剥,所获甚少,因此反映茶农采茶制茶、日夜辛劳之苦与抒发遭受盘剥、内心不平之气的民间茶歌也就特别多,这些茶歌甚至引起了官方和文人的注意,在官修志书和文人诗作中都有记载和评价。如清同治十一年(1872)《六安州志》记载了徐致觉的《游齐云》诗:"风光只有春三月,处处山头唱采茶。"黄珂的《前题》:"岩间竹韵思无影,谷里茶歌偶听声。"无锡朱襄的《采茶词》:"采茶上山争唱歌,歌声欢少愁较多。"程燕兰的《山王河道中》:"西风送我迤归去,犹听儿童唱采茶。"清嘉庆二十一年(1816)《霍山县志》也记载了无名氏的一首古体诗《春山采茶歌》:"松风吹处闻茶歌,山山相应清且和。"

近代以来,统治阶级对民众的压迫加重,加上帝国主义入侵、军阀战争、自然灾害,人民负担愈重,痛苦愈深,因此控诉黑暗与罪恶,表达不幸与痛苦,追求抗争与光明,希冀富裕与平安等方面的民歌日益增多。

"五四"运动以后,随着北京大学歌谣运动的兴起,皖西民歌也受到了学人们的重视,登上了大雅之堂。如当时的北京大学未名社成员、"未名四杰"之一的台静农,从北京返回家乡六安叶集古镇,搜集情歌、儿歌、社会生活歌等皖西民歌2000多首,在北京大学《歌谣周刊》上发表了113首情歌。1970年,著名民俗学家娄子匡将其编入"民俗丛书"第24种,以《淮南民歌集》之名,由台北东方文化书局印行,其中包括这113首叶集情歌和《致淮南民歌的读者》《从"杵歌"说到歌谣的起源》《山歌原始之传说》《附录:冯沅君(论杵歌)》等有关民歌的文章。这是皖西民歌由文人搜集整理和出版的最早尝试。

辛亥革命和国内革命战争时期,皖西地区始终处在革命斗争的最前沿,皖西地区是辛亥革命的中心地区之一和鄂豫皖革命根据地的重要组成部分,革命先驱和人民群众利用通俗易懂的民间文学形式宣传革命,发动群众,鼓舞斗志,揭露罪恶,出现了大量的红色歌谣、革命故事、戏剧曲艺,其数量之多、影响之大,在全国各个革命根据地都是少见的,其中诞生于金寨县的《八月桂花遍地开》更是唱遍全国,成为经久不衰的著名红色歌曲。

皖西的红军歌谣数量众多,影响深远,是皖西红色文化的重要组成部分,在革命战争时期发挥了巨大的宣传鼓动作用。这些红歌大多是在皖西已有的民歌小调的基础上填词改编而成,典型的如赞颂苏维埃政权的著名红色歌曲《八月桂花遍地开》,就是在大别山民歌《小小鲤鱼压红鳃》的曲调《八段锦》的基础上,由时任商城县果子园乡(今属金寨县)佛堂坳模范小学校长的共产党员罗银青重新填词,创作而成。

抗日战争时期,皖西人民积极行动起来,抗击日本侵略军。也出现了很多宣传动员群众参军参战,为抗日军民筹集粮草、传送情报、整编地方武装、打击汉奸土匪的民间文学作品,其中尤以民间歌谣为主,其宣传鼓动作用也是十分明显的。如流传在六安东河口镇一带的《四季打东洋》(讨学钱调)、《十二月抗战》(手扶栏杆调)等,就是如此。

解放战争时期,皖西民歌表现了老区人民欢迎、支持人民子弟兵,迎接刘邓大军,军民并肩战斗,打倒国民党反动派,争取民众解放,迎接新中国诞生的满腔热情和牺牲奉献精神。

新中国成立后,皖西人民翻身得解放,政治地位提高了,劳动热情高涨,文学创作的积极性也有了极大的提高,出现了一大批民众创作表演能手和具有社会主义新时期时代风貌的民间文学作品。如舒城县枫香树(汉代文翁故里)的民歌创作闻名全国,一批农民诗人歌手甚至出版了民歌集。①

皖西地区自然环境复杂多样,导致人们的思想观念、宗教信仰、心灵情感受其影响,也变得复杂多样;皖西历史悠久,人文荟萃,物华天宝,人杰地灵,因此重要的历史事件和各种类型的历史文化名人众多,人文环境优越,这些自然和人文的因素使得皖西民间故事易于产生和广泛流传,日积月累,资源极为丰富。皖西民间故事包括神话、传说、生活故事、笑话、寓言、童话等,类型多样。

---

① 本章第二节关于皖西民歌发展过程的介绍,主要参考了徐航的《大别山民歌概述》(载《大别山民歌精选》,中国文联出版社,2012年版)。

自古及今，无数的民间故事在皖西民众口头流传，为皖西民众传播了历史知识和人生经验，增添了无穷的生产乐趣和生活情趣，成为男女老少不可缺少的精神食粮。这些故事从远古的神话传说到当代的新故事，推陈出新，层出不穷，代代相传，不绝于耳。皖西民间故事不仅群众喜闻乐见，津津乐道，口耳相传，文人也给予关注和重视，并不断地加以记载和评说。皖西民间故事是皖西民间文学的重要组成部分，在历史发展过程中具有深厚的积淀和深刻的影响，有着重要的认识和研究价值。

皖西地区还流传有多种戏剧和曲艺门类，其中皖西庐剧影响最大，是皖西最重要的地方戏戏种。庐剧是安徽省的重要地方戏之一，是在大别山区和江淮之间的民歌、戏曲和民间歌舞的基础上，逐步改造发展而成的。庐剧距今已有200年左右的历史，名称和形式都发生了很大的变化，2006年被列入第一批国家级非物质文化遗产名录。

皖西庐剧是庐剧东、中、西、北四路中的西路，具有庐剧的共性和自己的特色。皖西庐剧传统古装剧目有《休丁香》《秦雪梅》《讨学钱》等，新中国成立后又有新编革命题材的剧目《程红梅》《妈妈》《霜天红叶》《杜鹃啼血》《刘邓在皖西》等，这些新老剧目都为皖西广大观众所喜闻乐见，在皖西人民的政治生活和文化生活中都产生了深远的影响。

霍邱长集皮影戏作为皖西另外一种重要的地方小戏，其历史可以追溯到清朝时期。据《霍邱文化志》记载，清光绪二十一年（1895）前后，长集莲花寺附近，有一位叫"老邓三"的村民，他原籍河南省，来到长集后，老邓三将皮影戏剧种引入长集，组成一个戏班，农闲时为群众演出。后经过完善，深得群众喜爱。自此，皮影戏在霍邱长集扎下了根，而老邓三也被称为第一代皮影戏的箱主。由于老邓三的皮影戏班唱词通俗易懂，唱腔清亮好听，驾影子灵活风趣，皮影戏很快就走出了霍邱长集，在周边的宋店、张集、固镇、金寨,甚至河南省的固始、商城也博得满堂彩。那个时期是长集皮影戏的巅峰时期,演出的剧目有《封神演义》《东周列国志》《三国演义》《精忠岳传》《西游记》《李渊劝民》《九龙山三收杨再兴》等。

"一口叙述千古事,双手对舞百万兵"。霍邱长集皮影戏有过辉煌的过去,目前也是皖西地区唯一还在坚持表演的皮影戏。为了保护这一珍贵的民间戏剧文化遗产,长集镇文化站于2005年春成立了"长集镇皮影戏民间艺术团",7位如今平均年龄70岁以上的老人,接过了传承100余年的皮影戏箱,行走在田间地头、村民院落,开展公益演出,产生了较大的反响,引起了多方关注。2007年底,长集皮影戏被批准为六安市第一批市级非物质文化遗产项目。但是,目前长集皮影戏第七代传人只剩下了这7位老人,他们还在苦苦坚守,延续着淮派皮影戏的余响,处境堪忧,亟待扶持和保护。①

在曲艺方面,小调胡琴书是皖西地区特有的地方曲艺种类,该曲种是采用舒城民间小调演唱的一种胡琴书。舒城小调胡琴书创建于新中国成立前,是当地群众至今仍喜闻乐见的一种说唱艺术形式。盲艺人陈玉清先是师从艺人杨金华学唱民歌小调,以后又学习四弦书和舒城民歌的唱腔,用小调自拉自唱故事,逐渐形成了自己的风格,极富艺术感染力,深受群众欢迎。陈玉清的表演形式被称之为"小调胡琴书",代表曲目有《紫金钟》《二十四劝》《虞美人》《二姑娘卖饺子》《苦媳妇翻身》等。

小调胡琴书主要流行于舒城全县及肥西、六安、霍山、金寨部分地区。目前小调胡琴书的传承人系舒城县万佛湖镇白鹿村年近七旬的孤寡老人汪军民,他表演的曲目有反映古代人物

---

① 依据刘进、李东林《一箱沉甸甸的皮影》(2012年6月28日《大别山晨刊》),吴文兵《七位老人的皮影情》(中安在线 http://ah.anhuinews.com/system/2013/04/01/005565457.shtml)等资料。

故事的《双墩英雄传》《八宝罗汉传》《刘香传》等,也有现代题材的《烈火金刚》《平原枪声》《攻打赵家圩》等,还有关于当今农业生产、计划生育、新农村建设等方面的新内容。舒城小调胡琴书2007年入选六安市第一批市级非物质文化遗产项目名录,2008年又入选安徽省第二批省级非物质文化遗产项目名录。①

皖西的谚语、歇后语、谜语、令语、对联等短语类民间文学贴近群众生活,用精练通俗的语言、生动形象的表达,总结生产、生活的经验,说明为人做事的道理,发表褒贬是非的意见,抒发喜怒哀乐的情感,语短情长,言简义丰。这些短小精悍的作品,从古至今,始终活跃在人民群众的口头语言中,融入他们的日常生产、生活里,成为数量众多、形式活泼、影响广泛、价值巨大的皖西民间文学精品和珍品。过去这些作品散落在乡间,活跃在民众口头上,如今有不少作品引起了有识之士的重视,陆续被调查挖掘,搜集整理,然后又被各地的地方志书、文史资料、报纸杂志、广播电视加以编辑记录、记载保存、注释演绎、广泛传播,发挥了新的多层次的影响作用。

皖西民间文学经历了历史的风风雨雨,有过令人骄傲的辉煌成就,也有过令人痛心的挫折坎坷。在民间文学普遍不受重视的封建时代是如此,新中国成立以后,民间文学仍然是起起伏伏、曲曲折折。如"文化大革命"时期,皖西的民间文学受到了限制甚至摧残,许多极具传统文化特色的民间文学和地方文艺形式被当作"四旧"、毒草、封资修或者小资产阶级情调,列入扫除或禁止行列,不准讲述、传唱和表演,只允许唱规定的政治歌曲和表演《智取威虎山》《奇袭白虎团》《沙家浜》《红灯记》《海港》等京剧样板戏,皖西民间文艺出现了一片萧条景象。

改革开放以后,皖西民间文学的政治生态好转了,人们的

---

① 依据余和平《汪军民和他的小调胡琴书》(2009年9月11日《皖西日报》)、安徽广播网新闻中心《舒城胡琴书》(http://www.ahrtv.cn/news/system/2011/10/26/001858475.shtml)等资料。

思想观念改变了,生活条件改善了,许多传统的民间文学又逐渐恢复了生机,不仅得到了传承和延续,而且有了新的传播媒体:报纸杂志、广播电视、电脑手机,古老的民间文学有了更为广阔的传播空间和多元化的传播渠道。随着国家、省、市、县(区)对非物质文化遗产的重视,皖西有众多的民间文学遗产被列入四种不同级别的非物质文化遗产代表性项目名录,受到保存与保护,推动了传承与创新、开发与利用,皖西民间文学终于迎来了生存与发展的春天。如今皖西庐剧、大别山民歌、寿县大鼓书、寿县淮词、寿县肘阁抬阁、霍山四弦书、舒城小调胡琴书等富有皖西地域特色的民间文学艺术和非物质文化遗产,不仅在本地的影响力越来越大,而且已经走出六安,走向全省、全国,在各类竞赛和文艺演出中屡受好评,屡获大奖。

总之,皖西民间文学从远古走来,一路风尘,一路收获;皖西民间文学还要借助时代的东风,在传承中创新,在保护中发展,在吸收中开发,在开发中利用,为党的文化强国战略实施和社会主义文化大发展、大繁荣谱写新的篇章。

## 二、皖西民间文学的思想内容与艺术形式

皖西民间文学是皖西人民在所生活的自然环境和社会环境中创造出来的语言艺术,具有丰富的思想内容和多样的艺术形式。

### (一)皖西民间文学的思想内容

皖西独特的自然环境,丰富的历史文化资源,对民间文学内容的构成影响巨大,皖西民间文学是皖西的自然与人文交互影响融合的产物。

上古时期,皖西因地理位置独特,成为偃姓皋陶部族的聚居地,皋陶文化从这里孕育发展,走向华夏。从战国到西汉中期,皖西一直是道家文化和儒家文化活跃的地区。汉代以后,佛教文化又逐渐在这里打下了深深的印记。整个封建社会,传

统的伦理道德、人伦教化和宗教信仰在这里深入人心,影响深远。

皖西地区的政治斗争、经济发展既自成一格,又与国家的命运、周边地区的发展联系紧密。辛亥革命以后,皖西地区始终处在斗争的中心地区,作为著名的革命老区,红色文化资源丰富。

独特的自然状况、深厚的历史积淀、丰厚的文化资源,为皖西民间文学创作提供了取之不尽、用之不竭的题材,因此作品涉及内容广泛。有的体现了古人与自然的斗争过程,征服自然的理想信念;有的反映了皖西社会的发展变革,特别是近现代的革命历程;有的反映了皋陶立法、大禹治水、楚汉相争、淝水之战、辛亥革命、红军征战、抗日战争、解放战争等重大历史事件;有的反映了普通群众的生产生活、理想愿望,再现了生产生活的场面,抒发了喜、怒、哀、乐的情感;有的反映了各个历史时期的风土民情、世风民俗等。皖西门类多样的民歌民谣、民间故事、民间戏曲、民间谚语、民间谜语、民间歇后语等文学艺术,以丰富的内容、生动的形式,折射出皖西地区劳动人民的勤劳与智慧。

皖西民间文学,与皖西民众的生存斗争、劳动生产、日常生活、思想情感紧密相关,是人们的生产生活和精神世界不可或缺的组成部分。皖西民间文学记载了皖西大地的自然面貌、历史文化,表达了皖西人民的思想感情、理想愿望,涉及面极为广泛,思想内容也极为丰富,其中又以劳动生产、时事政治、日常生活、爱情婚姻、儿童教育等为其主要内容。

1. 皖西民间文学作品中有很多内容是反映劳动产生的,如传授劳动知识和经验,鼓舞劳动斗志和信心,调节劳动节奏和气氛,抒发劳动感受和情绪等。其中农业生产谚语、节令气象谚语和劳动歌谣在这些方面就有集中的体现。皖西各县区农业生产谚语和节令气象谚语特别丰富生动,数量庞大,可谓数不胜数。如:"蚕豆不要粪,只要八月土里困。""寒露油菜霜降麦,闰月不点十月麦。""九月桂花黄,家家种麦忙。""麦到芒种刀下死。""夏至点黄豆,长死一榔头。""雷打正月节,二月雨不歇,三月没得栽秧水,四月干得田开裂。"劳动歌谣如节奏感强的寿县隐贤镇《打夯歌》:"哥儿们呀!噢嗨!抬起来啊!噢嗨!小步走好!噢嗨!慢慢行啦!噢嗨!"这是20世纪五六十年代兴修水利、加固河堤打夯时经常唱的歌。还有曲调欢快、热烈的车水歌《遍野绿秧爱坏人》:"天上的星星眨眼睛,月下河边闹欢腾。奴家的哥哥恩呵呦,呦咳呵,闹欢腾呀。车水号子音接音,说说笑笑脚不停,水车踩了千万转,遍野绿秧爱坏人。"

2. 皖西民间文学中不乏关心时事政策、积极参与或评议政治活动的时政类作品,如时政故事、时政歌谣、时政戏曲等,它们是劳动人民有感于历史或当时的政治状况而创作的,表现出对一定时期某些政治事件、政治措施、政治形势和政治人物的基本认识和情感态度。在阶级社会里,它常常是劳动人民进行政治斗争的工具,以此揭露批判反动统治阶级的罪恶和丑行,鼓舞人民起来抗争。如关于明代开国皇帝朱元璋未发迹前流浪皖西的系列故事,关于明末张献忠农民起义军和清末太平天国起义军在皖西的故事,关于大革命时期大别山红军将士的英雄事迹和革命领袖的传奇故事等,都具有很强的政治性,同时也富于传奇色彩。再如时政歌,有金寨县西镇人民庆祝西镇革命起义成功的红色歌曲:"河南老红军,来到我西镇,钢枪打前提,后跟赤卫军。先打闻家店,后打楼房湾,回头捎带打了三个保安团。打土豪,杀劣绅,反动团总消灭净。"有红军战士自己编的歌:"大别山哟峰连峰,出了个英雄周维炯。打入民团闹暴动,闹得江山满天红。"还有新中国成立后改革开放时期颂扬党的方针政策的皖西民歌:"联产责任制就是好,社员干活劲头高。上工不用广播喊,下工不用人吹哨,心中自有金钟敲。"反映群众分田到户喜悦心情的:"大地如同琴一盘,田埂纵横扯丝弦。心中拟好农家乐,好曲随着人意弹,是党给俺自主权。"时政歌中也有针砭时弊、批评落后的讽刺歌谣。如讽刺1958年浮夸风的皖西民歌:"上级说声要越美,霎时高炉遍地起。树木砍尽炼钢铁,一眼能望几百里。""反右倾,反右倾,男女累断脊梁筋;拔白旗,拔白旗,肩膀磨得没有皮。"反映"文化大革命"的歌谣:"开不完的斗争会,数不清的战斗队,触不尽的灵魂,请不完的罪。"诸如此类的讽刺歌谣,语言精练,时代感强,嬉笑怒骂,广为传颂。

3.皖西民间文学也有很多是反映人民群众日常生活的,如居家过日子离不开的油、盐、柴、米、酱、醋、茶,衣、食、住、行;人生百年不可缺少的婚丧嫁娶、生儿育女、生老病死;村落社会必须具有的基本构成如家族亲戚、邻里乡党、官绅平民等,都可以成为各类民间文学作品的主要内容。这些作品内容朴素亲切,生活气息浓厚,最贴近群众,也最为群众所津津乐道。如流行于大别山区的《长工苦》:"财主吃的细米白面,长工吃的冷菜剩饭;财主穿的绫罗绸缎,长工穿的破衣麻片;财主住的高楼大厦,长工住的牛栏猪圈;财主出门锦轿车船,长工出门抬轿拉纤。"还有描述妇女苦难生活的歌谣,如广为流传的《叹五更》《小寡妇上坟》《十恨》等,唱起来无不凄凉哀婉,催人泪下。再如一首民歌中哭诉的"奴在园中打青稞,抬头望见娘家哥。说起做人媳妇难,好似炸雷催雨落,苦水流成一条河"。还有一些生活歌,告诉人们为人处世、治家理财等方面的生活经验,颇具哲理性。如农村时兴对山歌,涉及的生活内容就相当广泛,古今中外,天文地理,家长里短,鸡毛蒜皮,几乎无所不包。可见生活歌和生活一样丰富多彩。

4.皖西民间文学中还有大量以爱情婚姻为题材的作品,是皖西民间文学中情感最丰富动人的组成部分。"无山无水不成河,无姐无郎不成歌",情歌反映了青年男女的恋爱婚姻生活,抒发了年轻人复杂的内心感情,其内容丰富多彩,生动传神,具有巨大的艺术魅力,因此数量众多,流传面广。皖西情歌通过对劳动人民淳朴爱情的歌唱,表达了他们对爱情的向往、对心上人的爱慕和对封建婚姻制度的反抗等,涉及爱情生活的各个方面,包括赞慕、初识、诘问、试探、初恋、相思、热恋、起誓、离别、送郎、思念、苦情、抗争、失恋、逃婚等。大别山情歌中也有一些歌词涉及调情、偷情、嫖情等,似乎不合道德法度,有轻薄猥亵之嫌,却也从另一个角度反映了旧时代青年男女对违背人性的纲常伦理的反抗和对自由爱情的追求。

5.皖西民间文学中还有与儿童生活、情感和教育有关的内容,多以儿童易于接受和喜欢讲述传唱的寓言故事、童话故事、游戏儿歌、教诲儿歌等形式加以表现。皖西儿歌题材广泛,有的题材和表现形式是其他民间文学类型中少见的,如数数歌、问答歌、游戏歌、连环歌、颠倒歌等。数数歌如《一至十》:"小麻雀,尾巴尖,一程飞到桂花山。大姐逮,二姐拴,三姐烧水四姐拎。五姐剁,六姐煎,七姐开柜拿油盐。八姐盛,九姐端,十姐摆桌把椅搬。十个姐妹团团坐,吃肉喝汤过肥年。"游戏歌如《翻菱角》:"翻、翻、翻菱角,一棵秧子结十个。你翻多,俺翻少,俺俩打架怎么搞?金簸箕,银簸箕,打个转,俺过去。"连环歌如《小板凳摞摞》:"小板凳摞摞,上面坐个大哥;大哥出去买卖,上面坐个奶奶;奶奶起来烧香,上面坐个姑娘;姑娘起来梳头,上面坐个马猴;马猴出来蹦蹦,上面坐个臭虫;臭虫出来爬爬,上面坐个娃娃;娃娃要吃面疙瘩,妈妈过来啪啦啪啦两耳刮。"颠倒歌如《扯白(撒谎)歌》:"说扯白,就扯白,五黄六月下大雪,高山顶上鱼甩籽,墙头上面马拉车,老头把小孩叫姥爷。"

**(二)皖西民间文学的艺术形式**

皖西人民勤劳勇敢、聪明智慧,用力生产,用心生活,不仅创造了光辉灿烂的物质文明,而且情感极为丰富,表达能力极强,在皖西这一方热土上,也产生了非常富有特色的民间文学艺术样式,创造了别具一格的精神文明。

皖西民间文学充分体现了皖西人民群众杰出的文学创作才能，他们本着"清水出芙蓉，天然来雕饰"的创作态度，在生活中发现美、体验美、表现美、欣赏美，用朴素清新的文学语言，生动传神的修辞手法，灵活多变的艺术形式，创作出许多发自内心、真诚纯情、源于生活、高于生活的文学作品，滋润和丰富了无数人的物质生活和精神生活，也感染和教育了一代又一代人。

皖西民间文学各种体裁都有自己的艺术形式，首先具有全国各地民间文学作品所共有的形式，如民间故事的散文化、叙述性的表现形式；民间曲艺的叙述体和民间戏剧的代言体表演形式；民间谚语的精练对称、议论性强的语言形式；民间谜语由谜面、谜底、谜目组成的结构形式；民间歇后语由假托语、目的语构成，且后者可以略去不说的特殊表达形式；对联的上下联文字对称、结构整齐、音韵和谐的展现形式等。其次，皖西民间文学受自然环境和地域文化的影响，在语言表达、结构调整、唱腔选择、道具运用、服装设计等综合艺术形式方面也有所改革和创新，具有自己的美学特征。

在艺术形式上最富有变化和特色的是皖西民歌。皖西民歌大多保持了原始音调和唱腔特色，音调具有低、中、高音的灵活变化，唱腔旋律高亢悠扬，节奏自由多变，具有清新的山野风韵。皖西地处江淮交界地区，其民歌音乐有着一种南北夹杂的特色，从而形成了一种独特的个性，曲风明朗欢快，刚柔并济。由于歌者来自皖西不同地区，其方言语音、语调和词汇各具特色，因此，皖西民歌的声腔变化、语言运用、情感抒发自然也就不尽相同。这些歌者常常是随性而唱、随景而歌、以情带声，以声传情，因而唱出来的民歌既有水之婉转悠扬，又有山之粗犷阳刚，形式和风格各异。如皖西民歌有低腔民歌和高腔民歌，低腔民歌是人们在茶山、稻场、房前、屋后、菜园等处干轻活时唱的民歌，高腔民歌包括薅草歌、隔山丢、樵歌、放牛调等，传播范围更为广远。

皖西民歌的演唱形式也是多种多样的,有独唱,独自唱出内心复杂的感情,以此自我排遣,如男女独唱的情歌、妇女自怨自艾的苦情歌等;有一领众和的集体演唱,多在集体劳动场合、婚丧嫁娶仪式上演唱,如打夯歌、上梁歌、划船调、洞房撒帐歌、挽歌等;有对唱,大多是男女双方对唱情歌,也有劳动中临时组合的双方开展戏谑挑逗性或对阵竞赛性的对唱,可以双方首尾相接对唱,也可以各人唱各人的,但内容必须互相关联,不能跑题;还有表演唱,即歌舞表演兼有,后来逐渐演变为"小戏"式的演唱。

在原汁原味、本乡本土的皖西民歌中,演唱形式最有特色的曲调是"慢赶牛"和"挣颈红"。"慢赶牛"是大别山区农民演唱的一种较自由的歌调,歌词大多是七言五句体,其遣词造句,自由灵活,望风采柳,见景生情,情真意切,似有"楚歌"余韵。"慢赶牛"的歌词在押韵方面经常选用十二种韵辙,即:江洋、中东、乜斜、人臣、由求、姑苏、怀来、言前、衣欺、梭波、发花、遥条。过去由于演唱习惯不同,有的人喜欢在早上唱梭波韵,中午唱中东韵,到了傍晚则唱衣欺韵。另外九种韵根据个人喜好,什么时候唱都可以,这在民歌演唱中是一种很独特的表达形式和运用习惯。

"挣颈红"因其曲调高亢嘹亮,拖腔长,歌者唱时挣得脖颈发红,因而得名,亦名"震颈红"。其音乐跌宕起伏,层次感强,其乐声犹如蜜蜂穿过青山,钻入云天,故亦称"过山青""蜜蜂钻天"。"挣颈红"多为两人或两组人对唱,也有单人演唱,多人接唱。唱时遵从"头句讲,二句唱,三句四句要过冈",即音调在一句接一句、你追我赶中逐渐走高,"过冈"即要越过高音极限。因此"挣颈红"又叫"三接气"。

"慢赶牛"和"挣颈红"作为皖西大别山地区的民歌,其本身体现着皖西以舒城、霍山、金寨地区为中心的大别山民歌的音乐特点。其歌词内容来源于生活,服务于生活,机智灵活,耐人寻味。这大概就是它们受人喜爱、声名远扬的原因吧。

皖西叙事兼抒情的民歌在结构形式上多以数字从小到大连续排列,以此连缀相关内容,如"十体"的《十杯酒》《十把扇子》《十恨》《十劝》等,"十二月体"的《十二月花开》《十二月望亲人》《十二月想郎》《十二点红》等。

皖西民歌语言形式和诗歌格律灵活多变,每一首歌句子可多可少,其中以一首五句的"五句头"(也叫"五句子")民歌居多;每句字数多少不一,其中以五言和七言为多,也有四言八句或杂言式民歌。五句头民歌前四句大多是叙写人事,或是借物作比,第五句篇末点旨、卒章显志;押韵则大多在一、二、四、五句的韵脚。

皖西民歌在句子中经常使用一些衬词,常用的有"你小""乖姐""小乖姐""大姐""小大姐""哥""哥哥""妹""妹妹"等称呼语,还有一些语气词,以增强歌唱的表现力和感染力。

皖西民歌还善用各种修辞手法,委婉含蓄、巧妙生动地抒发情感,在情歌中表现得尤为突出。如比喻、借代、夸张、拟人、排比、对比、双关、顶针、回环、重叠等,皖西民歌中也有源自《诗经》时代民歌"赋、比、兴"的艺术手法,其中又以"兴"用得最多。如童谣《姐妹俩共盏灯》:"斑鸠叫,斑鸠应。姐妹俩,共盏灯。姐姐抽线,妹妹穿针;做双花鞋,送给母亲。母亲怀我十个月,月月都担心!"以皖西常见的"斑鸠"起兴,接着诉说姐妹俩做花鞋感谢母亲的生养恩情,韵律和谐,情深意长。

皖西民间故事、谚语、谜语、歇后语、戏剧、曲艺等的艺术形式也都是很有地方特色的,在本书后续内容中有全面细致的介绍,兹不赘述。

## 三、皖西民间文学的地域特色

皖西民间文学与其他地方的民间文学一样,具有一些共同的特征,即在思想内容上具有直接的人民性和进步性,在创作与传播上具有口头性、流传变异性、传统性、集体性、立体性等特征。① 当然,各地的民间文学必然也要打上各地的地域文化烙印,成为各地地域文化的组成部分,皖西民间文学也不例外。

皖西地区的自然环境和人文环境与外地有所不同,由于受到这些地域因素的影响,皖西民间文学在发展的过程中从内容到形式都逐渐形成了自己的地域特色。这些特色使皖西这片土地上的民间文学独树一帜,具有一定的代表性。

**(一)皖西民间文学是皖西人民对自己历史的追思回忆与曲折反映**

皖西地处江淮之间,大别山北麓,历史上处于吴头楚尾,受古老的中原文化、淮河文化、吴楚文化的影响明显,具有皋陶文化、楚汉文化、茶麻文化、水利文化、红色文化、教育文化等多种文化资源,历史文化积淀深厚。皖西历史上政局多变,战争频繁,近代以来的政治变幻、思想交锋、革命斗争、经济建设等社会发展变化,对皖西民众的思想和生活影响极大。因此,皖西民间文学中对本地历史的追思回忆特别多,大量作品用文学的语言和艺术的手法曲折地反映了皖西漫长厚重的历史。

皖西民众对神秘的自然山川、伟大的英雄人物总是充满了好奇、敬畏的心理,赋予其丰富的想象,将其神秘化,使其具有神话特点和传奇色彩,因此皖西民间故事中浪漫神奇的神话和传说就特别吸引人。

六安市因为是"上古四圣"之一的皋陶及其后裔的封地,故又称为"皋城"。皋陶是禹的得力助手,他死后,禹封他的后裔于英、六。《水经注》说:"淠水又西北径六安县故城西。县故皋陶国也,夏禹封其少子奉其祀。今县都陂中有大冢,民传曰公琴者,即皋陶冢也。"为了纪念皋陶,后人修建了皋陶墓和皋陶

---

① 详见段宝林《中国民间文学概要(第四版)》,北京大学出版社,2009年版,第3—19页。

祠。皋陶文化是皖西民间文化的重要组成部分,并且对后人很有启发和教育作用。因此皖西有关皋陶和皋陶文化的民间故事、歌谣和戏曲就很多。

六安市建城很早,已有4000余年的历史,城内有很多历史文化遗迹,如古城墙、老街巷、老水井、佛教寺庙、古塔、古墓等,特别是一南一北屹立的两座古塔,是六安城的标志和象征,"双塔摩青"也是六安八景之一。皖西民间文学中关于六安古城的民间故事、歌谣、谚语很多,其中涉及双塔和六安八景的占有一定的比例。寿县古城寿春镇同样历史悠久,地位重要,为国家级历史文化名城,关于它的民间文学作品更为丰富多彩,广为传颂。

皖西战略位置重要,为千古兵家必争之地,历史上在这里曾发生过无数次战争,比如前秦与东晋淝水之战、南唐与后周寿春之战、明末张献忠农民起义、清末太平天国农民起义等。大革命时期,皖西是鄂豫皖革命根据地的重要组成部分,根据地的军民为革命事业的胜利付出了巨大的牺牲,也涌现了许多可歌可泣的英雄事迹。这些为皖西民间文学提供了丰富的创作素材,特别是在皖西这片红色的土地上,丰富的红色文化题材促使大量红色故事和革命歌曲广为流传。新中国成立后,皖西庐剧与这段红色革命的历史结下了不解之缘,皖西庐剧团等庐剧演出团体创作并上演了一批革命题材的庐剧剧目,如《程红梅》《妈妈》《霜天红叶》《杜鹃啼血》《刘邓在皖西》等。

皖西有淠河、史河、杭埠河等大小河流,因而过去水上有许多船民和排工,他们在撑船和放排的辛苦劳作中,用喊船工号子和唱船歌排歌来协调劳动动作、排遣寂寞苦闷、抒发内心情感、追忆往昔生活。如今,随着大别山区六大水库的兴建,不少昔日的航道被阻断,部分航运随之日渐萎缩,甚至停滞。船民、排工陆续在陆上安居,或投入其他行业,六安曾经的船工号子和船歌排歌将要成为"历史的绝响"了。

皖西茶叶生产历史久远,产量高,质量好,名茶多。明清时期皖西茶叶就成为贡茶,至今茶叶生产仍然兴盛不衰。史红雨、徐航在《皖西漫步》里提道:"六安产茶,始于秦汉,扩展于唐宋,盛兴于明清。唐时,'霍山黄芽'就被时人称为茶中精品,远销各民族地区和外国……明代,'六安瓜片'开始驰名。六安齐云山(今属金寨)所产的'齐云瓜片',是其中的极品。明代人认为,大江以北的茶叶,没有一种能超过'六安瓜片'的。"①因此六安茶文化基础雄厚,与茶叶生产、销售、饮用等历史有关的皖西民间歌谣、故事、戏曲、谚语、谜语、歇后语等层出不穷,传诵不绝,成为皖西茶民俗文化不可缺少的组成部分。

**(二)皖西民间文学是皖西人民在独特的自然环境和生活环境中创造的语言艺术**

皖西地形地貌多样,气候多变,自然环境独特,物产资源丰富。皖西民间文学就是在不同的自然环境中孕育、产生、发展、流传的,作品的内容和表现形式都深受自然环境影响,具有皖西乡土特征。可以说,皖西民间文学生长于皖西的河流湖泊、山水平原,受惠于皖西的天地事物、自然山川。一方水土养一方人,一方水土也养一方文,是皖西的自然环境催生了皖西的山歌、田歌、茶歌、船歌、放牛歌、神话传说、农事谚语、气象谚语、节令谚语等和大自然联系十分紧密的民间文学作品。

皖西民间文学作品所表现的思想内容还来自皖西人民的社会生活和家庭生活,与皖西地区的生产生活紧紧相连。其内容丰富,感情真挚,构思奇妙,语言朴实,艺术手法受到生产生活条件的影响和限制。可以说,产生于皖西人民生活之中和内心深处的民间文学,是劳动的创造,是生活的表现,是智慧的结晶,是情感的宣泄。

皖西人民勤劳聪慧,善良质朴,生活的点点滴滴都能够用

---

① 史红雨、徐航:《皖西漫步》,解放军出版社,2003年版,第365页。

文学的语言表达出来,而歌唱就是一种很好的表达方式。"饥者歌其食,劳者歌其事"。歌以言志,歌以抒怀,皖西民歌的内容反映了皖西地区人民群众的劳动生产和日常生活,抒发了他们的喜怒哀乐和七情六欲,表达了他们的人生理想和美好愿望。如皖西大别山民歌依山水而生,借山水而传,在崇山峻岭中回响,在田野阡陌中吟唱,自由奔放,高亢嘹亮,清新朴实,婉转动听,具有鲜明的山区自然风光和生活情调,是山野间的一缕清风,是乡村里的独特风景,是农耕文化的魅力展现,是草根艺术的杰出创作。大别山民歌向人们展示了淳朴的民风民俗和杰出的音乐艺术,因此被列入第二批国家级非物质文化遗产名录。

皖西民歌是山间田野之歌,人们在种田、耕地、采茶、锄草、放牛、砍柴时,无不以唱民歌的方式抒情助兴。如:"三月清明雨沙沙,青青茶棵发了芽,雨后茶山美如画,姐妹上山去采茶,采的采细茶,两手攀枝,十指尖尖采细茶。""哥在田中薅秧棵,妹在岸上把眼睃。无心弯腰扯稗草,只想抬头看娇娥,险把秧苗扯几棵。""家住十里来薅秧,好比孤雁落长江。一心想把山歌儿唱,没有乖姐来帮腔,独手怎拍响巴掌?"

皖西情歌韵味十足,充满了浓郁的爱情生活气息,它们从不同的角度展现了劳动人民朴实无华的恋爱观和审美情趣。从审美的角度看,这些情歌简单明了,纯朴自然,开朗率真,很好地体现了皖西人民的人情美和语言美。如:"草上露珠亮晶晶,哥见情姐不做声。心想讲话声音小,未曾开口磨个身,男女都是一样心。""窗内情妹纳鞋帮,窗外情哥偷眼望。牛郎织女隔天河,哥妹只隔绿纱窗。""山里红子开白花,郎爱我来我爱他。郎爱我手巧会劳动,我爱郎会种好庄稼。"

**(三)皖西民间文学具有浓厚的皖西风土民情和民俗韵味**

皖西民间文学汲取了中原文化、江淮文化、吴楚文化的养分,尤其是汲取了大别山民俗文化的营养,充分展现了皖西大地异彩纷呈的风土民情和独特的民俗韵味。

皖西处于鄂豫皖交界之地,由于受地理条件的限制,农业生产主要依山而耕、傍水而种,人们多以自然采集、竹木砍伐、畜牧养殖、茶叶采摘等为副业,生产活动大多是在山林水边,因此产生了大量的山歌、放牛歌、采茶歌、船歌、劳动号子等。这些民歌描写了皖西劳动人民的生产生活内容,记录了皖西的历史文化和生产生活知识,有强烈的地方民俗文化色彩。

皖西有直接反映和服务于劳动生产、四时八节、婚丧嫁娶、人情往来等民俗活动的风俗歌,是皖西民俗文化的重要组成部分。如欢庆丰收的《打梿歌》,建房造屋的《起梁歌》,端午时节的《龙船调》,结婚仪式中的《哭嫁歌》《撒帐歌》《喜曲子》,丧葬仪式中的《哭丧歌》等。这些风俗歌谣有的是集体吟唱,也有一人领头、众人帮腔,风格各异。如皖西的《撒帐歌》,民俗情趣尤盛。新婚典礼的一个重要仪式就是"撒帐",即由福寿双全、德高望重的人,手拿着装有红枣、花生(染上红、绿色)、桂子、栗子、银杏(染上红、绿色)等物的盘子,边撒边唱,撒一把,唱一句,大家跟着和一句。所唱歌词既有固定的唱词,也有即兴编的新词,都是吉语良言,押韵合辙,欢快喜庆,幽默逗趣。如:"手端银盘转转叉,听我撒个十朵花。一撒头上盘龙花,二撒两耳掉金花。三撒眉毛柳叶花,四撒鼻子通草花。五撒点点胭脂花,六撒胸前喇叭花。七撒身穿牡丹花,八撒双眼海棠花。九撒脚踏绣球花,十撒子孙中探花。"

皖西人民勤劳智慧,从古到今创造了丰富多彩的饮食习俗,制作出许多极具特色的美食佳肴。如八公山豆腐、寿县大救驾、霍山血豆腐、金寨挂面、六安卤菜等。这些皖西美味食品里有着丰富的科学知识、深邃的人生哲理、精彩的典故趣闻、浓郁的民俗风味,而皖西民间故事、歌谣、谚语、歇后语等文学作品中关于这些特色食品的来龙去脉、制作方法、掌故趣闻、饮食习俗特别多,成为人们茶余饭后的绝好谈资,也成为皖西饮食文化的组成部分。

皖西民间节日众多,一年四季几乎每个月都有节日,节日习俗丰富多彩,各有特色。皖西民间文学不乏以节日习俗为背景创作的作品,仅以正月十五元宵节为例,就可见一斑。元宵节又称"上元节""灯节",这一天早餐吃元宵、饺子,六安人喜欢在元宵或饺子里裹一枚硬币,吃到的人便预示在新的一年里有财运。早餐后,或赶会,或逛街,或会友,或玩乐。中餐菜肴丰盛,全家团聚。晚餐后,家家点亮灯,通宵不熄。金寨、霍山一带民间,还有往祖坟送灯之俗。晚上少年们常三五聚集,将火把点燃后转圈,或抛向空中,谓之"玩火球""撂火把"。这天夜里,皖西城乡大闹花灯,燃放爆竹,观灯,猜灯谜,灯歌队、龙灯队竞相表演花灯戏,载歌载舞,通宵达旦。六安、霍邱、金寨等地还有"炒跳蚤"之俗,即将瓜子、花生、玉米放在锅中翻炒,说是可以使家中保持卫生,田里庄稼不生害虫。这些习俗在皖西民间文学中都有所表现,如皖西旧有"正月十五大似年""早过十五晚过年""三十晚上火,十五晚上灯"等俗谚,而玩花灯戏、猜灯谜、讲元宵节故事、唱元宵节歌谣、贴元宵节对联等,既热闹喜庆,又雅俗共赏,更是皖西民间文学艺术与元宵节习俗结合的鲜明体现。

**(四)皖西民间文学具有鲜明的皖西各地方言特色**

皖西民间文学以皖西方言为载体,利用皖西各地方言的构成要素,创作出具有浓郁乡风土味的文学作品。因此,皖西民间文学具有浓厚的方言特色,在语音、语汇、语法等方面都和皖西各县区的方言土语紧密地结合在一起。

如皖西庐剧是庐剧的西路,只能用皖西本地的方言演唱,唱腔和道白才具有皖西地方风味,才地道够味,观众才能理解、接受和欣赏。

著名的寿州大鼓书是"淮河大鼓"的一支,它积极吸取了当地的民歌语言和戏曲音乐元素,加以创作。表演时使用当地的方音和方言词汇,说唱并重,具有浓郁的淮河流域地方文化特色。

皖西民歌也只能用皖西方言表达,才能够押韵合辙,朗朗上口,被本地人所认可。皖西民间儿歌中就有很多本地方言,如金寨儿歌《看戏》:"推大锯,闹(拉)大锯;张家湾,唱大戏;小外女(外甥女),你各(可)去?我没有花鞋我不去,我要在家看小鸡。啄啄(唤鸡声)……"再如金寨儿歌《推磨》:"推磨,闹(拉)磨,烧饼半个;吃半个,留半个,留给宝宝(幼儿)老丈母(岳母)。老丈母不在家,撂(扔)到大河喂王八。大王八吃,小王八哼,还有个王八没尝到腥。"

皖西民间谚语中方言成分也很多,很多词语需要发方音,上下句才能押韵;许多词汇需要运用地方土话,才能明确生动。如金寨谚语:"三九天不冷,有丁个(有一点)浸(jìn,寒气侵入)人;三伏天不热,有丁个闷人。""清明摘不得(或没得摘),谷雨摘不彻(来不及)。""好吃屎的狗离不掉茅茨(厕所)。""宁催人家过岭,不催人家过颈(食物通过颈子,即吃饭)。""虱(sé)多不痒,债多不愁(cōu)。"再如霍山谚语:"七月杨桃(野生猕猴桃)八月楂(学名三木通),九月毛栗(小栗子)笑哈哈。""玉芦(玉米)锄小豆锄花,油菜浇花麦浇芽。""小满栽秧家把家(零星几家),芒种栽秧普天下。"

皖西民间歇后语中也有运用方言的,如霍山地区的歇后语:"白颈子老鸹(乌鸦)——张嘴就是祸。""茅厕缸(粪缸)里的搅屎棍——闻不能闻(文不能文),舞不能舞(武不能武)。""一板脚(jué,一脚)蹬在鸭屁股上——呱呱叫(精明能干)。""眨巴眼(视力不好的人)养瞎子——一代不如一代。""一吊钱放在门坎上——里外半吊子"("半吊子"暗指做事不地道,讲话阴阳怪气的人)。

皖西民间谜语中也有依靠方音或方言词汇构成谜面,然后与谜底暗中对应的。如金寨谜语:"打谜猜,打谜猜,一口咬得血拉拉(xuélǎilǎi,血淋淋)。"(谜底:桃子)"丁个大(点点大),丁个大,三间屋子装不下。"(谜底:灯光或烛光)"两头翘,两头翘,光厕(wǒ)屎,不尿尿(sěiliào)。"(谜底:鸡)"一个老头矮墩墩(děng),火烧屁股不在声(做声)。"(谜底:煨罐子)

皖西民间令语中的绕口令也是依靠皖西的土语和方音,才能使各音节的发音相近,达到绕口易错、惹人发笑的效果。如金寨县莲花山的一则绕口令:"割稻不掉稻吊(diǎo)子。""稻吊子"即稻穗子在金寨方言中的说法,这则绕口令用押"ao"韵的"稻""掉""吊"三字组成,这样就使7个音节中有4个音节韵母为"ao",易于混淆出错。如换成"割稻不掉稻穗子",就达不到这样的效果。

皖西民间故事的说者和听者更是要在同一种方音土话所形成的语境和氛围中,才能产生理解上的和谐和情感上的共鸣,特别是影响人物形象塑造和情节变化的关键性语句,往往就是用地地道道的方音和土语构成和出彩的。如本地历史故事、人物故事、地名故事、物产故事、风俗故事等。

## 四、皖西民间文学的多重价值

### (一)历史认识价值

文学是历史的产物,又是历史的承载者、表现者和传播者。皖西民间文学记录了皖西大地的自然变迁和历史进程,描绘了皖西各地的历史人物和历史事件,记载了皖西民众的生息繁衍和喜怒悲欢。皖西民间文学和皖西各地特有的自然环境、社会政治、风俗习惯、人物事件等结合起来,体现了皖西民间文学的历史性和地域性,有很高的历史价值和认识价值。

皖西民间故事中有很多皖西历史人物和事件故事、地名故事、物产故事、动植物故事、风物故事、民俗故事等,是认识皖西自然状况和社会生活的重要依据,堪称皖西的民间口述史和口头历史教科书。如关于豆腐是淮南王刘安发明的,民间传说和历史文献可以互相印证。据明代著名医学家李时珍的《本草纲目》记载:"豆腐之法,始于淮南王刘安。"清朝汪汲的《事物原会》也指出西汉古籍有"刘安做豆腐"的记载。淮南王刘安是汉刘邦的孙子,建都于寿春(即今寿县),招宾客、方士数千人,其中较为出名的有苏非、李尚、田由、雷被、伍被、晋昌、毛被、左吴八人,号称"八公"。刘安常在八公的陪伴下,炼长生不老之灵丹妙药,不想炼丹不成,反以黄豆、盐卤(一说石膏)做成豆腐。关于八公山豆腐还有一种传说:刘安在家炼丹不成,胸中烦闷,外出散心。忽见对面北山下来八位老人,虽须长齐胸,但神采奕奕,健步如飞。刘安大惊,疑是神仙,便求长生不老妙方,老人说是吃了用磨碎的大豆做成的食物。刘安如法炮制,终得豆腐。从此,豆腐之法就从八公山下传播开来。

皖西民歌历史悠久,它和我国许多地方的民歌一样流传久远,有着很重要的历史认识价值。追溯其历史发展,可以发现皖西民歌是从先秦楚地民歌和汉魏乐府民歌演变而来的。皖西民歌内容大多具有现实主义传统,民歌中有历史变迁、政治变幻、社会百态、人间万象。如皖西民歌中有一部分是反映大革命时期大别山革命斗争的红色歌谣,包括建立工农政权歌、红军战斗胜利歌、参加红军歌、工农革命歌、支援红军歌、慰劳红军歌、唤醒兵友歌、少年先锋歌、国际青年歌、妇女解放歌、十月革命歌、拥护苏维埃歌、赤色苏俄歌等。这些都是皖西人民参加革命斗争的历史见证,这些红色歌谣有的已成为红色经典民歌,流传极广。

再如皖西农歌,主要有山歌、秧歌、牛歌、灯歌、夯歌五大类。"皖西农歌,即皖西民歌,是皖西地区的农民在生产生活之中,所唱的歌子。它是皖西农耕文明发展史的系统记录和重要见证;它是人民创造历史文化的璀璨明珠;它是六安先民奉献给皖西后人的无法用金钱衡量的非物质文化遗产"①。金安区东河口镇的《邀大岭》就是秧歌的一部分,它通过祈神祭祀祈求丰收,有古代农业史和民俗史的认识价值,是安徽省第三批省级非物质文化遗产项目。

皖西民间文学还对比较分析和深入研究一些全国经典的民间文学作品有认识价值,如舒城县春秋乡文冲村流传的民间小调《孟姜女》,与别的地方有所不同,对研究著名的孟姜女故事、曲调和戏剧有比较研究的价值;舒城县南港镇的梁山伯与祝英台传说,是安徽省第三批省级非物质文化遗产项目,对研究著名的梁祝故事的起源地和比较文学史上各地梁祝故事的异同也是有参考和认识价值的。

(二)艺术审美价值

鲁迅先生是非常重视民间文学的艺术审美价值的,他认为不识字的作者尽管"并无文学修养,比起士大夫文学的细致来,或者会显得所谓'低落'的,但也未染旧文学的痼疾,所以它又刚健、清新"(《且介亭杂文·门外文谈》)。皖西民间文学是皖西民众生活与语言艺术的巧妙结合,无论是在思想内容上,还是在艺术形式上,都具有朴实生动、刚健清新的艺术审美价值,对皖西民众的影响是深远的,在皖西文学史上具有崇高的地位。

皖西民间大鼓书分布于皖西各县区,在闲暇时光的乡村空地上表演,其主要书目有《杨家将》《水浒传》《三国演义》《七侠五义》《岳飞传》《封神榜》《响马传》等。皖西大鼓书既传播了历史文化知识,又展示了文学艺术魅力,为民众带来了欢乐与消遣,对年轻人进行了为人处世的教育。皖西大鼓书是皖西民众接触最多、感受最深的文学艺术形式之一,可以说,"听书"和"看戏"一样,是皖西民众过去最重要的文化生活和精神享受。

---

① 陈良亭:《皖西农歌艺术成就初探(上)》,《皋陶文化》,2012年第2期。

创始于清朝光绪末年的寿县抬阁和肘阁,是一种集民间故事、戏剧情节于一体,熔文学、音乐、舞蹈、表演、杂技、造型、彩扎等艺术于一炉的综合性的民间文艺表演活动。抬阁、肘阁和另一种相类似的民间文艺表演穿心阁被合称为寿县"三阁"。这些独特的民间艺术表演形式,可谓皖西民间艺术园地里的一朵奇葩。

抬阁一般出现在县城和正阳关镇一带的大型灯会和庙会上,因为要由人抬着表演,故称抬阁。抬阁后面紧跟着的吹打班,用笙、箫、笛、管演奏出各类乐曲。抬阁上的小演员们,根据各自扮演的不同戏剧人物和情节,做出不同的造型和动作,表演的内容大多是根据民间故事和文人文学作品改编的小说、戏曲中的情节,如《封神演义》《水漫金山》《西游记》《西厢记》《三打白骨精》《火焰山》《观音送子》《火烧绵山》《火烧葫芦谷》等。

肘阁的灯具主要是由钢铁打出的公芯子和母芯子(卯榫)套合而成,其支柱曲似臂肘,由一人顶着表演,使灯具高耸空中,故名曰肘阁。肘阁分为一棚、二棚、三棚三种,在各棚上经常表演的节目有《打樱桃》《水泊娘娘震四海》《孙悟空》《打渔杀家》《对花枪》《断桥会》《猴打金钱豹》《待月西厢》《西游记》《红楼梦》等。

"农夫肚里歌如海,乡村无处不飞歌"。皖西民歌同样具有很高的艺术审美价值,在思想内容的选择和艺术形式的构成上,都体现了皖西民众善于观察和表达的艺术才能。例如皖西广泛流行的灯歌,就有着多样化的艺术审美价值。"灯歌在流传中,形成不同地域特色的曲调,千变万化,精彩纷呈。如流传在霍山地区的灯歌像高山流水,珠落玉盘。流传在六安湾畈地区的灯歌又像麦浪随风,如歌如叙。而龙舒大地的舒城灯歌则高昂激越,欢快无比"[①]。

---

① 陈良亭:《皖西农歌艺术成就初探(上)》,《皋陶文化》,2012年第2期。

再如小儿女们吟诵的童谣,充满了天真的童趣和奇妙的想象,构思奇特,音韵和谐,用文学的语言和艺术的手法创造了一个个色彩斑斓的儿童心灵世界。如叶集童谣:"小红孩,上南山,割荆草,编小篮,筛大米,做干饭。小狗吃,小猫看,急得老鼠啃锅沿。""扯攮攮,拜小姐,小姐穿个破油鞋。油鞋破,两半个。大半个,换馍吃;小半个,打酒喝。馍呢?猫吃了;猫呢?上树了;树呢?水淹了;水呢?龙喝了;龙呢?上天了;天呢?那呗(做指天动作)。"①

民间文学和文人文学总是相互影响的,皖西民间文学由于其具有很高的艺术审美价值,很早就引起了文人记录和模仿的兴趣,对皖西文人的创作也产生了深远的影响,推动了皖西文学的共同发展。如明代六安毛坦厂人喻本元、喻本亨兄弟撰写的兽医学著作《元亨疗马集》,收录了《禁杀牛歌》《劝医歌》等几十首当时的民歌,他们还模仿民歌体编写了医治马牛的歌诀610多首。当然,文人文学作品对皖西民间文学的影响也很大。如明代小说家吴承恩所著《西游记》,取材于《大唐西域记》、金代院本、元杂剧和民间传说,有很强的通俗性和传奇性,深受皖西群众喜爱,于是出现了一些与之相关的民间文学作品,如皖西歇后语:"花果山开批斗会——斗(逗)猴。""孙猴子进花果山——吃喝不愁。""孙猴子钻进妖怪肚——挖心战术。""孙猴子封弼马温——不知官大官小。""孙猴子听念紧箍咒——头痛。""孙悟空变山神庙——露出了尾巴。"

### (三)民俗文化价值

民间文学是民俗文化的重要组成部分,相互关系密切。民间文学具有浓厚的民俗色彩,民俗活动又往往依靠民间文学帮助形成和展现。皖西民间文学具有皖西地区鲜明的民俗风味,认识皖西民俗文化,离不开皖西民间文学。

---

① 叶集中学教师黄圣凤搜集整理。

皖西节日习俗在民间歌谣和谚语中多有展现,如腊八节前后,时值农事稍歇的闲暇时光,家中粮食、酒肉充足,正是举行男婚女嫁的大好时光。金寨县有童谣戏说道:"腊月腊八日子好,好多姑娘变大嫂。嘴里哭来心里笑,转身就坐大花轿。"春节前,大人小孩都要好好地洗个澡,干干净净地迎新年。金寨县又有一首劝人腊月底抓紧时间洗澡的戏谑童谣:"二十六,洗腊肉;二十七,洗古迹;二十八,洗邋遢;二十九,洗老狗。"正月间人们拜年时,要挨门逐户,进到家里去,不能遗漏怠慢了人家。金寨县有告诫谚语:"宁冇(丢失)一村,不冇一家。"另一则金寨谚语则告诉我们,拜年的时间也有讲究:"七不出,八不归,初九出门惹是非。"再如端午节习俗,也可以从皖西的民谣和谚语中有所了解,民谣如:"五月五,是端阳。插艾叶,戴香囊。吃粽子,撒白糖。龙船下水喜洋洋。"谚语如:"端午不插艾,死在大门外。""吃了端午粽,才把棉衣送。"

  皖西宗教文化和信仰民俗在民歌中也有所体现,如描述佛教文化中求神拜佛的场景:"清早起来从南来,个个庙门朝南开,当中坐个观音士,十八罗汉两面排,九天仙女下凡来。"皖西民歌中还有迷信和俗信习俗的表现。前者如:"想郎想得掉了魂,接个端公下个神。""端公"即巫师,巫师为病人做祷告,叫作"下神"。后者如:"脱掉绣鞋打一卦,一卦阴来一卦阳,小郎子来在半路上。"以鞋卜卦,测算人生得失祸福、事情动态结果。

  皖西元宵节玩花灯是一种流传很普遍的闹元宵习俗,其中就有集歌、舞、戏于一体的民间花鼓灯表演。如寿县民间花鼓灯,内容多是反映青年男女的爱情生活,表现他们相互爱慕、追逐嬉戏和反对封建礼教的故事。常演的有《团媳妇诉苦》《懒老婆》《扑蝶》《十八里相送》《游春》《火烧莲花庵》《丢手巾》《对花》等。

  皖西各地的民间文学往往又有各自小区域比较明显的特色,成为当地民俗文化的区别性特征。如舒城县自古以来就是民歌广泛流行的地区,各种各样的民歌非常丰富,流传区域相对集中,传唱群体往往不同。如山歌,以枫香树地区为代表;秧歌,主要流行于杭埠河下游一带;花鼓灯歌,从山区到圩区,春节期间玩花灯时大多唱这种歌子;牧歌,又叫角歌,是放牛子唱的,口角时也唱;门歌,又叫锣鼓书,是挨门乞讨时唱的;小调,农村城镇都唱,劳动群众唱,乞讨人员也唱。舒城民歌类型多样,内容丰富,语言用的是舒城各地的方言,具有鲜明的小地方的民俗特色。①

皖西民间文学不仅记录、反映已有的民俗事象,也会推动民俗的发展变化,有移风易俗的作用。如寿县堰口镇年过七旬的民间老艺人陶春安,经常到乡镇街头、敬老院等场所,自编自演,说唱"民生"大鼓书,宣传民生工程,如"计划生育好""养老保险好"等。由于他表演功底好、台词新颖、说唱有力、亲和力强,受到群众普遍欢迎,对当地民风民俗的改变影响很大。②

皖西民间文学还会催生新的民俗。如近些年来的春节期间,六安市各县区及乡镇纷纷组织乡村民俗文化爱好者,邀请民俗文化能人,举行民俗文化活动,表演民间戏曲艺术和舞龙、舞狮等民俗文化节目。如霍山县正月初七到正月十二的"春节文化周",正月十五元宵节的街头广场文艺汇演,上演舞狮、划旱船、花鼓伞、犟驴、四弦书等民间艺术节目,还有龙狮拜年踩街活动、戏曲专场演出、综艺演出、广场舞专场演出等。比较有影响的演出团体有诸佛庵镇俊卿群众艺术协会、上土市镇西山农民艺术协会、佛子岭镇民俗艺术团等。再如裕安区苏埠镇南楼村2014年办起第一届春节联欢晚会,以传统民俗文化为主,如扭花鼓、舞狮、唢呐演奏等,又有所创新,如用庐剧调填新词

---

① 详见《舒城民歌谈》,载伍箴胜《皖西风物志》,六安地区行署文化局编,1988年印行,第244—246页。
② 详见顾明《堰口民间艺人义务说唱"民生"大鼓书》,《大别山晨刊》2012年9月17日。

等。表演的节目有《美丽的南楼我的家》《张灯结彩》等。这些民间文艺演出为广大皖西群众送上了精彩的民俗文化大餐,烘托出浓浓的新春气息,既保留了年味,又创新了年俗。

### (四)科学实用价值

皖西民间文学是皖西人民生产生活的百科全书,是人民群众长期积累的关于自然、社会、人生的各种知识、经验与智慧的总汇,因此,它具有多种科学价值。皖西民间文学不仅可以向历史学、人类学、文化学、民族学、社会学、民俗学、语言学、心理学、伦理学、宗教学、美学等人文社会科学提供丰富多彩的可研究和利用的资料,还可以向地理学、气象学、地质学、水文学、地震学、动物学、植物学等自然科学和农学、养殖学、畜牧学、建筑学、旅游学、烹饪学等经济生产重要学科提供可研究和利用的资料。

如数量众多的皖西谚语,在气象节令、农业生产、日常生活等方面,总结知识和传授经验,具有很高的科学价值。气象谚语如:"春寒多有雨,夏寒水断流。""发尽桃花水,必定旱黄梅。""今年的雪,明年的雨。"节令谚语如:"春打五九尾,家家拽猪腿。春打六九头,家家卖耕牛。""二月清明半山青,三月清明满山青。""谷雨栽早秧,节气正相当。""重阳无雨望十三,十三无雨一冬干。"农业生产谚语如:"雷打惊蛰前,高山头上好种田;雷打惊蛰后,田里种绿豆。""三月三,南瓜葫芦都上山。""清明晒死柳,一抱麦子打一斗。""有钱难买五月旱,六月连阴吃饱饭。"日常生活谚语如:"叫人不折本,舌头打个滚。""火越烤越寒,肉越吃越馋。""鱼过千千网,网网都有鱼。""大路上讲话,草棵里有人。""力气是浮财,去了还能来。"

实用性是民间文学的普遍规律,皖西民间文学是为了满足皖西人民群众各种实用目的而产生、存在和流传的,对皖西民众的生产生活会产生实际的影响,是皖西民众生产生活不可分离的组成部分。皖西民间文学无处不在,无时不在,发挥的作用也实实在在。

如霍邱县的《劳动歌》:"我的兄弟姐妹咪,团结一心来干活呦。这边的铁锹铲起来,那边的挑子担起来。不怕土多堆成山,就怕人懒不干活。修成这个小水坝,再也不缺水浇田。有水浇出咱就不怕干,秋天田里一大堆金山。你一锹,我一担,今天的活就快干完。明天咱们接着干,偷奸耍滑不算是好汉。修好水坝不靠天,小官塘人个个是好汉。"①这首劳动歌反映的是小官塘人在村民组长的带领下进行集体劳动,修建小水坝,对抗干旱天气,缓解夏天农田缺水状况,保证农业生产丰收。这首歌具有勉励和鼓舞作用,对集体劳动的积极影响作用是不言而喻的。

再如寿县隐贤镇民间歌谣类型多样,实用性强,如洞房歌、讽喻歌、儿童歌谣、摇篮曲、打夯歌等,还有耕田打场时唱的《使牛歌》:"一块小田四方方,半块黄豆半块秧。待到秋来收获后,干饭豆腐喷喷香。""八月里来秋风凉,豆子谷子都上场。打下新粮盖新房,腊月腊八娶新娘。"前者表现农民的辛勤劳作和充满希望,后者表现农民丰收的喜悦和对幸福生活的期盼。②

**(五)思想教育价值**

在旧时的皖西,人民群众接受公办或私办的学校教育的机会很少,但是民间文学用口头教科书和口传心授的教育方式达到了传授知识和经验、开展思想教育的目的,弥补了民众接受正规学校教育的不足。

皖西民间文学中的神话故事、英雄传说、历史典故、寓言故事、教诲儿歌、哲理谚语、伦理戏剧等,都是很好的教育材料和形式,它们重点在思想观念、伦理道德、行为规范、处世原则等方面,对民众特别是青少年进行教育和培养,在传播各类文化

---

① 霍邱县宋店乡六里村小官塘村民组长口述,皖西学院文化与传媒学院2015届毕业生张运强记录整理。
② 详见卞维义《隐贤民间歌谣》,《皖西日报》2009年9月11日。

知识和生产生活经验的同时,教育人们分清善恶美丑,培养人们辨别是非的能力,起到言传与身教并重的作用。

在日常生活中,皖西民间文学作品是人们进行知识传授和道德教育的生动教材,尤其是对青少年来说,通过民间文学作品的了解与欣赏,可以获取生活知识、生产经验,可以开发智力、提高素质;还可以接受道德情操的正面熏陶,抛弃不良的心理状态和消极的行为方式,养成勤劳、诚实、善良、正直等美德,在实际生活中弃恶扬善,弘扬中华民族优秀的文化传统。这对于个人、家庭、社会的和谐稳定与健康发展都具有非常重大的意义。

皖西民间谚语中有大量教诲类的谚语,就具有深刻的哲理性,其思想教育意义十分明显。如:"吃不穷,喝不穷,算计(谋划)不到一世穷。""天作有雨,人作有祸。""良言三冬使人暖,恶语三夏使人寒。""吃了果子忘了树,好了疮疤忘了疼。""吃喝不计较,买卖论分毫。""抓一把,撒一把。""惯儿不孝,惯狗上灶。"

民间故事、曲艺和戏剧以生动曲折的情节、朴实感人的语言、贴近生活的内容、深入浅出的道理,更容易引起听者的反省和感动,其思想教育的作用也更加深刻持久。如民间故事《叶集孝感泉》说道:"清道光年间,叶家集东南雨台山下,住着一姓陈的人家,父病亡,其母带着三个儿子子厚、子美、子实耕织度日。陈氏三兄弟,日耕夜读,孝敬母亲,与邻人和睦相处。子实年幼,夜晚常伴母亲纺织,挑灯剪烛。母亲逝,长子子厚伴宿灵柩,三年无改。三个儿子孝敬母亲养育之恩,每进餐时哭祭母亲。清道光三年秋季,子厚、子实去霍邱县城应试,仅留子美在家守灵。恰逢山洪暴发,房中水深数尺,子美寻长绳系母亲灵柩未遭水淹。一年,邻居欺子厚兄弟三人,强占陈家水道。子厚兄弟让于他,不与计较。某年大旱,子厚弟兄挖沟蓄水,有两条鲤鱼跃水而出,接着深挖发现一泉眼,水清甜,用来灌溉,获得大旱之年从未有过的丰收。全乡人都称赞陈氏兄弟孝心感动了龙王,故有此泉。"这则故事用具体的生活细节和朴实的叙述语言,既说明了孝感泉的来历,也教育了人们要孝敬老人,与人为善,吃亏是福,善有善报。

**(六)娱乐消遣价值**

皖西民间文学的形式多种多样,灵活多变,能适合不同内容的表达需要和不同人的欣赏口味,具有吸引人和感染人的力量。皖西民间文学的内容贴近人民生活实际,有的针对性强,亲切可感;有的幽默风趣,嬉笑怒骂,皆能打动人心。因此皖西民间文学活动过去是人民大众最主要、最喜欢的文化娱乐活动之一,讲故事、唱民歌、猜谜语、听大鼓书、看地方戏、玩花灯等,是皖西民众非常向往期盼、喜欢观赏、容易痴迷,甚至乐于亲自参与的文学艺术活动。每当有这样的活动,人们就像过大年一样高兴快乐,群体参与,如醉如痴,精神上得到了极大的满足。

皖西民间文学的娱乐消遣性体现在带给人们劳累疲倦之时的放松和休息,苦闷忧愁之时的调节和宣泄,孤独寂寞之时的排遣和欢娱,逢年过节之时的迷醉和狂欢。皖西民间文学使皖西民众有了更多的生活乐趣和精神享受,皖西民俗生活也因此有了更多的文化内涵和艺术魅力,因此才具有了如此强大的吸引力和感染力。

例如皖西每年中秋节的晚上,家家户户吃过晚饭,一家人围在院子里的小桌子边,一边举头赏明月,一边低头吃月饼,还有石榴、柿子、葡萄、枣子、西瓜、梨、菱角、芡实、板栗等各色食品。对于小孩子们来说,有吸引力的不仅仅是那些美味的月饼等时令食品,更有老人们口中讲的"嫦娥奔月""玉兔捣药""吴刚伐桂"和"月中蟾蜍"等神奇的关于月亮的故事。

皖西民间笑话和机智人物故事,常常以劳动人民智斗剥削者等邪恶势力为主要内容,既真实地反映了封建社会农民和地主老财之间的矛盾与斗争,又能给老百姓们带来斗争胜利的欢愉和自豪,因此每每引来听众愉快的笑声。例如《留一半明年剃》的故事：财主钱万刁自己剃头赖账不说，还叫账房先生也赖账。有一年腊月三十，账房先生找张待诏（"待诏"为皖西人对理发师傅的称呼）剃头，中间说道："今年的剃头钱，我留一半明年给吧。"张待诏说："后年也行。"说完收起剃头刀和剪子，提起剃头箱子就要走。账房先生一摸脑壳，说："哎，张待诏，还有一半没有剃呢！"张待诏拍了拍剃头箱子，说："留一半明年剃吧！"账房先生无话可说，只得照付张待诏全年的剃头钱。

皖西民歌中也不乏幽默滑稽和斗智逗趣的语言，唱者运用比喻、对比、夸张、双关、拟人等手法，营造气氛，制造笑料，达到诙谐调侃、讥刺讽喻、引人发笑的目的，听者往往会心一笑，或者开怀大笑。如这首舒六霍交界区的情歌："吃了饭，懒滩滩，四两灯草懒得担。岗那边大姐搭句话，两个石磙一担担，去倒容易回头难。"①前后对比鲜明，惹人发笑。再如金寨县莲花山情歌《小乖姐站在大门口》："小乖姐站在大门口，手扶门框对郎瞅(cǒu)。娘问丫头瞅什么，日晒罗裙忘了收。"②这首情歌对处在恋爱期间的青年女子的爱情心理和娇羞行为进行了细致刻画，她在羞涩慌张之际对母亲撒的谎，让人不由得会心一笑。

歇后语被人们称作"独特的东方幽默"，皖西歇后语同样充满幽默诙谐的成分，是皖西民众幽默才能的发挥和乐观性格的体现。如金寨县歇后语："二十五天不出小鸡子——坏蛋""人家牵牛你拔桩——尽替人顶罪""裁缝掉了剪子——只落个尺(吃)""茶壶里装饺子——有货倒不出""老九的弟弟——老十(实)""老猫上锅台——老熟路""麻秸打狗——两怕""蜻蜓吃尾巴——自吃自""王小二过年——一年不如一年""一刀割掉鼻子——不知哪面朝前""一脚踢死麒麟——不知贵贱"等。

---

① 金安区东河口镇增塘小学教师高怀德记录整理。
② 金寨县油坊店中学教师马宗祥搜集记录。

## 第三节　皖西民间文学调查与研究

皖西有着悠久的历史和厚重的文化,其民间文学遗产丰富独特,影响深远。随着社会经济的不断发展和人们的生活水平的逐步提高,民间文学艺术的思想内容和表现方式日益丰富、复杂。由于如今人们的思想观念、生活状况发生改变,人们对艺术的要求和欣赏的角度也在不断变化和提高,导致一些民间文学遗产正在淡出人们的文化视野,面临失传的危险,因此保护和开发皖西民间文学遗产,已是迫在眉睫的重要任务。

党的十七届六中全会颁布并实施了《深化文化体制改革推动社会主义文化大发展大繁荣若干重大问题的决定》,党的十八大报告又提出了"文化软实力显著增强"的文化建设目标和扎实推进社会主义文化强国建设的发展战略。习近平总书记在十八大以来的重要讲话中多次强调了中华传统文化的历史影响和重要意义,特别是2014年10月15日《在文艺工作座谈会上的讲话》指出,实现中华民族伟大复兴,需要中华文化繁荣兴盛,中国精神是社会主义文艺的灵魂,要创作无愧于时代的优秀作品,坚持以人民为中心的创作导向,加强和改进党对文艺工作的领导。这篇重要讲话对繁荣发展社会主义文艺,建设社会主义文化强国具有重要的指导意义。

在这样的政治生态和时代背景下,皖西各级地方政府和社会各界有识之士应加紧调查研究,采取妥善措施,对皖西民间文学加以采集整理、科学保护、合理开发、长久传承,并务求实效,以使皖西民间文学遗产能够取得应有的地位,发挥应有的作用。

在对皖西地区自然特征、历史发展和社会经济状况深入研究和正确认识的基础上,六安市及各县(区)相关机构高度重视皖西各地民间口头非物质文化遗产的保护与传承,积极调查和挖掘本地民间文学资源,组织申报不同级别的非物质文化遗产代表性项目。目前已成功列入四批国家级非物质文化遗产代表性项目名录的有3项,即六安市庐剧、大别山民歌、寿县肘阁抬阁;已成功列入四批安徽省非物质文化遗产代表性项目名录的有12项,即皖西大别山民歌、寿县肘阁抬阁、六安市庐剧、金安区锣鼓书、舒城县小调胡琴书、舒城县梁山伯与祝英台的传说、寿县安丰塘的传说、霍山县四弦书、寿县寿州大鼓、寿县淮词、金安区邀大岭、金安区六安灯歌;已成功列入四批六安市非物质文化遗产代表性项目名录的有14项,即霍邱县长集皮影戏、霍山县四弦书、舒城县小调胡琴书、寿县安丰塘的传说、舒城县梁山伯与祝英台的传说、寿县皖西大鼓(后更名为"寿州大鼓")、寿县淮词、金安区邀大岭、金安区六安灯歌、裕安区十把小扇舞、舒城县周瑜故事、金安区六安谚语、寿县时苗留犊、舒城县舒城民歌。六安市还有其他一些类型的非物质文化遗产代表性项目也成功列入国家级(4项)、省级(13项)和市级(29项)名录之中,寿县、金寨县、霍山县、舒城县、霍邱县等县还公布了县级非物质文化遗产代表性项目名录。所有这些成功申报的不同级别的非物质文化遗产代表性项目,与民间文学都有着内在的、紧密的联系,实际上也是国内对皖西民间文学等非物质文化遗产调查、研究、保护和传承所取得的重大成果,同时也为皖西更多的民间文学等民间非物质文化遗产的调查、研究、保护和传承打下了良好的基础,提供了典型的示范,起到了积极的推动作用。

除了非物质文化遗产代表性项目申报,省内外的文史研究专家学者和民间文化爱好者对皖西地区民间文学遗产及其保护传承等相关问题进行了长期而深入的调查与研究,已经出版和发表了一大批相关学术专著和单篇论文,制作和播放了一些音像作品,取得了一些研究成果,产生了一些积极的影响。

省外文史研究专家学者的相关调查研究成果较多,如著名史学家张正明在《楚文化史》(上海人民出版社,1987年版)中对皖西在晚楚文化中的重心地位有详细论述,且有多处考古发现予以证实。杭州师范大学音乐学院田耀农教授在实地调查和专题研究的基础上,出版了《皖西锣鼓研究》(安徽文艺出版社,2002年版),推动了皖西各地锣鼓的研究和相关非物质文化遗产代表性项目的申报工作。华中师范大学黄永林教授主编的《民间文化与荆楚民间文学》(华中师范大学出版社,2005年版)对荆楚各地民间文学多有比较研究,浙江省宁波市非物质文化遗产保护专家委员会成员许响洪在《中国非物质文化的非常态研究》(百家出版社,2008年版)中对皖西历史和荆楚文化有深入细致的研究。

在皖西本地学者中,一大批不同年龄和职业的学者关于皖西历史、民俗、民间文学的调查与研究成果在社会上产生了较大的反响,在皖西民间文学的保护与传承方面也发挥了积极的作用。最近30多年来,皖西学者在皖西民间文学等皖西民间文化、地方历史文化的研究方面,除了发表了大量的单篇学术论文外,还出版了20多部颇有影响的学术研究和资料整理著作,如姚治中的《皖西古代史探索》(安徽人民出版社,2003年版)、《走进古代皖西》(黄山书社,2009年版)、《从皋陶到刘安——汉文化成型期的皖西》(黄山书社,2013)、《重评"淮南狱"》(黄山书社,2014年版),刘家松的《人杰地灵话皖西》(黄山书社,1989年版),孟塈的《古寿州漫话》(黄山书社,1989年版)、《寿州故事传说》(黄山书社,1991年版),史红雨的《皖西概览》(安徽人民出版社,1993年版),史红雨、徐航的《皖西漫步》(解放军出版社,2003年版),杜继坤的《皋陶故里搜奇》(大众文艺出版社,2009年版),管亚伟的《六安大别山民歌精选与赏析》(中国文化出版社,2010年版)、《根在大别山——庐剧》(中国文化出版社,2011年版)、《大别山的话》(三秦出版社,2013年版)、《大别山俗礼》(三秦出版社,2013年版),许正英的《皖西民俗》(黄山书社,2012年版),马启俊、马宗祥的《金寨县莲花山民俗文化述要》(安徽教育出版社,2012年版)等。

还有属于国家民间文学"三套集成"(《中国民间故事集成》《中国歌谣集成》《中国谚语集成》)六安地区分卷的三部著作,一是史红雨主编的《六安民间故事全书》(黄山书社,2011年版),包括金寨卷、霍邱卷、霍山卷、舒城卷、寿县卷、金安卷、裕安卷、叶集卷八卷;二是徐元华、徐航主编的《六安歌谣集成》(中国文联出版社,2011年版);三是徐元华、徐航主编的《六安谚语集成》(中国戏剧出版社,2014年版)。

中国文联出版社2012年底还出版了《大别山民歌精选》,该书由六安市文化广电新闻出版局牵头,鄂、豫、皖三省位于大别山地区的黄冈、信阳、安庆、六安四市合作,历时一年多,共同编写而成。该书为每一首民歌配上曲调和衬字,书后还附上演唱资料光盘,非常便于读者学唱和传唱。

六安市历代州志、县志等地方旧志和《六安地区志》《六安地区文化志》《六安县文化志》《安徽省六安地区曲艺志》《安徽省六安市戏曲志》等各种新修志书也都有一些内容涉及皖西各地民间文学遗产的相关情况。《安徽日报》《皖西日报》《大别山晨刊》《六安新周报》《皖西学院学报》(有"皖西文化研究""六安开发研究"等特色栏目)及《皋陶文化》《文化六安》《淠河》《映山红》《皖西乡音》(安徽省民俗学会六安分会主办)等报刊也经常刊登皖西民间文学方面的相关介绍和研究文章,安徽电视台、安徽人民广播电台、六安市电视台、六安市人民广播电台、六安市人民政府网、六安新闻网、大别山在线网、六安文化网、皖西民俗网等新闻媒体经常制作、播放相关声频和音像节目,共同研究、介绍和宣传皖西民间文学作品,或报道皖西民间文学相关活动。中央电视台也报道过皖西民间文学,如《欢乐中国行——魅力六安》节目2011年秋就荣幸地走进了中央电视台,展示大别山民歌等皖西优秀的非物质文化遗产项目。六安市有关部门为了宣传推介皖西民间文学,还成功组织了六届大别山歌会、三届大别山民歌展示会、五届大别山山水文化节等大型民间文艺演出活动,金寨县天堂寨5A级风景区连续举办了六届天贶文化旅游节,大别山民歌、皖西戏曲等民间文艺形式也因此而名扬四方。以上这些宣传介绍和研究开发皖西民间文学等地方文化的系列活动,在国内外产生了巨大的影响,提高了皖西地区的知名度和美誉度。

但是,皖西地区目前还有很多尚未被列入各级非物质文化遗产代表性项目名录的古老稀有、独特珍贵的民间文学遗产,散见于穷乡僻壤、乡村城镇之间,不为外人所知,缺乏保护,自生自灭,亟须我们去进行广泛调查,深入挖掘,采集整理,摸清家底,建立资源信息库。皖西地区还有很多关于本土地域性民间文学遗产的理论问题需要进行深入研究讨论,以便弄清真相,澄清认识。在此基础上尽快制定保护和开发的政策,明确计划和措施,并付诸行动,力争取得切实的效果,使这些珍贵的民间文学遗产得以保存和展示,并发挥其精神影响和文化传承功能。

皖西地区还有大量的民间文学遗产代表性传承人,需要我们真诚地加以关心和保护,提高他们作为各级非遗传承人的经济补助标准,大力改善他们的生活条件,使他们能够有时间和精力传承民间文学,培养后继人才,延续皖西民间文学的余脉。皖西地区还有让本土民间文学资源走进本地大、中、小学,为乡土教育、素质教育、人才培养(特别是民间文学专门人才培养)做贡献的问题需要加快解决。

在推动社会主义文化大发展大繁荣的时代背景下,党的十八大报告提出要扎实推进社会主义文化强国建设,习近平总书记系列重要讲话中也强调重视民族文化和民众文化,提高文化软实力,实现中国梦。因此,皖西地区民间文学遗产的调查和研究、保护和传承,既是一项十分重要和急迫的政治和文化任务,也是一个急需重点研究的科研课题,需要政府部门、社会各界、高等院校的相关人员和有识之士齐心合力,共同参与,研究解决。皖西高校作为知识分子密集的文化阵地和学术高地,更应充分发挥人才培养、科学研究、社会服务、文化传承与创新的高校四大职能,"通过大学生思想政治教育,加强社会主义核心价值体系建设;通过人才培养和社会服务,全面提高公民的道德素质;通过文化传承与创新,丰富人民的精神文化生活;通过科学研究、文艺创作、文化产业发展,繁荣社会主义文化,增强国家的文化整体实力和竞争力"①。

## 第四节　皖西民间文学保护与传承

### 一、皖西民间文学保护与传承的重要意义

民间文学是民间口头文学传统的表现形式,广泛流行于民间,和人民群众生活密切相关,是非物质文化遗产的首要组成部分。"民间文学、民间艺术、民俗活动等民间非物质文化,是千百年来人民的集体创造,是人民生活中的重要组成部分……非物质文化是人民创造的生活美,它就像空气和水一样,人们的生活离不开它,却不一定了解它。"②因此,对民间文学遗产的保护与开发,就显得十分必要和迫切。

对皖西民间文学进行保护和传承研究,其意义同样是重要而深远的。概括起来,主要有以下四点意义:

(一)有利于积极响应联合国教科文组织颁布的《保护世界文化和自然遗产公约》(1972年联合国教科文组织第17届世界遗产大会在法国巴黎通过,1985年11月中国成为缔约国之一)、《保护非物质文化遗产公约》(2003年10月在联合国教科

---

① 马启俊:《发挥高校职能　推进文化强国》,《皖西日报》2012年11月23日。

② 段宝林:《非物质文化遗产精要》,中国社会出版社,2008年版,第2—3页。

文组织第32届大会通过,2004年8月中国加入该条约)和我国颁布的《国务院办公厅关于加强我国非物质文化遗产保护工作的意见》(2005年3月26日国办发〔2005〕18号文)、《中华人民共和国非物质文化遗产法》(2011年6月1日起施行)、《中共中央关于深化文化体制改革推动社会主义文化大发展大繁荣若干重大问题的决定》(2011年10月18日党的十七届六中全会通过)等文件和法律法规的有关规定和要求,以及习近平总书记关于文艺工作系列讲话精神,并将保护工作落到实处,取得实效。这既是与国际接轨,响应国家号召,也是从皖西实际出发,切实保护本地民间文学非物质文化遗产,可以说是利国利民、继往开来的大好事。

(二)有利于我们进一步认识皖西地区的历史发展、社会状况、民众生活,明确皖西地区在中华民族文化形成、发展过程中的作用与地位,从而加强对皖西非物质文化遗产的性质、特色、作用、影响的认识,加强对皖西民间文学遗产所蕴涵的民族精神、思维方式、想象力和文化意识的认识,加强对皖西各种民间传统文化的表现形式、文化空间、文化载体、文化生态、文化魅力的认识,加强对皖西民间文学遗产的口头传统和表现形式的深入研究、广泛宣传、积极抢救、妥善保护、合理开发、有效传承。还可以改变过去人们对皖西民间文学遗产认识的肤浅零散状况,引起社会各界对宝贵的皖西民间文学遗产的关心和重视,提出保护与传承的具有指导性、针对性和可操作性的对策与方案,建立皖西民间文学遗产保护和传承的长效机制。有利于坚持"保护为主、抢救第一、合理利用、传承发展"的工作方针和"政府主导、社会参与、明确职责、形成合力;长远规划、分步实施、点面结合、讲求实效"的保护原则,为其提供理论依据、决策参考和成果支撑,有效地抢救保护和开发利用这一笔珍贵的地方文化遗产,推动皖西非物质文化遗产保护与传承工作向前发展。

(三)有利于深入贯彻科学发展观,加快安徽省文化强省、六安市文化强市战略实施的步伐,推动六安市民间文化大发展大繁荣,带动六安市和谐社会和精神文明建设,实现六安市文明创建的长远目标。有利于六安市按照安徽省政府发布的"十二五"时期文化改革发展纲要和"十三五"规划纲要的有关要求,在推进社会主义核心价值体系建设、构建公共文化服务体系、加快文化产业发展、深化文化体制改革、加强人才队伍建设过程中,实施"八大工程",即文化建设惠民工程、文化创新引领工程、文化产业跨越工程、文化品牌示范工程、文化保护利用工程、文化人才兴皖工程、文化龙头带动工程、文化展示传播工程,推出六安市的民间文学精品力作,打造出具有广泛影响力的民间文化品牌,申报更多的民间文学非物质文化遗产代表性项目,建立更多的非物质文化遗产保护、示范和传习基地,提升六安市的文化品位,增加其知名度和美誉度。

(四)有利于六安市范围内的高等院校、中小学、幼儿园等教育单位充分利用皖西民间文学遗产资源,进行乡土教学、素质教育,培养综合型、应用型人才。"皖西学院作为皖西地区唯一的本科院校,历来重视发挥高校职能,积极推进文化发展,在教育教学中传承与创新皖西地方文化,参与地方文化建设,为皖西地区的区域文化发展做出了应有的贡献。"[①]皖西学院自从2000年成立以来,十几年间,教师们在皖西民间文学调查研究和教育教学方面,利用课堂教学和课外实训,科学研究和人才培养,做了大量的探索与实践,取得了突出的成果。皖西学院教师有多个省厅级和校级相关项目立项,多篇相关论文发表和多部相关专著出版,多个项目获得省市级和校级奖项。如2012年11月,马启俊、马育良、王全林、余学玉、黄克顺5位教师申报的教学改革项目《传承与创新皖西地方文化,培养文科

---

[①] 马启俊:《发挥高校职能 推进文化强国》,《皖西日报》2012年11月23日。

应用型人才的探索与实践》荣获安徽省教育厅授予的省级教学成果奖二等奖;马启俊、王德兵、汪大明、黄克顺4位教师申报的2015年度安徽省哲学社会科学规划一般项目《皖西非物质文化遗产保护与利用研究》(AHSKY2015D57)获得安徽省哲学社会科学规划办公室立项资助。

## 二、皖西民间文学保护与传承的具体措施

"面对当今社会的急剧变化,我们一方面要与时俱进,不能抱残守缺,一方面也要珍惜传统文化,对非物质文化遗产加以合理的保存、保护和科学的开发、利用,不能数典忘祖,割断历史血脉。"[①]为了更好地保护和开发皖西民间文学遗产,六安市各级政府和文化部门要行使主导职能和发挥组织功能,提供政策、资金和技术支持与保障,组织动员社会各界力量,特别是专家学者和民间文化爱好者,积极投入保护和传承的行列中来,形成氛围与合力;要制定长远计划,分步实施,以点带面,力求实效,为皖西民间文学的生存与发展、保护与传承提供良好的政治生态和肥沃的生长土壤。

具体来说,皖西民间文学保护与传承应该采取以下八个方面的具体措施:

(一)扩大调查范围,挖掘更多和更有价值的皖西民间文学遗产资源。组织专家学者和有关人员全面调查,充分挖掘,认真记录,分类统计,详细登记皖西各地各类民间文学遗产资源信息,摸清皖西民间文学遗产的家底,编辑皖西民间文学遗产资料汇编和分布地图集,建立遗产资源信息库和传承人信息库,用文字、音像、实物资料等形式建档保存,为进一步保护和开发奠定扎实的基础。

(二)在全面调查的基础上,深入细致地梳理和具体准确地

---

① 马启俊:《永远的传承与创新》,《皖西日报》2012年10月26日。

描述皖西民间文学遗产的历史源流、传承脉络、流传区域、形式内容、代表人物、代表作品等，客观公正地评价其历史贡献、重要影响、特点优点、缺陷不足，研究其产生的条件、生存的环境、发展的路径，正视其目前的生存发展状况，分析其在新时期的发展前景、保护与传承的可行性、面对的困难和解决的思路等，积极撰写皖西民间文学遗产历史与现状的调查分析报告、研究报告和学术论文，深入探讨，理性分析，加深认识，提升研究水平，为相关研究提供借鉴。

（三）在调查研究的基础上提出皖西民间文学遗产保护与传承的具体方案和措施，为六安市各级政府部门、地方团体、科学界、教育界和相关人士抢救保护与传承利用提供资料保证、理论支持、对策参考和方案设计。同时还要提出对各级非物质文化遗产代表性传承人的抢救性保护工作意见和建议，为他们争取更好的生存和发展的条件、更为有利的传承遗产和培养新人的环境。

（四）在广泛调查、深入研究、全面保护、合理开发的基础上，有重点地推出皖西有代表性的民间文学遗产项目。除了加大力度保护和传承已经列入国家级、省级、市级、县（区）级名录的皖西民间文学非物质文化遗产代表性项目，组织申报更多的不同级别的非物质文化遗产代表性项目，构建更加丰富完整的四级名录保护体系外，还要积极宣传，扩大影响，推出皖西民间文学精品，让优秀的皖西民间文学艺术品走出皖西，走向全国，甚至走向世界。

（五）将皖西民间文学保护与六安市经济社会发展结合起来，在城乡建设、环境治理、旅游推介、文化产业、商业贸易等方面发挥更大的效益，增加保护与传承的活力。还可以为媒介宣传、文化展示、人员培训、学校教育、非物质文化遗产主题公园和场馆开办、文化馆和博物馆建设等提供民间文学资源支持，在互利共赢中推动皖西民间文学遗产的保护和传承。

（六）让皖西民间文学与人民群众的劳动生产和日常生活联系起来，积极开展活态保护与传承，将民间文学的文化生态和社会生态结合起来，让皖西民间文学产生新的社会效益和经济效益。所谓"活态保护"，就是要在流传中保存，在生存中保护，在动态中再现，在传承中发展，在利用中改造，在变化中适应。皖西民间文学除了要通过各种载体做静态记录、保存、展示外，更重要的还是要在活态中保护和传承。皖西民间文学活态保护有很多成功的例子，值得借鉴和推广。如叶集区姚李镇庐剧团自2007年成立以来，经常活跃在乡间和山村，演出地方戏，丰富农民业余文化生活。霍山县上土市镇西山农民艺术协会在音乐、文史、民俗、民间文学等方面不断对西山文化内涵和底蕴进行挖掘和传承。金寨县天堂寨镇天贶文化旅游节每年一届，在全国影响很大。其余如霍山县诸佛庵镇俊卿群众艺术协会、舒城县城关镇鼓楼社区文艺演出队、寿县宾阳楼民间艺术团、寿县小甸镇老年中心校歌咏队、寿县堰口镇"夕阳红"锣鼓队、寿县双桥镇锣鼓队、寿县迎河镇红五月艺术团、寿县保义镇和谐艺术团等群众文艺团体，自发组织，业余活动，克服困难，坚持演出，把戏剧、曲艺、歌舞、小品等节目送到农民身边，为群众带来常演常新、贴近够味的皖西民间文艺节目。

（七）可以在保护的基础上推陈出新，保持皖西民间文学传承的活力和生机。要不断地对皖西民间文学进行内容和形式上的革新和发展，改编或创作新的符合大众口味、具有时代特征的民间文艺作品。皖西民间文学作为一种古老的口头语言艺术，在时代变革和科学发展的新形势下，面临着传承与创新的难题。只有取其精华，去其糟粕，在汲取传统的民间文学艺术精华的基础上，大胆创新，敢于突破，把群众的审美情趣和审美需要与时代发展、社会变迁紧密结合，内容紧扣新时代的新生活，艺术表现形式随着社会形态、民俗风情、思想观念、科学技术的更新而变异，才能赋予其新的时代气息，使之发扬光大。

（八）新时期的皖西民间文学创作要与社会主义核心价值观结合起来，要树立社会主义共同理想和正确的荣辱观，弘扬以爱国主义为核心的民族精神和以改革创新为核心的时代精神，培育人民特别是青年一代的思想文化素质和伦理道德情操。我们可以在保持皖西民间文学原有特色的基础上，适应和谐社会的发展趋势，与时俱进，运用一些新的艺术技巧技法和新媒体传播方式，创作出具有时代气息、易于为群众所接受和欣赏的艺术作品来。习近平总书记已经给我们指明了方向："随着人民生活水平不断提高，人民对包括文艺作品在内的文化产品的质量、品位、风格等的要求也更高了。文学、戏剧、电影、电视、音乐、舞蹈、美术、摄影、书法、曲艺、杂技以及民间文艺、群众文艺等各领域都要跟上时代发展、把握人民需求，以充沛的激情、生动的笔触、优美的旋律、感人的形象创作生产出人民喜闻乐见的优秀作品，让人民精神文化生活不断迈上新台阶。"[①]

总之，只要政府重视、社会支持、民众参与、以人为本、科学发展、不断创新，皖西民间文学遗产的保护与传承一定会取得明显成效，并发挥长远效益；只要继承传统、去粗取精、去伪存真，汲取其他艺术的精华，运用现代化的科学技术成果，就能将皖西民间文学发展到一个新的高度，既体现民间文学的民族性和时代性，又体现先进文化的前进方向；只要与时代紧密结合，就能发展、繁荣皖西民间文学，使皖西民间文学这一艺术奇葩，更加多姿多彩，璀璨夺目。

我们衷心地期望生长于古老的皖西大地上的民间文学艺术之花，在新的时代里绽放得更加鲜艳美丽。

---

[①] 中共中央宣传部：《习近平总书记在文艺工作座谈会上的重要讲话学习读本》，学习出版社，2015年版，第16页。

**思考与练习**

1. 请说说皖西民间文学历史发展状况。
2. 请分析皖西民间文学的现状及其成因。
3. 请结合我国非物质文化遗产保护法律法规,谈谈皖西民间文学遗产保护与传承的法律地位。
4. 请结合中国传统文化的传承与发展,谈谈皖西民间文学研究的重要意义。
5. 请结合皖西学院应用型人才培养,谈谈皖西民间文学田野调查的重要性和可行性。
6. 请谈谈皖西学院师生在皖西民间文学保护与传承中可以发挥的作用和实现路径。

# 第二章 皖西民间故事

民间故事是指民众口头讲述的散文体故事,是民间文学的重要内容之一,它几乎遍及人类居住的每个城镇和村庄。民间故事对创造和传承它的民众来说,是自我娱乐和自我教育的重要手段,对于听众而言,除了达到劳作之余的放松目的外,还是获得人生启蒙和智慧启迪的重要方式。虽然现代文明的发展给人们带来了前所未有的丰富多彩的文化生活,口传的故事在民众日常生活中的使用价值将越来越弱,但讲故事仍是许多地方民众日常文化生活的重要组成部分,而且它在文化艺术上的价值还将随着时代的改变而受到更多的重视。

皖西地处江淮之间,依山襟淮,历史悠久,人文荟萃,传统文化十分发达,民间故事资源尤为丰富。2009年六安市文化局组织的六安市非物质文化遗产田野调查即采得皖西民间故事481条,而更多的皖西民间故事则如珍珠般散落民间,成为皖西民众茶余饭后的重要生活佐料。这些故事不仅群众喜闻乐见,还富有浓厚的皖西地域文化色彩,是皖西民间文化的重要组成部分,具有重要的地方文化认识价值和艺术研究价值。

民间故事的概念有广义和狭义的两种理解。广义的概念即民众的口头散文体叙事文学的总称,按题材内容及流传情况的不同可分为神话、传说、生活故事、笑话、寓言、童话等。日常生活中,"神话传说""传说故事"等经常连用,其实,这正反映了三者的共同性:都是散文体故事,有一定的传奇和幻想成分;有人物和情节,故事生动;篇幅一般不长,短小活泼。狭义的民间故事则是将神话、民间传说和民间故事并列起来,专指除神话、传说之外的民间其他的口头散文体叙事文学形式。这是因为,三者之间毕竟有所区别。神话是关于神的民间故事,是幻想性很强的不自觉的艺术创作;而传说则是与一定的历史人物、历史事件或地方风物、社会习俗等有关的故事,与历史或现实社会有一定的关联;而以生活故事为内容的民间故事一般是以现实世界中形形色色的普通人的生活遭遇及其理想愿望为中心的、民众自觉的艺术创作。相对而言,神话离我们最远,传说与我们不远不近,而故事与我们最为贴近。著名民间故事研究专家段宝林认为,神话和传说也是民间故事,把它们和民间故事并列起来不合逻辑。故我们这里采用广义的民间故事概念,但是为了方便,本章把皖西民间传说和生活故事(狭义的民间故事)分开来进行讲述。皖西神话限于资料搜集的困难,这里不再讲述。

## 第一节　皖西民间传说

　　民间传说是民间故事的重要类型之一,它是指民众口头创作和传播的描述特定历史人物或历史事件、解释地方风物的富有传奇色彩的民间叙事文学。传说常与某些历史、地理现象及社会风习相附会,往往给人以真实感。传说富有传奇性,其情节往往充满巧合、夸张和超人间的奇情异事,既富于生活气息,又离奇动人。但传说与神话不同,传说的主人公是人不是神;传说与生活故事也有明显区别,生活故事一般没有明确的时代和地点,但传说总是与某些客观存在的人、事物或地点等相关,具有较强的历史性和现实性。

皖西民间传说便是皖西历代人民群众创作的一种与历史人物、历史事件及地方风物古迹等密切相关的口头故事,通常以皖西的特定人物、事件和古迹等为中心演绎而来。它们内容丰富,题材广泛,故事生动,情节完整,涉及皖西地区古往今来的人物、丰富的古迹物产和多彩的风俗习惯等。

**一、皖西民间传说的主要内容**

依据所讲述的对象不同,皖西民间传说大致可以分为四类,即人物传说、历史传说、地名传说和风物传说。

**(一)皖西人物传说**

皖西人物传说指的是与生活在皖西大地、从皖西走出或走入皖西的历史名人有关的传说。皖西大地,人才辈出,古往今来出现了众多著名的历史人物,他们的事迹在民间广为流传,并在流传中被故事化,甚至神化,形成了别具一格的历史人物传说。这类传说资源相当丰富,既有英雄人物传说,也有民间艺人传说;既有古代知名人物传说,也有现代革命领袖传说。对当地的著名历史人物,皖西民众总是给予热情的关注,因此,皖西民间传说具有潜移默化的教育意义。

1. 皋陶的传说。皋陶与尧、舜、禹并称"上古四圣",夏禹把六安一带封给皋陶及其后代。乾隆年间的《六安州志》评价皋陶"明五刑,弼五教,功不在禹下"。关于皋陶,皖西民间有一系列传说。

皋陶像

六安市皋陶墓

这里且举一例——"皋陶出世"。帝尧登位后有了专管农田的大司农、管政务的大司徒、管军队的大司衡,却一直未物色到管刑罚的士师,十分心急。这天夜里,尧刚入睡,忽见西方烟尘滚滚,烟尘中耸起一座高山,高山中走出一位女子。尧正好奇之间,猛听得背后一声巨响,回头一看,只看见白帝神从天而降,只听见白帝神对那女子说道:"姑娘,你我有缘,我要送你一个当刑官的儿子。"说完,两人便向大山深处飘去。尧一惊,高声叫道:给我刑官。但二人却早已不见踪影。原来这位女子便是皋陶的生母,名叫女华。后来帝尧年年寻访,十多年后终于在山东曲阜寻得皋陶。

2.孙叔敖埋蛇。孙叔敖是春秋战国时期楚国的令尹,组织民力兴建了安丰塘。孙叔敖小时候与母亲相依为命。这天他到外面干活,看见一条长有两个头的蛇,就杀死蛇并把蛇埋了,然后一路哭着回了家。到了家见到母亲,他双膝跪地,泪如泉涌。母亲问何故。孙叔敖回答说:"我听说见了两头蛇的人一定会死掉,刚才我见到了,我很快就要死掉,不能侍奉您了。"母亲问:"蛇在哪里?"回答说:"我害怕别人又见到这条蛇,已经把它杀死埋了。"他的母亲说:"我听说暗中做好事的人,老天爷会保佑他的,你不会死,还会因祸得福呢。"果然,孙叔敖后来不但没死,还做了楚国的令尹,主持修建了安丰塘,成了一个有为的历史名人。据说,孙叔敖埋蛇的地方就在淠河西岸,那个地方现在还叫埋蛇沟。

3.时苗留犊。时苗是东汉末年河北巨鹿人,曾被曹操任命为寿春令。他在寿春为政清廉,深受百姓爱戴。时苗来寿春上任时,没有骑高头大马,也没有坐八抬大轿,而是坐一辆牛车来的。一年多后,卸任返乡,这时他带来的母牛生了一条小牛犊,他要把小牛犊留给当地百姓。他说,我来时只有一头母牛,没有牛犊,它是吃淮南的草、喝淮南的水而出生的,我不能带走。当地百姓以"六畜不认父,自当随母"力劝,但时苗还是执意留犊而去。后来,当地人们为了纪念时苗,就把小牛饮水之池取名为"留犊池",又在牛犊栖身地建起"留犊坊"。后来又在旁边建起了时公祠,时公祠所在的巷子后来就被称为"留犊祠巷"。时苗留犊作为千古佳话,流传至今。

4.元亨疗马的传说。明代万历年间的六安州毛坦厂喻家湾出了两个名人,就是享誉世界的兽医双圣喻本元和喻本亨两兄弟,两人合作的《元亨疗马集》是我国古代兽医学界的一部经典。元亨生于兽医世家,两人的父母60多岁才喜得双子。两兄弟幼习祖业,10岁能替父开药方,20岁名冠六安南乡。万历三十年(1602),中原下了七七四十九天大雨,烂肠瘟在牛马中大流行。两人根据家传秘方和自己的医学实践,开出单方,神奇地止住了烂肠瘟的流行。此事被万历皇帝知道了,把二人招进宫去任御马医,官封三品。

5.刘铭传的传说。刘铭传曾任清朝首任台湾巡抚,是肥西县刘老圩人,外号刘六麻子。刘六麻子生性顽皮,不爱读书,成年后也游手好闲,不务正业,但其襟怀坦荡,不拘小节。其青少年时经常在六安南乡活动,一日在马集赌博输光后去酒店喝酒,因赊账问题与店家大打出手,被店家追出两三里,无奈只好躲入一户人家竹园里的草垛,待追赶之人赶到时,只见草垛地下卧着一只黑虎,眼放蓝光,阴森森地望着面前之人,几个家伙一时吓得魂飞魄散,很快溜走了。从此以后人们都说刘六麻子是天上黑虎星下凡,日后必成大器。后来刘六麻子在家里混不下去,便决定离家从军。路上饿得头昏眼花,便在路边的一座坟山睡着了。第二天早晨,一位拾狗屎的老头子远远看到坟头睡着一条黑狗,料想周边必有狗屎,近前一看,却发现是一位身穿青衫、携带包裹的年轻人。老头自言自语到:远看是条狗,近看却是人,此人非凡人。老头唤醒了刘六麻子,问了来龙去脉,把他带回家,煮了二升糯米饭给刘六麻子吃了。为此,刘六麻子还写了一首歪诗送与老头,约定以此为凭报答今日的一饭之恩。

6.朱洪武的系列传说。明太祖朱元璋在皖西的传说十分丰富,流传极广,朱元璋放牛等传说在皖西几乎家喻户晓,老少皆知。下面选择数则做简要介绍。

传说之一:朱洪武治病。朱洪武云游淮西,从合肥到达六安时,已是面黄肌瘦,浑身疮痍,加上路上又受了风寒,穿过六安州城后,支撑不住,晕倒在六安城南的十里桥,被住在附近的一对养鹅的老夫妇发现并收留,于是留在老夫妇家中养病。一日在老夫妇家门口的湖边闲走,结果踩在湖边的松土上,掉

朱元璋像

进了湖里。说来也怪,顷刻间黑云密布,风雨大作,湖中掀起巨浪。待朱元璋从湖中爬上来时又归于风平浪静,而且朱洪武感到身上的疮也好了许多。以后他每天用湖水洗澡,不久病就全好了。这个湖后来就叫"浴龙湖"。

传说之二:朱洪武脱险。元代末年,元朝军师算定某日中午,"真命天子"将头顶绿阳伞、身穿紫红袍、骑匹白龙马从河南固始跨越泉河进入霍邱县临水集。于是便在路上设下重重关卡,但没有见到一个有"天子"气派的人经过。眼看午时将过,只见一个要饭的孩子翻越河堤走来。这小要饭的左手举一片荷叶当作遮阳伞,右手攥一根去过皮的白柳条夹在裆下当马骑,浑身一丝不挂,晒得紫红紫红的,嘴里一会儿学着唢呐声"哇鲁、鲁哇"地乱吹,一会儿学着锣鼓响"冬冬锵、冬冬锵"地乱打,身上还散发着浓重的腥臊味。把关的士兵不加盘问便放他过了关卡,这样朱洪武没受任何盘查,安然渡过了泉河,来到了霍邱临水集。

传说之三:朱洪武扫神龛。相传朱洪武在霍邱县临水大庙当和尚时,老和尚天天叫朱洪武扫佛龛,朱洪武累急了就随口说了一声:各位佛爷都出去,让我打扫打扫。不料泥菩萨就应声自动走出去了。老和尚以为朱洪武把佛龛搬出去了,要打

他。他申辩说是菩萨自己出去的。老和尚就问:那你能再叫回去吗?朱洪武就说了声:佛龛打扫好了,各位佛爷请归位吧。于是泥菩萨都自动归位。老和尚见他这样厉害,不敢留他,就叫他走了。

传说之四:扮演皇帝。朱元璋当牧童时,经常同伙伴们扮演皇帝。他坐在石阶上,让其他孩子装文武百官向他叩头,他安然无事稳稳地坐着。但轮到别的孩子扮皇帝,他在下面叩头时,这些孩子都要一个个地从上面滚下来。

传说之五:朱元璋放牛。朱元璋小时候给东家放牛时把一头小牛犊杀了,和小伙伴们饱餐了一顿。为了回去后有个交代,便将牛头放在山的东面,将牛尾放在山的西面。回去后说牛钻到山里去了,拉不出来了。东家不信,朱元璋带着去看,果然如此,牛犊头尾分别在山的两面,而且东家一拉牛尾巴,山那边的牛头还"哞哞"地叫唤。后来朱元璋就被东家辞掉了。

传说之六:天明一阵黑。传说朱元璋放牛时把牛杀了,从村里偷了一口锅用。吃完后天已亮了。还锅时他担心被人发现,就自言自语一声:要是老天爷黑一阵,让我把锅还回去就好了。说来也怪,话音刚落,天就又黑下来了。这样朱元璋就趁黑把锅给送了回去。从此以后,天亮时总要黑一阵子。

传说之七:朱元璋放鹅。朱元璋在金安区东河口镇的舅舅家放过鹅。放鹅时伙同几个孩子把鹅全都杀吃了。晚上回家,把田野里飞的一阵白鹭赶了回去,关进笼子。第二天舅母开笼门时,白鹭呼啦啦全飞走了。

传说之八:千里送鹅毛。朱元璋云游淮西时,饥病交加,昏倒在地,恰好被养鹅的张老汉夫妇救下,并精心加以调养,才转危为安,于是认老夫妇为干爹和干妈。朱元璋做了皇帝后,不忘干爹干妈的救命之恩,派人迎接二老到都城南京享受荣华富贵。张老汉选了两只皖西白鹅带上作为见面礼。不料过江时,两只又饥又渴的白鹅飞向江中,张老汉伸手去捉,只抓到了几根鹅毛。张老汉只得把鹅毛献给皇上,并说明了原委。朱元璋双手接过鹅毛并动情地说:千里送鹅毛,礼轻人意重啊!这就是至今流传的这句歇后语的来历。

  以上有关朱元璋传说的内容可能会因讲述人、讲述时间的不同而有细节的区别,但主要情节基本相同。当然,除了上述传说以外,皖西还有其他一些有关朱元璋的传说故事在民间流传,如流传于霍邱的朱元璋贩酸梅、朱元璋和临水酒,金安区的朱元璋与陈友谅大战鸡鸣岭,裕安区十里桥附近流传的卧龙桥与朱元璋等。皖西朱元璋的传说特点鲜明。首先,这些内容神秘,朱元璋在危难时刻冥冥中总能得到佑助,这既是传说的传奇性在朱元璋传说里的独特表现,也是朱元璋做了皇帝后官方对他的有意神化与民间附会共同作用的结果。其次,朱元璋的传说在皖西流传极其广泛。洪武爷的故事滋养了一代又一代皖西人,其传说几乎家喻户晓,且大多为朱元璋小时候的传说故事。这是因为朱元璋传说在皖西民间的流传有其真实的历史背景。朱元璋小时候给地主放牛,后来适逢大旱与瘟疫,朱元璋为了生计只好在老家凤阳出家做了和尚,不久又在淮西(古地名,今安徽合肥、六安、阜阳与河南固始一带)流浪3年。皖西地处淮西核心地带,是朱元璋少年时混迹的重要地方。一定程度上,皖西民间广泛流传的朱元璋传说应是其早年在皖西大地上活动的历史事实在民间的沉淀,这是传说的历史性的具体体现。皖西民间的朱元璋传说有历史的影子,并且紧紧依附民间世俗生活,表达了皖西百姓鲜明的爱憎,演绎着皖西民众对这位流浪汉皇帝的浪漫想象。

  (二)皖西历史传说

  皖西历史传说指的是与发生在皖西大地上的历史事件、历史人物有关的传说。皖西地处淮河以南,据大别山而望长江,历来为兵家必争之地,历史上发生在这里的大大小小的战事数不胜数。因此,这类传说资源也就十分丰富。

1. 风声鹤唳与草木皆兵。中国历史上著名的以少胜多的典型战例——前秦与东晋的淝水之战就发生在皖西寿县境内。关于这场战斗当地有这样一个传说:前秦苻坚率80万大军南侵,东晋派谢石、谢玄等率兵8万沿淮河西进,抵抗秦军。双方在淝水两岸陈兵对峙。谢玄派人对苻坚说,两军隔河对峙不便于决战,不如你的军队先向后退,让出一块地方,以便晋军渡河双方决战。苻坚不知是计,还想着趁晋军渡河之际趁乱歼之,就下令军队后撤。哪知晋军趁秦军后撤阵脚不稳之际,急速渡河,展开猛烈攻击。秦军人马相踏,一败涂地,以致溃逃的秦军把八公山上的草木都当成了晋兵,把身边的风声、天上鹤的鸣叫声都当成了晋军追杀的声音。

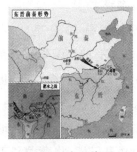

淝水之战形势图

古淝河

2. 赵匡胤困南唐。这个故事在古城寿州家喻户晓。话说赵匡胤夺了后周世宗柴荣的王位,自己做了皇帝,国号大宋,定都汴京。一日,赵匡胤酒后错杀功臣郑恩的独生子郑英,心中愧疚,决定与老将高怀德一起,率5000精兵到他曾经立过战功也饿过肚皮的南唐寿州消愁解闷。不料山大王出身的浩王孙二虎有了反叛之心,趁机兵围寿州,赵匡胤措手不及,被困寿州。高怀德之子高俊保闻讯领兵解围,不料在路上被色艺双全的女寨主刘金定拿下,且要与年少英俊的高俊保成亲。高俊保为了救驾,只得暂且答应,但要求一同前往寿州救驾。不料高怀德听闻高俊保临阵招亲,要斩逆子。幸得赵匡胤要求两人戴罪立功,于是两人平定叛军,救了圣驾,两人也由万岁做主,在寿州完成婚配。

3.霍山六万寨的传说。传说南宋末年遗臣曹平章在霍山辅佐南宋王孙,在霍山县城被攻陷后,率城内6万军民修建了这个寨子,借此抗击元朝大军。自此此山就叫六万寨。六万寨山势独特,易守难攻,曹平章率军民与元军抗衡18年,终因寨内粮草匮乏、寡不敌众而战败。在倾覆前,他将宫存珠宝,埋藏在六万寨的崖谷间。从此以后的晴夏傍晚,总能见到六万寨上珠光宝气,霞光闪烁。"六万晴霞"从此成为霍山古八景之一。

### (三)皖西地名传说

皖西大地名胜古迹众多,古地名也极为丰富,在这些地方名胜或古老地名的背后,往往有着相应的传说。这些传说使得皖西大地这片贫瘠的土地变得神奇而多彩。

1.安丰塘的传说。安丰塘位于寿县城南30公里处,古名芍陂,始建于春秋楚庄王时期(公元前613—前591年),为楚相孙叔敖所建,是我国历史上最著名的大型灌溉工程,至今仍然发挥着显著的灌溉效益。传说在很久很久以前,安丰塘是一座美丽的城郭,但是由于一条行云布雨的孽龙作祟,致使当地久旱不雨,民不聊生,怨声载道。玉帝为平息民愤,将孽龙罚下凡间思过。城内的百姓们见了,一哄而上,把这条孽龙肢解瓜分,拎回家里煮吃了。玉帝大怒,降倾盆暴雨,安丰城陷落于一片洪水之中,变成了安丰塘。这则传说一方面反映了古代人民对于以龙为代表的一种自然力量的迷信和尊崇,另一方面也反映了古代人民对于安丰塘这一巨大的劳动成就的惊叹和神奇想象。

安丰塘庆丰亭

楚相孙叔敖

2. 六安黄大街地名的由来。黄大街原是六安老城连接云路街与南门口的一条商业街。为什么叫黄大街呢？传说它的得名与明末起义军领袖张献忠有关。据传明崇祯八年（1635）正月，张献忠的起义军攻入六安，杀贪官污吏和土豪劣绅，但也有杀人越货者混入义军，难免干出伤害百姓之事，再加上统治者的恶意宣传，说张献忠是杀人不眨眼的流寇，因此影响军威。张献忠得知此情，即微服私访，见南大街的一家老翁愁容满面，老翁道出对传言中义军扰民的担忧。张献忠听罢，即从身上掏出一面黄旗，交于老人说："将此旗悬于门首，保你无虞。"张献忠离去后，老人即暗暗通知左邻右舍，每户仿制黄旗一面。张献忠的部下见这条街户户均悬挂义军的黄旗，因而秋毫无犯。事后，人们为感谢黄旗的驱凶化吉，便将此街命名为"黄旗大街"。日久天长，为了顺口，即直呼其为"黄大街"。

3. 霍山地名传说。从霍山县城关镇到与湖北省交界处的回头岭的100多里的山路上，一连串有趣的地名串起了一个神奇的传说，它寄托着人们扶弱扬善的美好愿望。传说汉武帝诛杀淮南王时，怀孕的淮南王妃苏氏逃到霍山。她来到淠河之滨，但见水浪滔天，回头再看，追兵将至，情势十分危急。忽然，水面上飘来一方黑石，托着苏氏平安渡过河。从此，这里就名"黑石渡"。苏氏又急行10数里，面前一峰耸立，山高坡陡，难以逾越。正焦虑间，山林间忽然跳出一只梅花鹿，低头一口一口地吐唾液，唾液顿时化成一步一步的石阶，让苏氏安然翻过山岭。从此，这里便称为"鹿吐石铺"。又走一段路，王子降生，此地便名"落儿岭"。再走5里，是王子降生后的洗澡处，人们称之为"洗儿塘"。再行一段，苏氏暂憩一座庙中，此乃"太子庙"。苏氏冒雨前行，穿行于一个泥泞的山坳，这里就叫"烂泥坳"。翻上一个高岭，苏氏唉声长叹，惊动了土地神，土地神便教苏氏倒穿鞋子前行，造成假象迷惑追兵。于是此岭便叫"土地岭"，岭下的山冲便称"倒靸冲"（如今谐音名为"道士冲"）。

苏氏继续前走,又被一条大河阻路。正犹豫间,河水断流,河心显露,苏氏渡河之后回身一看,大水依旧漫河而流,人们就称此河为"漫水河"。再说领兵的将军,追不到苏氏踪迹,无法交差,站在附近的岭头拔剑自刎,这座岭便称为"将军岭"。苏氏安然走向湖北地界后,回首遥望来路。这皖鄂分界的山岭,人们就叫它"回头岭"。

4. 五显镇地名的由来。五显镇地处舒城县与金安区交界处,与毛坦厂镇相邻。传说很久以前,舒城五显当地有朴实勤劳的五兄弟。五兄弟自小父母双亡,靠着邻里百家抚养长大,成年后均乐于助人。这天,一个衣衫褴褛的老太太要饭来到了家门口。看老太太可怜,他们就收留了她,并认她为义母,对老人十分孝敬。第二年稻禾孕穗的时候,老人把五兄弟叫到跟前,要求五兄弟马上割下正在孕穗的稻禾晒干收藏。五兄弟一下懵了,这怎么行呢?但又怕老人生气,就只好照办。一晃到了冬季。这天,五兄弟到集市上卖柴,看到有一处人头攒动。五兄弟很好奇,费尽九牛二虎之力挤进去一看,原来那里张贴一张皇榜,说的是太子得了怪病无法医治,遍求天下名医。他们回家把此事向义母汇报,老人家命令五兄弟揭榜,并遵义母的单方,用稻苞治好了太子的病。皇上要给他们封官,他们坚辞不就,只要求回去服侍义母。皇上大为感动,于是封兄弟五人为"五帝显圣菩萨"。多年过去了,义母去世,五兄弟也都成仙升天而去。后来,人们为了纪念五兄弟,便建庙将五兄弟供为菩萨,取名曰"五显庙",意为五兄弟显神之庙,五显由此得名。据说,自五显庙修成后,五显当地年年风调雨顺,人丁兴旺。

5. 晓天地名的由来。晓天为舒城县一山区重镇,传说朱元璋做和尚时云游四方,曾夜宿此间山地,摊开四肢,头枕雨伞,席地盖天而睡。拂晓醒来,有人看见此人睡的样子像个"天"字,此地遂名"晓天"。

### (四)皖西风物传说

风物传说是指关于民间风俗习惯的形成和地方物产的传说。皖西山清水秀,物产丰富,人杰地灵。这些物产和风俗习惯,皖西人民也爱用优美的传说加以阐释和歌颂。

1.六安瓜片的传说。六安瓜片,又名齐山云雾,最先产在六安的齐云山蝙蝠洞一带。为啥先在蝙蝠洞一带有呢?这里有个故事。

六安瓜片

齐云山蝙蝠洞

相传在金寨麻埠镇,一群长工为雇主到齐云山一带采茶。他们在人迹罕至的崖石上看到了几株奇异的茶树,是几十年来从未见到的好茶。当他们刚刚摘下两颗芽头时,忽然石洞中一阵巨响,黑风从洞里刮出,一只黑色的大蝙蝠朝他们扑来,吓得他们赶紧跑回去报信。为了采到神茶,财主亲自带了有武功的家丁,端着刀枪来到悬崖下,命令家丁们爬上去,一定要杀死黑蝙蝠,采到这种神茶。财主先后派了三位家丁上悬崖,都在洞口被黑蝙蝠削下脑壳,丧失了性命,只好收兵,再作计较。深夜,财主睡不着,便起身来到后花园踱步。忽然,花丛中一团白气升起,化作一位仙姑,手持一束鲜花,来到财主面前说:"悬崖上洞里的蝙蝠是个妖精,刀枪不入,会呼风唤雨,你不要再让家丁白去送死。明早可叫家丁到山上采鲜花,放在蝙蝠住的洞口,蝙蝠看到鲜花眼睛会瞎,闻到香气定会灭亡。不过,这种茶只有善人喝了才有益,否则,它就和普通茶一样。"说完,仙姑不见了。天刚蒙蒙亮,财主召集家丁采摘鲜花。按仙姑的指点,架起云梯,将鲜花丢在悬崖洞口边。蝙蝠精看见鲜花,眼睛就睁不开了;闻到花香,蝙蝠精气也喘不过来了,最后憋死在石洞中。财主采到神茶后,将茶芽放在碗中一泡,碗中浮起云雾,奇香扑鼻,众人高叫:"神茶!神茶!"后来经过精心加工,就成了闻名全国的六安瓜片。

2. 大救驾的故事。大救驾的来历与宋太祖赵匡胤有关。五代十国时,寿州为南唐边陲重镇。955年左右,南唐与后周寿春之战在此进行。后周世宗征淮南,命大将赵匡胤率兵急攻南唐重镇寿州。南唐守军誓死抵抗,久攻不下,赵匡胤围城9个月,终于打进了寿县。由于操劳过度,赵匡胤一连数日,水米难进,急坏了全军将士。这时一位巧手厨师,采用优质面粉、白糖、猪油、香油、青红丝、橘饼等做原料,精心制作成带馅的圆形点心,送进帅府。赵匡胤只觉一股香气袭来,再看桌上摆着的点心形状美观,不觉心动。他拿起一只放进嘴里,只觉香酥脆甜,十分可口。再仔细看那馅心,有如白云伴着彩虹一般美丽清爽,于是一连吃了许多,身子顿觉增加了力气。此后,他连续吃了几次,很快恢复了健康,还率领军队又连续打了几个大胜仗。后来,赵匡胤黄袍加身,当上了大宋的开国皇帝,不时谈起南唐一战,对在寿县吃的点心总有念念不忘之意。他曾对部下说:"那次鞍马之劳,战后之疾,多亏它救驾呢。"于是这种糕点便叫作"大救驾"了。

3. 东石笋的传说。毛坦厂镇向南18里的大山里,有一石笋高高矗立,叫东石笋。在紧邻它的西面的霍山境内,有座西石笋。东石笋断成两截,西石笋在山沟里,这是怎么回事呢?传说两石笋比赛长高,东石笋长得快,笋尖把天都要戳破了。于是玉皇大帝派雷公下界,雷公大喝一声,奋力一击,将东石笋击成数段。西石笋则被惊吓得一屁股坐在了山沟里。这就是当地传说的"打倒东石笋,吓倒西石笋"的来历。

皖西风物传说题材多样,既有与皖西特产有关的传说,也有与皖西风俗习惯有关的传说,限于篇幅,这里不再赘述。整体而言,风物传说往往是当地民众对地方风物的一种想象性叙事和在地化解释。所谓"在地化解释",是指当地民众源于长期居住而形成的乡土情怀和地方社群的主体价值,将区域地理与本地文化结合起来,对家乡风物做出的各种"合理性"解释。这是民众对家乡风物热爱的一种文学表达,是区域地理环境和地域文化共同作用的结晶,因此当地人听起来显得既"合情"又"合理"。在全球化的时代背景下,凝结在民间传说中的这种在地化文化因子,对于文化的多元化发展具有明显的时代意义。

### 二、皖西民间传说的价值解读

皖西民间传说最真实、最全面地反映了皖西人民群众的生产生活状况,最直接、最深切地表现了人民群众的思想感情。它为社会科学乃至某些自然科学的研究,准备了一份特殊的资料;它为皖西人民的文化自觉和文化自信,提供了丰富的思想资源。

如前所述,民间传说是人民群众口头创作、传播,并与特定的历史人物或事件、地方风物等相关联的故事。长期以来,大多数人(包括很多学者)对传说抱着不甚重视的态度,以为传说只是传传说说而已,只是把传说当作茶余饭后的娱乐和消遣。其实,民间传说听起来虽然荒诞不经,但从社会史的角度来看,它是一方社群的集体记忆,与正史和方志一样,具有一定的史料价值;同时,它们是深藏的民俗,是地方性知识体系中的重要一环,不仅在已经逝去的传统社会发挥着重要的作用,在今天建设社会主义和谐社会的历史新阶段,也有其独特的文化参考价值。皖西丰富多样的民间传说,与其他民俗一起共同构建了皖西的民间记忆,在民众地方化的历史叙事中发挥着潜在的作用,并参与构建了当地现代化进程中的新的地方知识体系。

#### (一)历史价值

皖西民间传说是皖西百姓记忆构筑的地方历史,是有关历史在皖西民间的沉淀。传说有一定的虚构性,不能全信,但传说还具有很强的历史性,所以也不能不信。尤其是与历史人物和历史事件有关的传说,是百姓为当地留下的口述史,他们是百姓记忆中的无字史书。毛坦厂"浴血燕山寨"的传说,便反映了当地民众对清末太平天国运动的历史记忆。燕山寨是古镇北边群山的主峰,地势险要,易守难攻。浴血燕山寨讲述的是清朝末年当地居民抵抗长毛("长毛"为民间对太平天国将士的称呼)的一段历史。太平天国晚期,长毛的一支队伍开往湖北时借道毛坦厂,当地民众闻风而逃,其中毛坦厂街道的多数富商和部分居民逃上了燕山寨。长毛开进毛坦厂后,为掳得钱财,扩充给养,强攻燕山寨。山上商户和居民在黄大老爷(黄姓为毛坦厂第一大姓)指挥下,与长毛展开血战。他们凭借险要的地势和严密的布防,付出巨大代价后艰难打退了长毛。这个传说实际是太平天国运动在毛坦厂小镇留下的历史印痕。这个故事史书不存,方志不载,但却在百姓的口头叙事中留传下来。正如北京师范大学民俗学专家万建忠所言,"传说也是一种历史话语,是一个特定的群体对所记忆的历史事实的阐释",从中或多或少可以看到历史的影子。

下面以朱洪武的传说为例加以解析。朱洪武的传说在皖西民间流传极多极广,其实传说的背后也有历史的沉淀。朱洪武即明太祖朱元璋,他当皇帝时,年号洪武。因为避皇帝的名讳,民间就直接称之为朱洪武或洪武爷。皖西民间有关朱元璋的传说相当丰富,皖西乡间的农家院里、葡萄架下,老祖父老祖母们对孩子们讲的故事,多半说的是洪武爷放牛时的种种传奇。中国历史上出现过几百位皇帝,为什么只有明太祖朱元璋的故事在皖西广泛流传呢?难道仅仅因为明太祖是安徽人的缘故吗?这是一种较为独特的文化现象,这些传说的大量出现绝不是偶然的。朱元璋出身佃农,其父迫于生计,举家从江苏沛县辗转迁至安徽凤阳。朱元璋小时候家里穷,只进了几个月私塾,后来弃学给地主放牛。元至正四年(1344)时朱元璋17岁,淮北大旱,继发瘟疫,其父亲、母亲和大哥在不到半个月的时间里相继死去,死后连掩埋尸首的坟地都没有。朱元璋为了生计,只好出家做了和尚。不久又流浪淮西,混了3年。"淮西"为一古地名,全称为"淮南西路",管辖范围为淮河南面的西部地区,大约相当于今天的安徽中西部、湖北黄陂与河南光山以东的江淮地区,皖西也处于其中。关于朱元璋流浪淮西的这段经历,正史多有记载。清代张廷玉等撰写的《明史》记曰:"太祖孤无所依,乃入皇觉寺为僧。逾月,游食合肥。道病,二紫衣人与俱,护视甚至。病已,失所在。凡历光、固、汝、颍诸州三年。"清初谷应泰撰《明史纪事本末》也有类似记载"太祖西至合肥……道病,辄见两紫衣人与俱,病差,遂不见。尝夜陷麻湖中。"著名历史学家吴晗在《朱元璋传》里也曾经说过:"春,淮北大旱,继以瘟疫,元璋父、母、长兄皆病死。秋五月,元璋入皇觉寺为行童。入寺不到50天就云游淮西一带。至正五年17岁到七年20岁时,在淮西流浪3年。"朱元璋17岁时离开皇觉寺到淮西云游的3年中,"在安徽、河南交界的地方游来游去,山栖野宿,受尽了风霜之苦"(语见娄曾泉、颜章炮著《明朝史话》,中国国际广播出版社,2007年版),过了3年"身如蓬逐风,心似滚沸汤"(朱元璋语)的生活。而皖西正地处安徽与河南的交界地带,与河南的固始、信阳等地接壤,是故淮西的中心地带之一。可以想见,朱元璋在云游淮西的3年中,滞留皖西的时间较久,当时到过今天的舒城县的晓天镇、霍邱县临水镇圆觉寺以及皖西的其他地区是完全有可能的。而《明史》和《明史纪事本末》里所提到的"道病"或"夜陷麻湖中",正是朱元璋从合肥向西云游在皖西滞留期间发生的事。对照皖西民间流传的朱元璋传说的相关情节,我们便不难看出,传说与历史在不少地方有惊人的相似和雷同,这种相似和雷同并不完全是巧合,民间传说相关的情节和有关的特点中有历史厚重的影子。纵观朱元璋的一生,其与皖西,尤其是与皖西劳苦大众直接的交会主要集中在生命前期的这3年,而其投军、当元帅和做皇帝后的生命历程与皖西民众就十分疏远了。上述朱元璋在"淮西"的游荡经历,史志没有具体的记载,但却逐渐沉淀在民间,并渗透到相关传说中。由此可以想见,皖西朱元璋传说发生时段多集中在其早年,内容多为其早年的放牛、乞讨、流浪,其人生后期的传说在皖西很少听闻等特点的形成,是有一定的历史根据的。类似的传说在与皖西接壤的河南信阳、固始等地也有流传。因此,在一定程度上,我们可以说,皖西民间广泛流传的朱元璋传说应是其早年在皖西大地上活动的历史事实在民间的沉淀。

(二)认识价值

皖西民间传说还是皖西民众对皖西风物的在地化解释,尤其是其中的风物传说。这类解释虽然不尽科学,但对于我们认识当地的风土人情、地方物产却有独特的作用。

这类传说在皖西地区极为丰富,下面以两则毛坦厂的风物传说加以解析。

1.毛坦厂水井的传说。毛坦厂水井多,水质好,当地有"家家有泉水,户户有花香"的美誉。民间传说对当地多水井的现象则有这样的解释,据说是鲁班修庙赶时间,情急之下用木工尺捣戳的结果。相传鲁班师徒受天神所嘱,为镇住修炼成精的蛤蟆精,避免给人间带来洪水,奉命去南山修庙,结果误去山南("南山"与"山南"均为毛坦厂附近的地名),待庙修成才得知弄错了,又匆忙赶回南山。情急之下,山南已修成的大庙忘了留阴涵,而无阴涵则无处出水,易形成内涝。回去又来不及,于是鲁班用木工尺向脚下一捣,说山南大庙就在这出水吧。就这么轻轻一捣,却把毛坦厂那块地方捣出无数个泉眼来。从此,无论山南下多大的雨,都不会出现内涝,雨水都会神奇消失。据说雨水都流到毛坦厂去了。

2.窟洞桥的来历。毛坦厂老街东南有一条青石条建成的桥,因青石条桥面有一海碗口大的窟洞,故名窟洞桥。桥上为何要有此窟洞?传说与当地两大姓——蔡氏和刘氏有关。蔡姓人丁不旺,而刘姓人丁兴旺,于是蔡姓找来风水先生寻找原因。风水先生的结论是两家祠堂紧邻,刘姓克了蔡姓(谐音"牛"和"菜",寓意牛吃菜),解决的办法是在两家祠堂上方的河上建一桥,并留一窟洞,以别住牛蹄。后来两族人还为此发生械斗。

上述两则传说关于毛坦厂水井多和窟洞桥的来历的解释显然不够合理,但当地人并不觉得是无稽之谈,因为它们完全合乎当地民众的思维习惯,所使用的完全是当地的话语体系。毛坦厂实为一开阔的山间平地,周边青山连绵,森林资源丰富,地下水丰富且埋藏很浅,水井多自在情理之中;又因毛坦厂地处山区,木匠多且手艺好,故传说中出现了鲁班及木工尺等木匠用具;而受楚文化浸淫深厚,风水思想极为流行,这在传说中也得到了折射。因此,上述风物传说既是民众对家乡风物热爱的表达,也是结合本地环境和文化对家乡风物做出的在地化解释,是区域地理环境和地域文化共同作用的结晶,听起来显得既"合情",又"合理"。因此,无论是从当地人,还是从外地人的角度而言,这些传说对我们了解当地的风土人情都有一定的参考作用。

有的民间传说则可以让我们加深对当地社会和有关历史的认识,如上述六安民间关于"浴龙湖"的传说就是如此。后人认为这是朱元璋真龙现身,所以才把这个湖叫作"浴龙湖"。浴龙湖今已堙没,湖水有治疮的神奇效果今天看来也着实让人不可思议。但若结合史书的有关记载和六安的物产情况,看似无稽之谈的传说也有一定的道理。清初谷应泰撰《明史纪事本末》记有"太祖西至合肥……道病,辄见两紫衣人与俱,病差,遂不见。尝夜陷麻湖中"。传说中所谓的"浴龙湖"实即史书所载的麻湖,而麻湖即皖西的沤麻之湖。六安自唐代以来即为我国重要的大麻产地,目前大麻的产量、质量、销量仍居全国前列,尤其是六安城郊的苏埠、韩摆渡等老淠河一带,迄今仍是享誉全国的麻乡。而大麻收割加工有一道重要工序——水浸沤麻。水浸沤麻是我国传统的麻加工方式,《诗经·陈风·东门之池》已有"东门之池,可以沤麻""东门之池,可以沤纻"的记载,且沤麻至今还是皖西麻农重要的生产民俗。沤麻是利用天然水源(沟、塘、江河、湖泊等)或人造沤麻池,将收割的麻株或剥下的麻皮捆扎后进行长时间浸泡,利用水中细菌进行发酵,以便剥离麻纤维。水浸沤麻会造成一定的水污染,但沤麻水也具有杀菌、治淤等疗效。两相对照,我们发现,民间传说中朱元璋不慎落入湖中、后用湖水治好病的内容显然不是空穴来风,而是暗合了皖西的地理和物产。皖西作为大麻之乡的特色,在上述传说中也有了一定的体现。

### (三)教育价值

民间传说在民众生活中起着重要的教育作用,它们深刻地反映了劳动大众的价值观念和道德理想,是民众自我教育的重要方式。皖西民间传说内容丰富、影响深广,对于培养人们的道德情操,化成民俗,起着积极的教育作用。在真正的劳动人民创作和喜爱的故事中,对于邪恶、虚伪、掠夺、贪婪、残暴等思想行为,总是给予无情的批判和辛辣的嘲讽。人民不但在他们的故事里进行着艺术的裁判,而且这种裁判具有高度的思想和伦理权威。他们在这种无形的法庭上热烈地宣扬正义、真诚和善良,同时又猛烈地批判压迫、虚伪和邪恶。而且,正因为民间故事能表达人民的道德理想,惩恶扬善,从而对净化接受者的心灵,提升其思想道德水平,培养良好的社会风气,都具有积极的作用。皖西人民用自己的朴实和智慧演绎的民间传说,让接受者,尤其是青少年,在潜移默化中接受中华民族传统美德的教育。虽然皖西民间传说中也存在宣扬因果报应等不良思想内容,但其主流是健康积极的。敬老孝亲、惩恶扬善是中华民族的传统美德,在皖西民间传说中有着较为集中的反映和体现。

先听听舒城望母山和扒娘河的传说。望母山在舒城县晓天镇,有关此山的传说非常动人:很久很久以前,这山下住着母子二人。儿子每天在山上种地,中餐由年迈的母亲送上山去。儿子粗暴愚昧,每当饭送迟了,对老母动辄打骂。这天中午,老母送饭未到,儿子很烦,坐在树下生气。偶然间,他看到树上有个鸟窝,几只小乌鸦正从远处觅食来喂一只瞎了眼的老乌鸦。他想鸟雀都有反哺之心,我怎能对生身母亲不仁不义?我为人子,难道还不如禽兽?想着想着,心里十分后悔。正在这时,他看见白发老母提着饭篮一步一跪地向山上爬来,惭愧至极,急忙下山去接老母。谁知老人家以为儿子又要打骂,心一慌,脚一滑,滚下山坡,落入水里。儿子纵身跳下水去救母亲,但已不见她的踪影。于是,他用双手在沙中扒了起来,不知扒了多久,终于扒出一条河来,但仍未找到亲娘。他只好回到山上,恰逢雷雨大作,山洪暴发,似乎发现娘的尸体漂向远方……他悲痛万分,最后化作一块似人的岩石。因此,这山就叫"望母山",那河便叫"扒娘河"。

再来看寿县孝感泉的传说。孝感泉位于寿县南部隐贤古镇的北头,清澈的泉水,常年涌流。传说在古代,皖西有个姓李的年轻人对父母非常孝敬。他的父亲由于劳累早逝,母亲的眼睛也瞎了。姓李的年轻人非常伤心,背着老母四处求医,但谁也不能把她的眼睛治好。有一天,这个年轻人听人说用海水洗眼,能让母亲的眼睛复明。大海在哪儿呢?人说,河水都流入大海,沿着大河走,终归能见到大海。于是,姓李的年轻人带着干粮,背着老母,经风历雨,跋山涉水,沿着淠河一直向东走。带的干粮吃完了,他就乞讨些饭食给老母吃,自己则随便煮点草根、树皮来充饥。寒来暑往,转眼三年过去了,娘儿俩依然未见到大海。年轻人想,自己的命是母亲给的,为了治好母亲的眼疾,就是丢掉性命也值得。因此,他依然背着老母,走呀,走呀,一直向东走!这一天,娘儿俩走到淠河边的隐贤集北头,又累又饥又渴,就坐在路边休息。儿子想,什么时候能见到大海呢?要是海水能从这儿冒出多好哇!念头一闪之际,身旁的泥土突然一动,一股泉水从地下冲出。原来,儿子的孝心感动了天神,天神命力士从海底打洞直通母子歇息的地方。于是儿子赶紧用泉水给母亲洗眼。老母的眼睛果然复明,又能看到蓝天白云。从此,百姓就把这眼泉称作"孝感泉"。

　　类似的传说还有舒城县五显神的传说、毛坦厂朱砂冲地名来历的传说等,这些传说要么歌颂善行,要么鞭挞恶行,它们褒贬鲜明,具有极强的教育意义。

　　而方天锡的传说则表现了人民的智慧,恶人得到恶报,彰显了惩恶扬善的主题。方天锡是明代毛坦厂出的一位名人,一个自诩从毛坦厂到六安一百多里地不踩别人家土地的大地主。因经常吹嘘自己田地的广阔,佣人看不惯,当面加以讥刺,方天锡气愤之下打死了佣人,并偷偷掩埋了。毛坦厂附近有座指封山,指封山上有个庙,庙里的和尚打抱不平,悄悄地把佣人的尸体扒出来,扮作和尚模样,发动成千上万的和尚去他家拼命,闹了两三年,方天锡家中连遭灾殃,最终家破人亡。

　　由此可见,传说的题材同人民生活和社会斗争有着密切的联系,社会意义较强。这类传说以自然风物为教材,贯穿着深刻的道德寓意,使听众在茶余饭后的笑声里,在联想美丽的自然风光时,潜移默化中受到教育和熏陶。传说作为民众寓教于乐的民间道德教化方式,其力量远胜于枯燥的士大夫说教。因此,传说实为民间无字的道德教材,是民间道德教化的重要力量。

　　焦状元读书台的传说则教育人们要拾金不昧,好人终得好报。焦状元读书台在裕安区石板冲乡、分路口镇等地有多处,最著名的位于六安城西南30里的武陟山原"武陟书院"内。焦状元名焕,"宋建炎二年戊申科特奏进士第一"。焦焕考中状元,还有一段故事:焦焕在应试途中,仆人从旅店拾到一只金环。离店几天后,焦焕发现此事,要赶回旅店将拾物归还原主。但这样往返,势必耽误考期;如不赶回去,失主可能怀疑其左右,甚至导致误害人命的后果。再三权衡,他还是赶回旅店将金环归还了原主。当焦焕赶到京师时,考试日期已过。幸而因考场失火,考试日期推迟,焦焕终于考中了状元。当时有谚语说:"不得南方火,怎得状元焦。"

而六安老城吊官桥和寿县留犊池的故事则告诫那些为官者,廉洁勿贪,否则不仅不得好死,还将遗臭万年;而为官清廉,则将为百姓铭记而流芳百世,这样的传说在今天尤有现实的教育意义。

吊官桥为一座石板桥,在六安老城北门下洼。相传唐朝黄巢起义军攻克六安时,当时的六安州官是大赃官屠某,他敲骨吸髓,搜刮百姓,人们恨之入骨,送他一副对联曰:"地皮刮三层,天空显高;腰包缠万贯,体躯增肥。"起义军入城时,屠某急急如丧家之犬,悄悄由衙署后门顺着城墙根溜出北门,至石桥,起义军一片呐喊追来。屠某无路可逃,只得长叹一声,将袍带解下挂在石桥梁上自缢。百姓拍手称快,又送他一副对联:"早死一时天有眼,再留三日地无皮。"从此,百姓将此石桥命名为"吊官桥"——"吊官桥下吊赃官"。

普通群众也多有戒贪慎行的美德。流传于寿县隐贤镇的"编笆挡枣,锯树留邻"传说就是一段睦邻的佳话。传说从前这里住着一墙之隔的陈、王两户人家。陈家在墙的左侧栽了一棵枣树。三年后,结满红枣的树枝伸到了墙右侧的王家院内,熟透的红枣不时落在院里。王家大人看见孩子拾枣吃,便说:人家栽的树结的果,俺们不该享用。为了避免纠纷,便动手编了一个大竹笆,斜蓬在树下,使落下的枣子能自动滚回陈家院里。

陈家发现后,悄悄地把蓬在墙头上的笆子一边垫高,不让枣子滚过来。就这样,两家你挡我推,相持不下。年年结枣,年年编笆,总不算事。王家想,还是迁居到别处住吧。陈家得知,深为不安,就偷偷地把枣树锯掉了。王家心疼地问:"为何把正在挂枝的枣树锯掉?"陈家说:"枣子虽好,也没有邻居好呵!"

而关于仙米尖的传说则告诫人们知足常乐,不要贪婪。仙米尖是舒城汤池镇附近的一座山峰。传说从前这座山上有座庙,老和尚是个得道高僧。庙中用粮无须购买,因为此山是个神仓,庙后有个淌米洞,每天所淌之米专供当日需用,一粒不多,一粒不少。一次,老和尚下山,临行交代小和尚接米的方法。谁知这个小沙弥六根未尽,私念未除,想背着师傅捞点外快。当淌米洞停止淌米时,他就用棍子去搗。他这一下犯了天规,因贪受到惩罚,淌米洞再也不淌米了。老和尚回庙得知情况,长叹一声道:"可怜世人太贪心了!天意不可违呵!"不久,老和尚圆寂,小和尚只得卷起铺盖下山。从此,人们称这座山峰为"仙米尖"。

而那些表现人们与自然灾害和恶人做斗争的传说则给人以战斗的勇气。这类传说或表现劳动人民的勇敢,敢于与破坏力强大的自然灾害做坚决的斗争;或表现劳动人民生活的贫苦,表达对社会不平与压迫的不满和控诉;或展现劳动人民的力量,嘲讽反动势力的外强中干。这些故事对激发人民斗志,坚定人民斗争的决心和信心,起到了积极的促进作用。

**(四)审美价值**

审美需求是百姓潜在的精神需求,哪怕在生活极为贫困的时期也是如此。在传统农业社会,那些扎根于乡土的民间文艺,为老百姓提供了基本的精神生活,民间传说即其中之一。

皖西民间传说内容丰富,主题广泛,天文地理、乡土风俗、富贵贫贱、人情冷暖、悲欢离合、抑扬臧否,无所不包。皖西民间传说丰富的思想与深厚的感情、高度的艺术等和谐统一,成为不朽的民间文学遗产,具有重要的艺术审美功能。金寨情人坟和舒城干八斗的传说就歌颂了青年男女纯真的爱情,其事其情,令人感叹。

1. 情人坟的传说。皖西有"情人坟"多处,其中金寨县关庙乡仙桃村境内薄刀岭下的情人坟十分有名。相传明朝初年,薄刀岭时属河南商城县,县城内固姓大户人家的小姐,看中了憨厚、老实的家中长工,并以身相许。一天,小姐带着金钿细软,趁着秋天蒙蒙的月色,和长工双双逃离家门。小姐脚小难行,两人搀扶着好不容易走到城南十几里的"下马河堤",便听到家丁追赶的呐喊。小姐见势急迫,让长工先行,约好在"薄刀岭"相会。长工提着小姐的包裹,依计前行。小姐金莲难行,一步一把泪,几个时辰后才到"达权店",向当地百姓问了路,经过"英窝",翻越陡峭的"四十八节"大岭,来到了因"岔路多"而闻名的"仙桃冲"。小姐强忍痛苦,一心追赶长工阿哥,又来到长达一里路的"蜜蜂崖",拿出饭团啃了几口后继续攀登。走到"无河桥"上,已是傍晚时分,她仰望耸入云天的薄刀岭,依然不顾脚上的密密血泡,攀着葛藤,拄着木棍,一步一滴血地终于登上薄刀岭。可是,她左等右等,却不见长工阿哥的人影。小姐又冷又饿,又急又气,一口气跑下岭,跑回无河桥,纵身跳入深潭。长工等待小姐站错了方位,等他回头寻找心爱的人时,小姐的尸体已漂出水面。长工悔恨交加,心想同姑娘不能同生,但求同死,也纵身跳下深潭。当地百姓把他俩的尸体合葬在无河桥边,人称"情人坟"。有一位文人还为他俩写了这么一首诗:"一出南门下马河,达权店里问英窝。四十八节路难走,仙桃冲里岔路多。蜜蜂崖下吃冷饭,薄刀岭上等哥哥。无河桥面血印现,来生相见起潭波。"

2. 干八斗的传说。"干八斗"又称"清凉涧",位于舒城县万佛山的东南部。干八斗是一块约4亩地大小的水稻田,虽地处高山之旁,但却有两个泉眼常年浇灌,所以干旱无虞。传说在很久很久以前,有个名叫望春的小伙子,给这里的地主余仁尤家打长工。望春年轻力壮,忠厚老实,不仅是种庄稼的行家,而且是料理家事的里手,深得余仁尤女儿英哥的喜爱,二人情真意切,是天生的一对、地配的一双。余仁尤见状,不愿将女儿嫁给长工,于是心生一条毒计:这年四月,他将望春叫到面前,说他成全他和英哥的婚事,条件只有一个,就是必须在一日之内在干八斗上插上秧。望春想,这块田平常五六个人栽秧也要一天,自己一个人能行吗?但是,他对自己的插秧技术满怀自信,又加上受爱情的鼓舞,所以还是答应了下来。第二天天刚亮他就下田,太阳出山他就栽了一大片,太阳正顶他就栽了半个田,他不抬头、不直腰,不吃饭、不喝水,一个劲地栽呵、栽呵,等到太阳落山的时候,他终于将干八斗栽完。就在余仁尤大惊、英哥大喜的时候,望春才直起腰笑了起来。可是,他已累得筋断血凝,慢慢地倒在田头,倒在绿茵茵的秧棵之间,他就这样活活地累死了。可怜的望春,被埋在田头的小山上,人们称此山为"望春山"。英哥恨死父亲,誓死不嫁,没日没夜地守在望春的坟头哭泣,她最后化成了一个石人,泪眼变成两个泉眼,一年四季长流泪水,浇灌、滋润着干八斗的土地。

除了以上介绍的历史价值、认识价值、教育价值和审美价值外,民间传说还具有重要的娱乐价值。因为传说是人民最熟悉、最喜爱的文艺形式,是最普及、最方便的娱乐工具,它能使人在繁重的工作之后,得到健康的娱乐和休息。正如恩格斯在评价民间故事的价值时所说的:"民间故事书的使命是一个农人晚间从辛苦的劳动中疲乏地回来的时候,使他得到安慰,感到快乐,使他恢复精神,忘掉繁重的劳动,使他的石砾的田地变成馥郁的花园。民间故事书的使命是使一个手工业者的作坊和一个疲惫的学徒的可怜的屋顶变成诗的世界和黄金的宫殿,而把他健壮的情人形容成美丽的公主。"娱乐价值同样是皖西民间传说极为重要的一种价值,这既是皖西人民乐观精神的表现,也是现实生活的娱乐需要。

皖西丰富多彩的民间传说赋予了皖西这块土地以浓厚的传奇色彩,它是我国民间文学中的一朵奇葩,有着重要的意义和价值。即使在现代工业社会,相关的传说仍然在不断地生长发展,特别是朱元璋与皖西特产和旅游景点有关的传说受到了人们的青睐。把地方特产与名人传说联系起来,无形中抬高了产品的身价(如朱元璋与临水酒的传说就被发掘推广,并被改编成黄梅戏搬上了舞台);而传说与旅游景点的结合又无形中增加了旅游景点的人文蕴涵。皖西很多著名的旅游景点,都有着动人的民间传说。没有了传说故事,景观就失去了灵魂,所以有着"看景不如听景"的说法。挖掘和利用皖西民间故事中的旅游文化价值,不仅可以启发联想,起到意想不到的宣传效果,而且对于皖西地区旅游文化产业的可持续发展有着重要的意义。我们相信,随着我们对包括民间传说在内的非物质文化遗产的日益重视,皖西民间传说迷人的艺术魅力势必会被更多的人认识和欣赏,其商业价值和旅游开发价值也会不断显现。

从上述分析可以看出,皖西民间传说有多元化的存在意义。它是皖西劳动人民生活、道德和历史的教科书,也是驱散疲劳和忧愁,充满情趣的娱乐工具。当前,城市化的列车在中华大地快速前行,全球化的趋势不可逆转。但在城市崛起的同时,乡村却日渐衰落,逐渐沦陷在现代化的大潮中。社会的进步和经济的发展必然带来人们的生活环境和文化观念的巨大变化,特别是现代传媒的迅速发展和在文化领域的不断扩张,使得包括皖西民间传说在内的民间传统文化,正在经历着前所未有的考验。在此情境之下,以民间传说为代表的扎根乡村的民间文化和有关地方性知识的生存环境岌岌可危。在建设社会主义和谐社会的大命题下,如何正确对待以民间传说为代表的地方性知识和非物质文化遗产,从而构建良好的地方文化生态,应是当前我们必须面对的一个严肃课题。

## 第二节　皖西传统生活故事

传统生活故事是狭义的民间故事,它主要是以日常生活为题材,以现实中形形色色的普通人的生活遭遇及其理想愿望为叙说中心的民间故事。和传说不同,它的故事和人物不一定与历史事实有联系,情节多属虚构,人物要么无名,要么有个极为通用的名字,故事发生的时间也不太确定。对于口述者来说,它最贴近自己的生活和心理,表达自己的情感和想象,最自由随意,富有娱乐性和教育性。

**一、皖西传统生活故事的主要构成**

皖西传统生活故事和其他地区的民间故事一样,内容丰富,题材多样,既有幽默诙谐的生活故事,也有讽刺有钱人和生活中落后现象的笑话和滑稽故事;既有表现动物之间纠葛的动物故事,也有借鬼、狐及其他精怪表现社会人情世态,现实生活和神奇想象交织的幻想故事,还有以谜语为中心的谜语故事等。下面拟分生活故事、民间笑话、民间幻想故事和民间谜语故事等几类来介绍皖西传统生活故事。

**(一)皖西生活故事**

这类故事以描写皖西民众的各种生活为主要内容,如孝老的故事、巧女的故事、呆女婿的故事、傻儿子的故事等家庭生活故事,以及长工与地主的故事、聪明人的故事等社会生活故事。这类生活故事是对底层社会生活的形象化叙述,大多以称颂勤劳、智慧、善良、嘲笑迂腐、愚蠢、贪婪等为基本内容。

1.孝老的故事——高善人教子。传说金寨县汤家汇有位积德行善的高老头,一生专做善事,东家有难他去帮,西家有事他去忙,乡亲们都称他是"高善人"。

高善人有三个儿子,个个是能说会道,娶下三个媳妇也是一个胜似一个,脑袋瓜子灵,小算盘打得精。可高善人也有犯难的事,一家十几口人,吃喝拉撒睡都得老两口操心,儿子、媳妇倒落个清闲,这哪能受得了。老两口手搭胸口一想:"得得得,树大开桠,人多分家,不如把家分了吧。"于是,吃罢年饭,烧了"一垄火",老爷子把分家的事说了出来。这回可把几个儿子、媳妇说惊了,三个儿子三个头脑,你想你的,我想我的;三个媳妇三挂算盘,你拨你的珠,我打我的子。好在老爷子早有准备,三套炊具,三份农具,几间小瓦房"三一三剩一",留两间老两口住的是草房,田地丈量过尺打,儿子媳妇也无话可说。一应家产都分过,可唯独老两口的赡养不好说。柴火添了一回又一回,茶水喝了一壶又一壶,大家都埋下头,只字不提谁养父母。高老爷子那个难受的滋味就别提了,可他心里明白,像今晚这样子,跟谁过也不好使,三个儿子不说,光三挂算盘不把你扒拉个人瘦毛长才怪。高老爷子想到这个,于是发话了:"我们老两口的事你们不提,我也不问,干脆我们俩另起炉灶——单烧。"儿子、媳妇表面上说那怎么行,可手已开始拍屁股上的灰了,挪起脚——开溜。

　　这老两口单过开始还挺顺利,可时间一长,油、盐、柴、米也就难了,找哪个儿子都不好使。三亲六眷、左邻右舍都替他们打抱不平。儿子的几个舅舅看着实在不顺眼,就纷纷要到外甥家去兴师问罪。大舅是个颇有心计的人,他说:"我们如果以娘舅的身份去把外甥、外媳痛打一顿,作为晚辈,我想他们也无可奈何。可我们一走,那姐夫、姐姐的日子又怎么过?"其余几个弟兄说:"那你说怎么办?"大舅摸着脑门,在屋里踱了几圈后,附着几个弟兄的耳边,说出了自己的妙计。弟兄们听后哈哈大笑,老二的眼泪都笑了出来。

　　一日,大舅提着两瓶酒来到姐姐家。姐夫、姐姐看见兄弟来了,奉上烟,泡上茶,就唠叨开了。高老头一提起自己的儿子、媳妇就唉声叹气;姐姐一提起后人也是三把眼泪四把流。大舅子听姐夫、姐姐诉完苦,搭起腔就说:"原来,弟兄几个准备登门把这几个小畜牲狠狠教训一顿,让他们知道不敬不孝是啥下场。可回头一想,这也不算事呀。你想想,我们一走,他们还不如从前咋办?"姐姐哭着又开腔了:"照兄弟这么一说,我们这一辈子行善,倒老来还是遭罪是不是?"大兄弟捋了捋胡子小声说:"办法倒是有一个,不知道你们听不听我的?"姐姐拉着兄弟的手说:"快说,快说!到这份上了,我们还有啥不听的。"大舅子关上门,把姐夫、姐姐拉进后屋,悄悄说出自己的妙计。高老爷子一听,似信非信地说:"那能行吗?""能不能行试试你就知道了。"说完大舅子连饭都没吃就大摇大摆地走了。

高老爷子坐在屋里一寻思,大舅这个办法虽然不吵不闹,倒是有点损,可有什么办法呢?试试就试试。到了晚上吃罢饭,老两口插上门,坐在油灯下拉家常:"哎,我说老伴,现在我们都老了,土快要埋到脖子上了,儿子、儿媳又不问咱俩的事,你说俺还留那几个钱干啥呀,花了算啦,还能带进棺材?"说完老爷子拿出几截毛竹筒子,将几串铜钱"哗哗啦啦"倒进竹筒,又"哗哗啦啦"倒出来数数。事情也真巧,白天大舅来了一趟,晚上高家几个儿子、儿媳就偷偷聚在大哥家了,商量老爷子的事,看看怎么应付亲娘舅。六个脑袋凑在一起,叽叽喳喳,说着说着,豁然听到隔墙老爷子在屋里有很特别的声音。还是老小的耳朵尖,他一把按住媳妇的头说:"你听你听,这好像是数银洋的声音。"老小这么一提,另外几个可惊呆了,六个脑袋贴着墙一听,都把手摆摆,异口同声地说:"这哪里是钱,谁知道是在翻什么破铜烂铁。"几个人谁也不商量了,悄悄地离开老大家,可他们心里却是哑巴吃萤火虫——明亮着哩!

哎,你说怪不怪!昨晚上老两口一折腾睡沉了。天蒙蒙亮,高老爷子门口就有人叫开了,隔壁的大儿媳喊道:"爹、娘,该起床了,俺家的饭好了,倒俺家去吃罢。"还没等老两口回话,老二和老二媳妇也来了,听大嫂喊公公、婆婆吃早饭,老二说:"爹、娘,中午俺家杀鸡,你们就到俺家吃中午饭吧。"小媳妇的声音更脆:"哎,爹、娘,晚上倒俺家吃晚饭啊,我炒几个菜,你们爷儿俩喝几盅,我可等着啊!"左邻右舍的人看到大清早高老爷子家三个儿媳争着喊吃饭,真是个丈二和尚摸不着头脑,"嘿,这太阳还真打西边出了呢!"躺在屋里的高老爷子夫妻俩心里像打翻了五味瓶,不知是个啥滋味。老奶奶说:"管他呢,只要有吃有喝,让这些个没良心的忙活去!"

哥儿仨、妯娌仨天天接两位老人到家好吃好喝,老两口哪儿不舒服,有人争着找医生看病,这小日子过得还是很惬意。

常言道:草木一秋,人生一世,高老爷子总也有个到头的时候。老伴先走两年,老爷子也是卧床不起,气若游丝。儿子、媳妇倒也"孝顺",端屎倒尿有儿子,送菜送饭有媳妇。一日他们讲讲都聚到老爷子的房里,坐在床前问问老人家是不是有啥话和他们说。老人想自己也撑不几天了,就吩咐说:"去把你们的几个舅舅请来吧。"还是小儿媳会套近乎,赶紧说:"叫老小去吧。"说着向丈夫使了个眼色,丈夫心领神会,一溜烟地去了。

三个舅舅急匆匆地赶来了,坐在姐夫的床前。老爷子欠了一下身子说:"几位兄弟来了,你们的外甥、外媳问我还有什么话要说说,我呢也就不说了,我看还是大舅你说吧,我的事你知道。"大舅把嗓子清了清说:"这几年外甥、外媳都很孝顺,我们几个舅舅心里有数,以后大哥登仙还得你们哥几个料理……"舅舅话还未说完,小外甥媳妇就插嘴了:"大舅哇,那料理后事自然是我们分内的事啦,谁叫我们是他的后人呢?可我们哪有钱啦?""对呀,爹屋里不是有钱吗?这几年我们没有要爹花一分钱啦?"兄弟三个嚷嚷道。老爷子吃力地说:"有钱,有钱。"大舅经姐夫一指,从床下扒出三个沉甸甸的竹筒来,竹筒往下一倒,哗啦啦倒出几串铜钱来,在场子的儿子、媳妇全傻眼了。大舅脸一红,指着几个外甥、外媳说:"我不给你爹妈出个绝招,你们能孝敬父母吗?我看等你们的儿子成人了,千万不要使这招。"儿子、媳妇们站在那里不敢吱声,因为屋里屋外来了许多乡里乡亲，他们还要这张脸皮嘛！

2. 巧女的故事——增和桥轶事。金安区毛坦厂镇是国家历史文化名镇，毛坦厂老街门楼前面是一条大河，河上以前有一座石桥，名叫增和桥，直通侉子街（因居民多是以前太平军起义时跑长毛来的北方难民），每天有许多姑娘妇女在桥下洗衣服。这天，有个丧夫不久的小寡妇在桥下洗衣。这小寡妇长得俊俏，人也勤劳。正好桥上来了两个缺德鬼，一个和尚和一个秀才。见有个俏女子在桥下洗衣，和尚就对秀才说："我们借此桥名各作一诗，开开心如何？"秀才附和。

和尚先说："有土也是增，无土也是曾；去了增边土，添人变成僧。僧家人人爱，爱我哪块好？爱我好修行！"说完对桥下女子一看，哈哈大笑。

秀才说："有口也是和，无口也是禾；去了禾边口，添斗变成科。科举人人爱，爱我哪块好？爱我好文才！"说完也狂笑一番。

在河边洗衣服的小寡妇见此情况，不慌不忙地站起来说："你二位的诗作得不错，我也来作首诗助助兴，你们看如何？"二人忙说好好好。小寡妇说："那我就不客气了！有木也是桥，无木也是乔；去了乔边木，添女变成娇。娇女人人爱，爱我哪块好？爱我养了两个好儿郎，一个长大当秀才，一个长大当和尚。"这首诗把两人臭骂了一顿，二人自觉吃亏，灰溜溜地跑了。

3. 呆女婿的故事——三女婿拜寿。霍山县流传着一个"三女婿拜寿"的故事。话说刘财主有三个姑娘，大姑娘嫁了个秀才，二姑娘嫁了个道士，三姑娘嫁了个老实人，脑子不够灵活，可是一切都听三姑娘的安排，日子倒也过得去。这天，刘财主过60大寿，三姑娘夫妻准备好了一同回娘家给父亲拜寿。刚走不远，三女婿蹲在地上不走了，还对三姑娘说："快来看，快来看，这是什么？"三姑娘一看，噗嗤一笑："你个白痴，这是蚂蚁过路。"走到山间小道时，扑棱一声从灌木丛中飞起一只很大的鸟,三女婿吓得抱住妻子,连说:"这是什么?这是什么?"三姑娘一把推开丈夫,有点生气地说:"你这个呆子,这是野鸡飞。"快到娘家了,听到了一阵唔里哇啦的声音,丈夫又问是什么响。"这是妈妈家请的吹手在吹喇叭。"进了大门,屋梁上有老鼠在跑,丈夫又拉着妻子问,三姑娘这回不好讲,因为他父亲属鼠,直讲会犯父亲的忌,就随口讲了个好听的:"这是五代祖宗。"三姑娘见过父母后围裙一系就去厨房帮忙。三女婿拜见了岳父、大姐夫、二姐夫后就到处找自己老婆。他见老婆在烀("烀"为皖西方言词,意为用水蒸煮)肉锅边翻猪肉,锅里还"啵啵啵"地冒泡,又好奇地问:"这是什么?这是什么?"这回三姑娘是真生气了,厨房许多人看到自己丈夫这样痴痴傻傻的,连烀肉都不知道,真是太丢人了,就随口骂道:"锅里烀你妈的尸。"一边说,一边把丈夫往客厅推,三女婿只好到客厅坐着,心里还在想着这锅里烀的妈的尸到底是什么东西。

宴席开始了,刘财主老两口坐上首,三个女婿同坐一桌。大女婿知道三妹婿愣头愣脑,就想当众戏弄他一番,就提议三个女婿每人作诗一首助兴,作不出的罚酒三杯。大姑爷是个秀才,作的诗很好,博得了众人的赞同;二姑爷是个道士,吟出的四句虽不怎么雅致,但也算过得去。轮到三姑爷时双手直摇:"什么屎啊尿的,我可搞不倒。"一句话引得满堂大笑。大女婿就带头说:"那就罚酒三杯。"

说着拿起三个大杯子就来倒酒。三女婿大呼喝不了,还说:"这三大杯喝下去,我不四脚朝天了吗?""尽说不吉利的说,不作诗更不行!"被逼得没法,三女婿只好硬着头皮说:"作就作,作得不好你们不要招怪。"于是,三姑爷想起了这一路来的情况,壮了壮胆子,清清嗓门站起来大声地说:"蚂蚁过路野鸡飞,老丈人门前喇叭吹。"这下刘财主高兴了,说:"三婿这诗不是怪好的吗?"众人也对三姑爷刮目相看。三女婿接着说:"五代祖宗梁上跑。""怎么五代祖宗梁上跑?"刘财主不解地问。三女婿没有回答,接上说出了第四句:"锅里烀你妈的尸。"

4. 傻儿子的故事——世上哪有这蠢材。话说清朝乾隆年间,金寨桃花庄有一位朱财主,他有一个傻里傻气的公子,要去考秀才。朱财主望子成龙,特地请了一个很有才华的刘先生送考,遇到疑难,随时请教。这天乡试,考场不严,考生可以和老师对话,但不准代写。考题中有一首诗谜:

草头下面有梯田,梯田层层风光艳。

田上田下都有路,数数三条路不便。

朱公子苦思冥想,不知所以然,只好请教。刘先生思索一下,就小声对他讲了谜底是"薑"字("姜"的繁体字),可朱公子写不好这个字。又问"怎么写?"刘先生只好提示:"草头下面是个一,一字下面是个田,田字下面又是一,一字下面又是田,田字下面还是一。"

这朱公子有一种邪气,对数字喜欢大写。如今把"一"字又都写成大写的"壹"。写了半天,把这个字写得老长的。他左一看,右一看,忍不住扑哧一声笑起来。便说:"刘先生,这个字变成宝塔了!"

刘先生站起来一看,哭笑不得,气愤地吟了一首诗嘲讽道:"世上哪有这蠢材?不如早死早投胎。硬把薑字变宝塔,厚颜无耻堆起来。"吟罢,扬长而去。

5. 长工与地主的故事——牛尾巴山。从前,有个放牛娃叫光明。他从小就是个孤儿,无依无靠。为谋生只得到一位姓张的地主家里放牛。

地主很吝啬,人们背地里都叫他"张扒皮"。小光明去了以后,他从不让光明吃饱,还让光明和牛一起睡,冬天放点草还能凑合,可夏天蚊子多,小光明就没睡过好觉。

有年夏天的一个早晨,小光明又去放牛。由于头晚没睡好,他就把牛散放在草地上,自己倚着树睡着了,醒来后牛却不见了。

张扒皮知道光明把牛放丢了以后,把他打得遍体鳞伤,并叫他把牛找回来,不然就打死他。

可怜的小光明,忍着伤痛出去找牛,可是疼痛难忍的他,没走多远就晕倒了。迷迷糊糊中有个白胡子老爷爷向他走来。老爷爷用手一抚他的额头,光明身上的伤痛便全消失了。好心的老爷爷告诉他,在他家的老屋西墙头上有棵金色的草,嘱咐他把草拔下来,拿到经常给牛饮水的地方,绕着那水塘边左右分别转三圈,并在每圈之后喊声"金牛金牛你上来"。说完老爷爷就不见了。

光明一下子惊醒了,原来只是一场梦,可身上的伤真的消失了。小光明赶紧照着老爷爷的话去做,果然得到了一条金牛。

他把金牛拉到地主家,张扒皮高兴得合不拢嘴。从未下过地的他,竟高兴得要拉牛去耕地。可是任他怎么拉,牛就是纹丝不动。他气得拿根棍就往牛身上抽,金牛把身子抖了抖,把张扒皮家的屋子全震塌了。

之后,金牛驮起小光明就往水塘方向跑,张扒皮忙拽住牛尾,可是他怎么拉得过金牛呢?于是他被拖到了水塘边。金牛仰天长啸一声,水面便出现了个裂缝,金牛驮着小光明一下子就钻进去,把牛尾巴和张扒皮留在了岸上。

接着,牛尾巴开始迅速长大,后来形成了座山,把地主压死了。光明和金牛也不见了,有人说他们去当神仙了,也有人说他们死了,众说纷纭。

后来人们为了纪念他们,就把水塘叫作光明水库,那个地方就叫作金牛,而那座牛尾巴长成的山就叫作牛尾巴山了。

6. 机智人物的故事——聪明人的机智故事。机智人物故事也叫聪明人的故事,这些故事里的主人公与江浙民间故事中的徐文长、新疆民间故事中的阿凡提颇为相似。在皖西各地民间故事中也有这样的机智人物,这些聪明人有名有姓,如金寨县的洪三花子、夏老二,金安区毛坦厂镇的黄三槐,寿县的刘之治等。这些人爱打抱不平,善于运用聪明才智,惩戒那些看不惯的人;有时也喜欢搞一些恶作剧,通过愚弄别人来取乐自己。

(1)黄三槐其人其事。传说清朝时毛坦厂有个很有名的聪明人,名叫黄三槐,专替穷人打抱不平,虽受到不少人拥护,但也得罪了不少人。有一天,县衙下来两个差役,找到黄三槐说:"你家养的贼,偷了方财主家的东西,现正在县衙候审,请你跟我们走一趟。"黄三槐一听就知道是自己以前得罪了方财主,人家陷害他。但他估计贼不会认识他,于是就跟着差役走。在街上,他向熟人要了一个纸盒,戴在头上,把脸盖住,只露两只眼睛。

来到县衙大堂,县官对黄三槐的做法感到奇怪,就问:"为何用纸盒盖住脸?"

黄三槐说:"因为家里养了贼,没脸见人。"

县官又问那个贼:"这个就是你家主人?"

贼说:"是的,我在他家有三四年了。"

这时,黄三槐问那贼:"我黄三槐不出名,可我的麻子脸远近闻名。你在我家三四年了,那你说说我脸上是大麻子还是小麻子?白麻子还是黑麻子?"

那贼听了一愣,心想:这人厉害,我干脆说个活络话(模棱两可的话),于是说道:"你这个麻子嘛,不大也不小,不白也不黑。"

黄三槐立即取下纸盒:"县太爷,你看我脸上哪有麻子?"

县太爷一看真相立即大白,是方财主买通这个人诬陷黄三槐,于是这两个人都被治了罪。

洪三花子和夏老二这两个人都是金寨人,有关他们的机智故事在金寨民间广泛流传。

(2)洪三花子其人其事。洪三花子是老金寨的一个土郎中,名叫洪三发,为人机智狡猾,人们当面喊他洪先生,背后却叫他洪三花子。

故事之一：瞎子砸店。上码头大街一个开瓷器店的黄老板不知何事得罪了洪三花子。一天，洪三花子在路上算命，把一个瞎子骗到一个大竹园里，变腔学调地对瞎子说："瞎子，听明白啊，三天前，你给我算了一个命，你说我在这一年里要破大财，破财折灾，不破财，家里要死人，这全是一派胡言，是骂我，今天我要你知道，我就是上码头开瓷器的黄老板。明人不做暗事，我黄老板不怕你。"说罢拿起木棍朝算命瞎子的头上、身上打，瞎子要逃，要跑，结果，左也是碰头，右也是碰头，头上碰了几个大包。瞎子吃尽了苦头，怀恨在心。

算命瞎子被打的事被算命业会的人知道了，他们个个摩拳擦掌，要到瓷器店去算账。

一天，黄老板正在瓷器店内端坐，忽见一群瞎子来到店中，立起身来问道："各位先生到小店有何贵干，今天没有时间请你们算命！"那个挨打的瞎子问道："请问老板贵姓，做什么生意？"老板说："敝人姓黄，开的是瓷器店。"瞎子听说后证实没找错，就是那天打他的仇人，便向同行的来者说："各位同行好友，给我打，给我砸！"不一会，他们一齐动手，便把店里的瓷器几乎全打碎了，令黄老板丈二和尚摸不到头脑。等到辨明真相后，才知是洪三花子出的鬼点子。

故事之二：火钳烙了老子手。洪三花子有一个习惯，冬天到邻家去烤火取暖，叙家常，屁股一落座就拿火笼边上的火钳去拨火，此习惯人人皆知。张老三家为了让洪三花子改掉这个不好的习惯，事先将火钳放在火笼里烧热、烧红，然后插在火笼的青灰堆里，让三花子落座后去拿，把他的手烫起一个大疱。洪三花子吃亏后，闷在肚里，毫不作声，装着无事样，过一会就离开了张家。

这一走就隔了半个月。洪三花子又到张家来玩。张老三问道："三老爷半个多月未来玩，不知忙什么去了。"洪三花子答道:"这一阵子帮人分家,忙得不亦乐乎!"张说:"分得还顺当吗?"洪说:"就是不太顺当,一家弟兄三人就是老三难缠不讲理,搅得我头昏眼花。"张问:"什么东西分不好?"洪说:"本来是一件小事,就是一把火钳。老大要,老二要,老小也要。经过多次协商,仍是各执己见,互不相让。最后我只好想个办法,把纷争解决了。"张老三问:"你想的是什么好办法?"洪不慌不忙地说道:"火钳不贵重,不值钱,我为你们分家,耽误了一天工夫,火钳给我算工钱吧!你们三人说好不好?"张老三又问:"人家弟兄三人同意吗?"洪说:"到此时他三人觉得,既然都得不到还不如做个人情送人,于是就同意了我的意见,结果是:火钳落(烙)了老子手。"

故事之三:请客背磨。有一次,城里王老爷要当一处田产,须请洪先生到场。于是写一封信差小伙计去请。小伙计不识字,也不认识洪先生,到了洪家湾见外面有一人拾粪,小伙计走上前:"请问洪三花子在哪?"洪先生说:"你找他做啥子?"小伙计递上信,"我家老太爷都写在这上面呢"。洪先生看罢信说:"我就是洪三花子,你家老太爷找我借一副小磨子让你背回去。"小伙计背起石磨就要走,洪先生说:"也请你给我带一信给你家老太爷。"

小伙计背着这个一百多斤重的石磨回到家里,递上洪先生的信,老太爷一看信上写着:"叫我一声洪三花子,取来小磨压着,快去快来!"老太爷说:"这是你对洪先生不恭,自讨苦吃!还不赶快把石磨给洪三爷送回去,并赔礼道歉,请他来喝酒。"

(3)夏老二其人其事。夏老二,原名夏家润,听说是清朝道光年间人,家住金寨县果子园乡夏家湾。据说他身材不高,面颊清瘦。小时候害过麻疹,脸上留下数得清的几颗麻子。一根很少梳理的瘦辫拖在脑后。他粗通文墨,木工、石工等手艺无师自通。虽然家境清贫,但是他无忧无虑,生性滑稽幽默,机灵善变,爱打抱不平,好与地方权贵和奸佞之徒作对。其人其事,

100多年来流传在民间,成为趣谈。

故事之一:石磨要反转。有一年午季,夏老二到一家土财主家锻磨(把磨平的石磨重打新齿)。正巧,这个土财主家来了两位权贵。为了阿谀奉承权贵,财主对夏老二十分冷落,他把夏老二领到磨房里,既不帮忙抬磨,又不倒茶拿烟。中午,土财主在堂屋里摆了一桌丰盛的酒席,款待权贵,本想把夏老二的饭菜送到磨房里去吃。但是他知道夏老二不是好惹的,便假惺惺地叫夏老二到堂屋一同吃饭,夏老二明知其假,但故作不知,大咧咧地来到堂屋,四人对座,上席自然是权贵占了,夏老二坐在主人的右侧。斟酒时,主人本应该从夏老二开始顺转斟酒,但是土财主哪里把这个穷石匠放在眼里,于是他每次提起酒壶都是毫不客气地从左至右反转。先斟满两个权贵的酒,最后才给夏老二倒上大半杯。夏老二一边喝酒,一边盘算,总得设法治治你个这狗眼看人的土财主。

第二天,夏老二锻完磨,结算完工钱,收拾好工具回了家。第三天土财主气势汹汹地来到夏老二家,他说他家的石磨顺转不出麦麸,必须反转,并且要夏老二赔他家的石磨。夏老二听罢冷笑道:"我见你家做事不论反顺,连斟酒都是反转。所以我给锻一个反转的磨,这不正是按你家的规矩行事吗?"土财主听完涨红着脸,无话可说了。其他石匠听说夏老二锻磨整治了狗眼看人的土财主,都不愿意帮他修整,财主婆娘每日只得围着石磨一步步地反转。

故事之二:看风水受宴请。一天夏老二和徒儿一起,到离家一百里外的地方去讨债,无奈债主家遭了火灾,夏老二不仅没有讨着债,反而把身上仅有的一点路费也给了债主。师徒二人身无分文往家里赶路。时到中午,又热又饿,夏老二对徒儿说:"不管怎么样,也要想办法把肚子填饱。"于是,他师徒二人撇开大路来到一个村庄。

这个村庄,从南到北排着三户人家。夏老二从南走到北,又从北走到南,嘴中念念有词,这时从中门出来一位老者,对夏老二说:"这位先生是从南看到北,又从北看到南,看望什么?"夏老二说:"本人善断阴阳八卦,通晓风水之妙。这个村庄,南方气短生人矮,北方气长生人高,中间公鸡不叫早。"

老人面露惊色说:"先生还有什么能指点?"夏老二欲言又止地说:"不好说,不好说,说了恐怕老人家见怪。"

老人忙说:"先生直说无妨。说对了,我定谢你!"

夏老二说:"那我可要真说了,这个湾子儿孙真稀少。"

这话不仅没使老人动怒,反而请夏老二到家中设宴款待,并且请教整治之法。夏老二师徒二人酒足饭饱之后,又如此这般那样地做了一番"点拨",并且收下了这三户人家给的谢钱,夏老二带着徒儿打躬作揖地离开了这个小村庄。

越过山岭,徒儿禁不住问师傅:"你怎么知道南方生人矮,北方生人高,中间公鸡不叫早呢?"

夏老二说:"这个湾南边一户门外有三副粪箕,矮小,当然是矮个人用的,而北首一户用的粪箕高大,自然是高个人用的。"

徒儿又问:"你怎么知道中间一家的公鸡不叫早呢?"

夏老二说:"公鸡叫早打鸣都要踮起脚伸长脖子才能叫出声,这家的鸡屋太矮了。公鸡没法伸长脖子,自然就无法叫早了"。

徒儿又问:"师傅,你怎么知道这个湾子儿孙少呢?"

夏老二笑骂徒儿笨蛋!他说:"你没见这个村子有一棵枣树,熟枣子落了一地,要是儿孙多不早就捡去吃了吗?"

徒儿这才恍然大悟,连声说:"妙!妙!"

7.其他生活故事——卖鳝人测字。相传,从前有两个卖黄鳝的人,一个名叫钟厚,为人也十分忠厚;另一个名叫魏良兴,奸诈狡猾,卖黄鳝总是短斤缺两,别人送他一个外号"昧良心"。

在立夏节这天,钟厚和"昧良心"都挑着一担黄鳝到金家寨去卖。两人路过小河集,恰巧都歇在一个测字摊前。钟厚好奇地想测个字问生意,就随手从盘子里捡了一个字卷递给测字先生,只见测字先生展开一看,是个"子"字。测字先生笑眯眯地说:"小伙子,你这趟生意好,一本万利。"钟厚高兴地给了一块大洋走了。"昧良心"站在一旁看得真切,他从盘子里捡起钟厚刚放下的那个字卷。测字先生接过一看,只听他哎呀一声,就一巴掌把这个"子"字卷盖得紧紧的,并叹了一口长气说:"你这趟生意不吉利,有生命危险,赶快把黄鳝挑回家去吧!""昧良心"听得胆战心惊,但又一想,刚才那个卖黄鳝的捡了这个"子"字就好,我捡这个"子"字就不吉利,岂不怪事?他眼一眨就想出一个鬼点子了。于是,他就得意地一阵小跑,不一会,就追到钟厚。他想的先到地点买翘市,又一阵长跑,把钟厚远远地抛在后面。

"昧良心"挑着黄鳝先到史河边,租只小船坐着划到河心时,迎面驶来一艘毛排,排老板看到小船上有卖黄鳝的,老远就吆喊买黄鳝。"昧良心"听着高兴地叫艄公向毛排划去,一不会,小船就和毛排靠拢。哪知那毛排掀起一个巨大的波浪,一下子把小船掀个底朝天,人和黄鳝都落水了。划船的艄公会凫水上岸了,"昧良心"不会水,被毛排上的人救上岸,淹得半死不活地躺在沙滩上,那挑黄鳝早沉到史河里跑得无影无踪。

这时,钟厚挑着黄鳝来到河边,见岸边有许多船已靠岸,许多人争着买黄鳝过立夏节。不一会,钟厚就把一挑黄鳝卖完了,喜得他哼着小调回去了。

这时,躺在沙滩上的"昧良心"才苏醒过来,他挂着棍子没精打采地又回到那个集上,向那个测字先生诉说落水的经过,并问道:"那个卖黄鳝的人捡个'子'字就一本万利,而我迟一点捡的这个'子'字为什么就这么倒霉呢?"

测字先生苦笑一下吟道:"他捡子配女子好,你捡子被老猫咬。幸亏我手捂得快,不然连命都难保。"吟罢,他解释道:"那个卖黄鳝的人捡这个'子'字时，正巧有一个年轻姑娘从摊前经过，'子'配'女'组成'好'字，是个好兆头。另外，我看他人忠厚，做事稳重，又赶上过立夏节。所以，我推测他这一趟生意一本万利。而你捡这个'子'字时，不知从哪里跑来一只老猫，趴在对门屋脊上正要张口大叫，被我一巴掌把你捡的这个'子'字卷捂得紧紧的，不是我一巴掌捂得快，老猫呃呜一口你就没命了。十二属相'子'属鼠，你明白吗？这是不好的兆头。此外，我看你说话做事毛手毛脚，一伸手就偷人家两条黄鳝，像你这样的人，是得不到好结果的。"

（二）皖西民间笑话

民间笑话是让人开心的民间故事，讲授者和听讲者都可以通过故事享受轻松的欢愉。它通过机智风趣的调侃、辛辣的讽刺等方式，揭示生活中存在的各种矛盾，凸显民众的智慧。下面分嘲讽笑话、幽默笑话两类对皖西民间笑话故事加以介绍。

1.嘲讽笑话。有的是对吏治黑暗的无情揭露，有的是对社会丑恶现象的冷嘲热讽，有的是对世风浇薄的鞭挞和讥笑。总之，社会百态、世态炎凉、有悖常理的人和事都是嘲讽笑话的题材。因此，诸如贪官污吏、庸医懒汉、贪婪自私者、伪善撒谎者、吹牛畏妻者等，莫不可以作为嘲讽笑话的讥刺对象。它于幽默、诙谐、谐谑中，发挥针砭时弊、激浊扬清的积极作用，同时还具有警世、喻世、劝世的价值，使人读后，在会心一笑中获得教益。

嘲讽笑话之一：熊老二打野猪。从前，在今天的金寨县全军乡熊家河住着熊氏三兄弟，都喜欢打猎。

有一次下了一场大雪，天刚放晴，正是打猎的好天气。老大说："两位兄弟，咱们今天上山打野猪去。"二位兄弟极为高兴。

老二虽然喜欢打猎，但生性胆小，又爱又怕。吃过早饭，兄弟三人准备好自制的土枪，背上行头就上山打野猪去了。

兄弟三人寻找了大半天也未见到野猪的踪影，眼看太阳就要落山了，就在这时，有一条小野猪从石洞里往外爬，出来寻找食物，恰巧被胆小的老二发现了，熊老二吓得是浑身颤抖，慌忙把手中的土枪扔到雪地里，大声叫喊："俺哥，俺哥，我看到一条野猪，我搁哪藏呢！"

老大急忙说："还不赶快点火炮子打呀。"老二急忙去找土枪，但这时候枪里的火药已被雪水浸湿无法使用，等二位兄弟赶来，野猪已跑得无影无踪。

后来就留下一条歇后语："熊老二打野猪——搁哪藏呢！"

嘲讽笑话之二：徐五爷吃黄豆。往年，金寨古城畈有个徐五爷，是个吝啬鬼。相传，徐五爷放一趟料排到肥西的三河尖，一个腌鸡蛋（当菜）回来还剩一半！他吃炒黄豆通常是一个做两口。

有一次，徐五爷看到从地里干活回来吃中饭的儿子、儿媳吃黄豆有些"哪糊"（用手撮着吃），五爷气不过，说："你们都像这样胡来，我省你弄球，干脆一个一口！"

嘲讽笑话之三：冒充先生受审记。从前，大山里有一个骗子，名叫毛充，连扁担长的一字都认不得，却冒充教书先生，吹嘘自己有学问，装着文雅的样子，有些人信以为真，请他教一堂启蒙的学生。

开学这天，毛充先生走上讲台，一屁股坐在大椅子上，手拿一本书装模作样地看，心里在想着教什么？学生静坐鸦雀无声，都眼巴巴地望着先生。恰巧，学堂的墙角下有一个老鼠洞，洞内有一个小老鼠机灵地伸出头向外面张望，被毛充先生一眼瞧见，就惊奇地大声说道："你头不要伸我看见了！"学生一听这话认为是先生教书，都一齐跟着念道："你头不要伸我看见了！"吓得小老鼠一下子把头缩回洞内，毛充先生又讲道："你头不要缩我认得了。"学生又跟着念道："你头不要缩我认得了。"于是，一堂学生就把这两句话当着书念。

当地有个朱员外的孩子叫朱小开,也跟这个毛充先生念书。晚上,朱夫人做针线活时,叫朱小开在一旁温书,当朱小开拿起书时,他的外祖父来偷他家的东西,把墙挖了一个大洞,头刚从墙洞伸进来,朱小开掀开书念道:"你头不要伸我看见了!"吓得他的外祖父忙把头缩回去。朱小开又念道:"你头不要缩我认得了。"把他的外祖父吓得屁滚尿流,满脸羞愧地跑回家,跟老伴说,偷没偷成,反被外孙看见了。想丫头平时待他的好处,自己却做出对不起她的事,今后怎好见人,越想越羞愧,一气之下上吊死了。

朱夫人带着儿子回娘家吊孝,出棺安葬后,又在娘家过几天。有一天早晨,朱夫人又叫朱小开温书,外祖母在一旁听外孙念道:"你头不要伸我看见了!你头不要缩我认得了。"外祖母一听这话,气得勃然大怒道:"丫头,你太不像话了,你父亲不就这么大错,人已死了你还不放过,又教孩子说这些风凉话给我听,难道你还想逼死老娘不成?"朱夫人被母亲的责问搞得晕头转向,不知怎么回事,反埋怨母亲不让外孙念书。母亲气愤地说:"你为什么叫外孙在我面前讲你头要不伸我看见了,你头不要缩我认得了?"聪明的朱小开在一旁听得明白,说道:"姥娘,这是我们学堂毛先生教的书。"只气得母女俩找毛充先生大吵大闹,一直闹到县衙大堂上,告毛充先生教书闹出人命。

县官升堂审问,他把惊堂木一拍,怒道:"大胆毛充先生,你教什么书闹出人命,快如实招来。"吓得毛充先生浑身发抖,就一五一十地把自己如何行骗,冒充教书先生,在学堂里看见小老鼠从老鼠洞伸出头来又缩回去的经过,讲了一遍。县官大怒道:"大胆骗子,你竟敢冒充教书先生,迷惑学生,闹出人命,该当何罪?"吓得毛充先生磕头如捣蒜,连声哀求道:"小人知罪,罪该万死,请大老爷宽恕!"于是,县官吟诗判道:

一字不识当先生,骗取钱财闹人命。

误人子弟实可恨,罚打屁股四十棍。

两旁衙役如狼似虎地把这个冒充教书先生的骗子按倒在地,狠狠地打了40大棍,直打得皮开肉绽,喊爷叫娘。从此以后,他再也不敢冒充教书先生了。

值得我们注意的是,大部分嘲讽笑话具有讽世、醒世的积极作用,但也有少部分嘲讽笑话内容有陈旧无聊之嫌,如讽刺怕老婆的、讥笑乡下人无知的等等笑话,实则表现了说笑话者的偏见与浅薄,其立场和价值观不值得肯定和倡导。

2.幽默笑话。又叫幽默故事,它立足于世俗生活,在平凡的生活中寻求人生的会心一笑。不同于嘲讽笑话的是,幽默笑话不追求对不良社会现象的批评与嘲讽,而纯粹在于发掘生活的乐趣,体现的是人物生活态度的乐观和人际关系的和谐友善。

幽默笑话之一:"明个过年"。往年,在金寨的花羊石旁住着一位幽默风趣的汪先生。汪先生自幼读过不少书,家境殷实,住着一幢"四个头"的屋子(两进两包厢),又当过一任保长,所以远近有些名气。汪先生家门前就是河,河的那边住着汪先生的好友周先生,名叫周远清,也是当过保长的人。

这年腊月二十九,一场大雪过后,融化的雪水淹没了人们以往过河的石台。早晨汪先生站在河边喊:"周远清、周远清啦,你过来啥!"周先生问:"么事(方言,什么事)啥?非要过河?"汪先生说:"你快过来,有急事找你!"周先生急忙脱鞋撸腿过河,当他趟过刺骨的河水,来到汪先生家时,就急急地问:"么事?"

汪先生不紧不慢地说:"明个过年啦,你晓得呗!"

幽默笑话之二:世界上最大的人。相传过去金寨县麻埠镇有两个最爱说大话的,一个姓王,外号叫"王大炮";另一个姓牛,外号叫"牛大吹"。这天早晨,王大炮和牛大吹都来到万花楼品茶。只见王大炮拱手笑道:"诸位先生,不是我王大炮吹嘘,我头顶天,脚踏地,是世界上最大的人了!"坐在他对面的牛大吹哈哈大笑道:"这算什么最大的人?我看你长得像一个活人参!"

王大炮惊诧道:"此话怎讲?"

牛大炮接着说道:"不是我吹牛,我要一张开嘴,上唇盖天,下唇贴地,要不是我心慈手软,就把你一口吞下肚了!"

众人听得捧腹大笑,气得王大炮目瞪口呆。这时,有一个机灵的小姑娘,她灵机一动问道:"那你的脸呢?"

牛大吹看了小姑娘一眼支吾道:"我只顾我这张会吹牛的大嘴,哪里还顾及脸呢?"

这个笑话实际也是一个谜语,猜七言唐诗一句。谜底:人面不知何处去。

(三)皖西民间幻想故事

这类故事幻想性很强,既有与黑恶势力的艰难斗争,也有对美好爱情生活的热烈向往,它们较为直接地表现了底层民众美好的生活愿望。旧时底层百姓面对欺压自己的恶霸地主和其他黑恶势力,无力反抗,于是就借民间故事这个载体寄托自己的愿望,表达对自由生活的向往;此外,底层百姓因为生活贫困,娶不起妻,于是就幻想有天上仙女、地上精灵变成美女前来结亲,且这类故事往往和劳动生活紧密联系在一起。我国历史上著名的田螺姑娘的故事、家喻户晓的牛郎织女的故事等都是这类幻想故事的代表。

皖西地区也有类似的民间幻想故事,下面各举一例。

1.向往自由生活的幻想故事——姐弟除妖。从前,在金家寨的一座大山脚下,住着一户人家,这户人家只有3口人,姐弟和妈妈。姐姐今年18岁了,长得美丽清秀,而且聪明、能干。她除了帮妈妈干一些农活外,闲下来就坐在窗前绣花。

这年春天,姐姐正在窗前专心致志地绣花,忽然,从窗子外面飞进一只蜜蜂,在姐姐前后飞来飞去,不断地发出嗡嗡的声音。姐姐仔细一听,这只蜜蜂叫的声音竟然是:"嗡、嗡、嗡,你可肯？嗡、嗡、嗡，你可肯？"（金寨方言，"你可肯"就是你可答应的意思）姐姐奇怪极了，连忙把这件事告诉了她的妈妈，妈妈觉得既奇怪又好笑，就对姐姐说：这只蜜蜂如果再来问你肯不肯，你就说"肯"，看看这只蜜蜂还再说什么。姐姐听了妈妈的话，也就笑着答应了。

第二天上午，姐姐正在窗前绣花，果然那只蜜蜂又从窗外飞进来了，在姐姐耳边盘旋，嗡嗡地叫着："嗡、嗡、嗡，你可肯？"姐姐笑着对蜜蜂说："小蜜蜂，我肯啦。"蜜蜂听了这句话，就从窗子飞走了。

到了中午，忽然从大山上下来三个妖怪，个个长得面目狰狞，青面獠牙。其中两个妖怪抬着一顶用葛藤编的轿子，一个妖怪穿着一身大红袍，来到姐姐家大门前，高声叫道："我们是接新娘子的，快请新娘子上轿。"一家人听了都大吃一惊，妈妈问妖怪这是怎么一回事，妖怪说："那只蜜蜂是我变的，我变成蜜蜂飞到你家来，问你女儿，嫁给我，肯不肯，你女儿答应我说，肯了，所以我才来接新娘。你们如果说话不算话，我就把你们全家人都吃了！"妈妈一听，吓得面如土色，倒在地上，说不出话来。姐姐哭着对妈妈说："妈妈，不要怕，让我去吧！"就这样姐姐流着泪上轿了，14岁的弟弟偷偷地跑到轿子跟前，把一包菜子交给姐姐，轻声地说："姐姐，这是菜子，你走到哪里撒到哪里，等菜子发了芽，我会沿着菜秧子去找你的。"姐姐点了点头含着泪，被妖怪抬走了。

姐姐走后，奶奶和弟弟天天以泪洗面。弟弟对妈妈说："妈妈，我要去找姐姐。"妈妈哭着对儿子说："孩子，你要小心，妈妈已经没有了女儿，千万不能再没有儿子了！"弟弟说："妈妈，你放心，我很快就会回来的。"妈妈只好含着泪看着儿子出门找姐姐去了。

弟弟顺着姐姐去的方向，仔细地在地上搜寻着。到了一个进山的小路边，忽然发现碧绿的菜秧子，弟弟就沿着路边的菜秧子,走啊,找啊,翻过了三山两洼,最后在一个大石岩坎子下面发现一个大石洞。弟弟轻轻地往石洞里张望,果然看见姐姐正坐在石洞里流泪呢!弟弟看了看妖怪不在洞里,就大胆地喊了一声:"姐姐。"姐姐抬头一看弟弟来了,顿时泪流满面,上前一把拉住弟弟问:"你怎么会找到这里来了?"弟弟说:"我是顺着菜秧子找到这里来的,妖怪呢?"姐姐说:"刚刚出去找吃的去了。"弟弟说:"那我俩快跑吧!"姐姐说:"不行,一会儿妖怪回来了,看见我跑了,会追到我家,那我家三口人的命可都没有了。我俩只有想办法,把妖怪除掉,才能活命。"弟弟在洞里仔细一看,看见洞里有个大石板,被磨得光光滑滑的,连忙问姐姐,这块大石板是做什么的,姐姐说:"这是妖怪睡的床,妖怪每次一回来,都往这石板床上一躺。"弟弟往石板下面一看,床底下是空的,便说:"有办法了,我俩赶快用木炭从下面把石板床烧红,这样,就可以把妖怪烫死了。"姐姐说:"这个办法好,我俩赶快来烧,洞里木炭多着呢!"姐弟俩连忙在床底下把木炭烧着了。石板下面的木炭发着蓝色的火焰,不一会,石板就烧红了,姐姐把弟弟藏在洞的最深处。

一会儿,姐姐听到外面风响,知道是妖怪回来了,连忙站起来,遮住烧红的石床。妖怪一进洞,就说:"怎么有生人气?"姐姐连忙说:"哪里有生人,刚才我从外面挖菜回来了,我俩上床睡觉吧!"妖怪说:"平时叫你陪我上床睡觉,你总不干,今天可听话了。"妖怪连忙脱掉衣服,往床上一躺,只听到嘶啦一声,青烟直冒,妖怪的整个后背像烙烧饼一样,贴在石床上,想起来也起不来了。妖怪大叫一声,把两手在石床上一撑,两手也烙死在石床上。一会儿,妖怪就没有气了。姐姐说:"我俩快走吧。"弟弟说:"我俩这样走了,别的妖怪会找到我们的,不如我俩放一把火把整个妖怪洞烧光。"姐姐一听,连说这个办法好,他俩找了很多干柴堆在洞里,然后放了一把火。看着洞里燃烧的熊熊烈火,姐弟俩放心地回家了。

2.向往美好爱情的幻想故事——毛毛结亲。从前,金寨县桃岭乡百花村里住着一名叫毛毛的孩子,他父母先后过早地饿死了,从此,毛毛便成了孤儿。那时他才七八岁,无依无靠,只好过着乞讨的生活。

毛毛渐渐大了,他勤劳、善良。除了打柴度日,还时常帮助村里的老人做些家务。所以,他很受亲邻的喜爱,大家都说给他找个好媳妇。可是,毛毛都一一谢绝了。他总是羞愧地说:"俺家太穷,没有像样的房子,俺不能让人家的姑娘跟俺一起受罪呀。等俺以后过好了再说。"乡邻们只好暂且不提了。

时间一天天过去了,毛毛也越来越勤奋,他的勤劳、善良深深地感动了仙家。

这一天,毛毛还像往常一样回家来做午饭。可一进门,饭菜香气扑鼻。他赶忙到厨房一看,桌上已摆好了饭菜,还热气腾腾的呢,"咦!这是怎么回事,这饭菜是谁给俺做的呢?"毛毛心里这样想着,他东找西找不见人影,喊一喊,也没人答应。毛毛已饿得肚子咕咕响,他哪里见过这样好的饭菜呢?于是不管三七二十一,就大口大口地吃了起来。

第二天、第三天还是这样。毛毛百思不得其解,很想知道个究竟。

晚上,他把这事告诉了村里的一位老人。老人笑眯眯地告诉他说:"听说毛狗子(狐狸的俗称)经常顺着小河沟到你家这边来。"毛毛心里明白,这可能就是老人告诉他的毛狗精。

他决定了解个究竟。这天,他轻手轻脚地来到小河沟,找呀找,在一个石洞里发现了一张毛狗皮,他喜欢得不得了,按照老人说的,用一块大石板给压得紧紧的,又立即不声不响地转到家里。

毛毛看见一位美丽的姑娘已摆好饭菜,正要回身走。毛毛猛地抢上前,一下子抱住了姑娘,哀求道:"姑娘莫走!"

姑娘拼命挣脱了身,急忙去小河沟找自己的外衣,可怎么也找不到,她已无法现回原形,就向毛毛苦苦央求道:"还我外衣,还我外衣!"毛毛哪舍得放过。诚恳劝道:"姑娘,留下来跟俺过吧,俺会一辈子好好待你的……"姑娘没办法,只得跟着毛毛回家过起了日子。

从此,夫妻俩恩恩爱爱,过着甜甜蜜蜜的生活,一年后生下了个胖娃娃。远近的乡邻们都感叹不已!

**(四)皖西谜语故事**

谜语故事在皖西地区较为丰富,它们有人物,也有情节,把灯谜与故事有机地结合在一起,既能娱乐,也能益智,具有一定的知识性和趣味性。

1. 谜语故事之一:小两口走娘家。金寨县古碑镇的麒麟山下幸福村有一对新婚夫妻,小两口聪明伶俐,还爱吟诗猜谜。这天,新娘骑着一匹枣红马走娘家,新郎护送,牵着马。走在途中,新娘心疼丈夫,叫新郎也骑在马上。于是,她回头嫣然一笑说:"咱小两口骑着一匹马真有趣!"

新郎心慌地问:"什么有趣?"

新娘笑道:"这是一个字谜,你猜。"

聪明的新郎琢磨一下,就用手指头在新娘的背上写出谜底。只听新娘在马背上咯咯地笑道:"猜对了!猜对了!"

过了一个月,新郎来接新娘回家。新娘还是骑着那匹马。当走到家门口时,新郎拿出一挂爆竹,站在大门口笑道:"娘子,上次你回娘家出一个字谜叫我猜。这次你回来,我也出一个字谜请你猜。猜对了,我放爆竹欢迎!"

新娘在马上答道:"行!"

只见新郎笑嘻嘻地吟道:"夫人走娘家,头戴两朵花。过了一个月,骑马回到家。"

聪明的新娘思索一下,就以谜猜谜,笑道:"一马喝掉滕中水,对吗?"

新郎沉思一下,恍然大悟道:"猜得妙!猜得妙!"

在一阵热烈的爆竹声中,新娘笑嘻嘻地走进门内。

请你猜猜,这对小两口出的是两个什么字谜。

谜底:骂;腾。

2.谜语故事之二:和尚戏秀才。传说清朝乾隆年间,金寨县响山寺大庙有一个姓卞的主持和尚,法号极乐,很有才学,爱吟诗作对,生性诙谐,人称"笑僧"。他有一个姓熊的朋友,是个秀才,年已40未婚。两人情趣相投,经常在一起磋商诗文,谈些风趣的笑话。

有一天,熊秀才到响山寺大庙作客,极乐和尚走出寺门迎接。熊秀才施礼毕,笑嘻嘻地吟一首诗道:"寺庙门前一头牛,二人抬根竖木头。未进门来先开口,女子戴上宝盖头。"极乐和尚思索一下,就领会了这首诗的谜意。于是,他把熊秀才迎进客厅,也笑眯眯地吟一首诗道:"言对青山不是青,二人土上在谈心,三人骑条无角牛,还有一人草木中。"

于是,两人相对而笑,饮酒作乐。酒过三巡后,极乐和尚道:"贫僧想和你对句吟诗,以助酒兴如何?"

熊秀才点头道:"请!"

极乐和尚以熊秀才姓,借题发挥道:"能者多劳,跑断四条老熊腿。"

熊秀才一听,就明白是讥笑他的姓"熊"。于是,也以极乐和尚的姓"卞"字,反唇相讥道:"下流无耻,伸出一点乌龟头。"

极乐和尚听罢,眉头一皱,想起熊秀才是个未婚的光棍,灵机一动笑道:"雨打竹竿,光棍流泪!"

熊秀才望了望极乐和尚的光头,也嘲笑道:"风吹葫芦,和尚摇头。"对罢,两人捧腹大笑。

原来熊秀才和极乐和尚前半部分说的分别是两个诗谜,答案分别是"特、来、问、安"(熊秀才吟)和"请、坐、奉、茶"(极乐和尚答)。

## 二、皖西传统生活故事的文化意蕴

传统生活故事既是一种口头叙事文学,又是民间文化的重要载体,它们往往是巨大时空背景下人们文化心理的长期积淀,包含着独特的文化因子,有着深厚的文化意蕴。皖西传统生活故事是在皖西文化的土壤上生长出来的山野奇花,与作家自觉的文学创作不同,它不是某个作家思想和艺术的自觉表现,作为民间不自觉的集体创作,皖西民间故事是皖西底层民众志趣的反映,它植根于皖西特定的地理环境和历史文化之中,因此,它必然从某种程度上反映了皖西的地理特点,散发着皖西的乡土文化气息,带有较为鲜明的地域特征。

### (一)反映皖西的特定地理特征

这首先表现在皖西传统生活故事题材的南北分化。"山环英霍千重秀,地控江淮四面雄",这两句诗形象地概括了皖西的地理特点。皖西依山襟淮,南面背靠雄伟的大别山,森林茂密,植被茂盛,北面是开阔平坦的淮河平原,易于耕作,开发程度较深。这些特点在皖西传统生活故事里有一定的体现。从目前已收集的公开出版的皖西各县区传统生活故事来看,南面的霍山、舒城、金寨等县的传统生活故事题材丰富多样,且以动植物为题材的故事极多,如霍山县传统生活故事中的黄芽茶、兰草姑娘、桂花姐姐、老鹰、蛇精、螺丝精,金寨县传统生活故事中的白果树、情侣松、狐仙(俗称毛狗子)等。而地处皖西地区北部的霍邱和寿县的传统生活故事中出现的动植物则较少,其题材绝大多数为人文题材。其中出现的植物基本上为与民众生活密切相关的果树,如寿县"编笆接枣,锯树留邻"中的枣树等,其中出现的野生动物也很少,且主要为鸟类和蛇类,如"大米好吃有点咸"和"人为财死,鸟为食亡"两则寿县故事中出现的鸟类,均为皖西到处可见的喜鹊,而寿县的"孙叔敖斩蛇"和"人心不足蛇吞相"的故事中都有蛇。

## （二）彰显皖西的历史人文

皖西地处华东腹地，历史上交通不便，社会经济发展相对落后，长期处于传统农业社会，人们的生活方式受传统习惯的影响很深。这些在皖西传统生活故事中有较为集中的体现，如皖西传统生活故事里，可怜的童养媳、狠心的后妈、可恨的地主、聪明的长工、拜寿的呆女婿、财主的傻儿子、走桃花运的穷汉等几乎是永恒的话题。人们在故事里不断演绎这类题材，这些其实是皖西长期处于传统农业社会的必然产物。在封闭的农业社会中，社会生产方式很少变化，所以地主与长工的纠缠就不会休止。人们的思想观念和行为方式主要受传统习惯的支配，所以童养媳和后妈的故事也就经常为人们津津乐道。穷苦的生活又使得人们对贫富不均现象感到不平，于是财主家的儿子大多痴傻，在故事中成了人们调侃取笑的对象，人们以此取得心理的平衡。故事中娶不起媳妇的穷小子，总是有勤劳美丽的狐仙或田螺姑娘主动来做饭结亲，这其实是底层穷苦百姓内心愿望曲折而真实的表达。

## （三）宗教文化和世俗生活相互渗透

传统生活故事属于通俗文学范畴，其讲述者和听讲者基本为下层百姓。因此，它是一种世俗文化现象，其中出现的各种现象几乎全为百姓生产生活中的各个侧面，皖西传统生活故事也不例外。如兄弟分家、夫妻吵架、女婿拜寿、女儿回娘家、姑娘纳鞋底、瞎子算命测字、抠门的主人等世俗生活，都在皖西传统生活故事中反复出现。这些底层世俗文化是皖西传统生活故事的基本题材，是皖西传统生活故事世俗性的集中表现。

但皖西传统生活故事受宗教文化的影响也很深，尤其是道教和佛教。道教在皖西历史悠久，即使从淮南王刘安在八公山上炼丹时的鸡犬升天算起，也已经有2000多年的历史了。佛教在皖西的影响也不可小视。这些在皖西传统生活故事中都有十分明显的反映。道教中的道士、神仙、精怪等形象及炼丹等事象都是皖西传统生活故事常见的题材;而和尚、尼姑、庙宇等佛教文化因子也频繁地在皖西传统生活故事里出现。值得关注的是,虽然道教和佛教等宗教文化在皖西传统生活故事里植根很深,但这并不表明皖西民众对宗教文化的信仰和顺从,因为贯注在皖西传统生活故事里的情感和立场往往是反宗教的,和尚与道士在故事里大多充当反面角色,基本上是人们嘲讽取笑的对象。

上述宗教文化与皖西民众的世俗生活有机地结合在一起,它们丰富了皖西传统生活故事的题材,增添了故事的情趣,是皖西传统生活故事不可或缺的一部分。因此,从整体上而言,皖西传统生活故事呈现出世俗文化与宗教文化相互渗透的文化格局。

此外,皖西民间故事作为原生态的地方民间文学,在发出泥土的芳香的同时,也难以完全避免粗俗与不雅。有的民间故事格调不高,较为低俗甚至淫秽;民间故事的语言源于民间口语,有一定的自然主义色彩,往往对人体隐私部位、排泄等不雅之事直言不讳,这些是土生土长的皖西民间故事难以完全避免的。

皖西山川秀丽多姿、皖西民间故事丰富多彩,自古以来民间故事都是皖西人民生活中不可缺少的精神食粮。正如恩格斯所言,民间故事使农民瘠薄的田地变成了馥郁的花园,使手工业者的作坊和疲惫不堪的学徒的寒碜的小屋变成了诗的世界。皖西民间故事正是皖西人民艰苦劳作中的自娱自乐,它为平凡的生活绣上了一道花边,增添了一缕亮色。

## 思考与练习

1.传说与神话有何不同?试以皖西民间传说为例加以说明。

2.什么是风物传说?请搜集一则你家乡的风物传说,并说给同学听。

3.试以皖西民间朱元璋传说为例阐释传说的历史性和传奇性。

4.你如何看待民间传说的非物质文化遗产属性?请以皖西民间传说为例加以说明。

5.民间传说有什么意义或价值?请以皖西民间传说为例进行说明。

6.什么是传统生活故事?它与民间传说有何区别?

7.民间故事都具有在地性,你是如何理解的?

8.搜集几则家乡的民间故事,并以班级为单位进行交流。

# 第三章 皖西民间歌谣

在中华民族文明的发展历程中,皖西地区是多民族文化交融汇合的枢纽地区之一。千百年来,皖西劳动人民在创造物质文明,推动社会不断前进的同时,也创造了灿烂的精神文明和优秀的地域文化,皖西民间歌谣便是其中闪耀着璀璨光芒的瑰宝。

## 第一节 皖西民间歌谣概说

民间歌谣是民众创作的可以歌唱或吟诵的短篇韵文作品。"歌谣"一词既可以放在一起使用,统称一种民间韵文文体;也可以分指"歌"和"谣"两类。一般认为,"合于乐章,有一定的曲调、唱腔,并常用乐器伴奏来演唱的是民歌;没有曲调,但词句有较强的节奏感,以吟诵的方式来传播的是民谣"[①]。皖西民间歌谣即包含这两部分。

皖西民间歌谣最早起源于何时,并未有确切的记载。汉淮南王刘安主持编写的《淮南子》一书中提到,淮南国百姓在抬大

---

① 黄涛:《中国民间文学概论》,中国人民大学出版社,2010年版,第212页。

木头时,常喊起"邪许"的号子,前后呼应。这是有记载的较早的皖西民歌,属于民歌中的劳动号子。据史书记载,刘安的父亲、汉文帝的弟弟刘长因罪被流放,死于途中。淮南(淮河以南)百姓有感于帝王之家亲情淡漠,遂唱道:"一尺布,尚可缝,一斗粟,尚可舂;兄弟二人不相容。"①这首民谣传到朝廷后,引起汉文帝的不安,于是追谥刘长为厉王,并将淮南之地分封给刘长的三个儿子。这首震动朝廷的皖西民歌被后人称为《尺布谣》。

在数千年的历史长河中,皖西民间歌谣一直紧紧伴随着皖西人民的生活。诞生于明代的兽医学经典著作《元亨疗马集》,就收录了与牛马相关的皖西民间歌谣数十首,如《劝医歌》《禁杀牛歌》等,还运用民间歌谣体编写了疗治兽病歌610多首,皖西民间歌谣巨大的文化价值由此可见一斑。

清光绪年间,在今六安市金安区东河口一带,出现了"邀大岭"活动,"富户邀集许多爱编爱唱民歌的农民,于阳光明媚的春天,在茶山或岭旁的秧田边,一边跳模拟各种劳动动作的舞蹈,一边亮起歌喉唱歌赛歌。又因这种歌舞活动当时在规模、时间和场面上,都首屈一指,所以又称'摇大岭'"②。

1924年,著名作家台静农从北京大学返回故乡六安市叶集镇,搜集了2000多首民间歌谣,并在常惠任编辑的《歌谣周刊》上发表了113首。在《致淮南民歌的读者》一文中,台静农感叹道:"我便奇异着我们兵匪扰攘的乡间,居然有了这些美妙的民歌。"③实际上,"这些美妙的民歌"自古以来就从未间断过。在革命斗争的年代,皖西人民用民歌记录了波澜壮阔的战争和

---

① (汉)司马迁:《史记》,中华书局,1982年版,第3080页。
② 徐航:《六安歌谣述略》,《六安歌谣集成》,中国文联出版社,2011年版,第4页。
③ 台静农:《致淮南民歌的读者》,《六安歌谣集成》,中国文联出版社,2011年版,第543页。

对共产党领导的革命的坚定支持,涌现出以《八月桂花遍地开》《"江文团"团歌》等为代表的一大批革命斗争歌谣,这些歌谣数量多、质量高、影响广泛,值得后代人永远珍藏。

新中国建立后,皖西人民创造出更加丰富多彩的民间文化活动。当时,舒城枫香树地区的民歌创作极为繁荣,涌现出包立春、杜来盛等全国闻名的优秀民歌手,出版了《万里山河飘彩霞》《杜来盛山歌》等新民歌集。六安新安集的农民诗歌创作也很有名,他们创作的剧本《一家人》一路演到北京,传到了国外。

改革开放以来,继承和发扬优秀民族文化逐渐成为社会各界的共识。2008年"大别山民歌"被国务院批准为第二批国家非物质文化遗产,这是大别山民歌(包括皖西民歌)发展的重要里程碑。现在各种民间歌谣的交流和演出活动开展热烈,其中"大别山歌会"尤为引人注目。截至2015年,六安已经成功举办六届"大别山歌会",吸引了大批省内外歌手前来参加,挖掘、新创了一批民歌,培养了一批民歌演唱的传承人,皖西民歌的采集、传播和交流也进入了崭新的发展阶段。

第六届大别山歌会(图片来源:六安网)

## 第二节 皖西民间歌谣的内容与分类

皖西民间歌谣内容丰富多彩,生动地反映了皖西人民的劳动生活和情感追求,其中常见的可分为 9 类,即引歌、劳动歌、时政歌、革命歌、仪式歌、情歌、生活歌、历史传说故事歌和儿歌。

### 一、引歌

引歌往往在对歌、赛歌开台时演唱,起着引子和引导作用,故又称为"歌头"。引歌能够迅速活跃气氛,引起听众的共鸣,典型的如《会唱五句是歌仙》(叶集):

> 五句山歌五句联,是我家乡土特产。鄂豫皖边歌千首,没我五句歌新鲜,会唱五句是歌仙。①

这首引歌夸耀自己的山歌与众不同,充满了对故乡的热爱之情,也指出皖西山歌的主要形式是五句头。

有些引歌揭示出民歌演唱的历史悠久和人民对民歌的喜爱,如《郎在上风唱山歌》(叶集):

> 郎在上风唱山歌,妹在下风莫骂我。山歌本是古人唱,古人不唱俺不学,做活哪能不唱歌?

又如《唱歌可是凡间人》(金寨):

> 郎在高山唱一声,顺风刮到紫禁城。万岁爷听了下了位,姑娘听了动了心。唱歌可是凡间人?

引歌中有很多表现男女之间淳朴爱情的,如《你说该怪哪一个》(叶集):

> 妹在屋里织绫罗,哥在门前唱山歌。山歌唱得人

---

① 本节所引歌谣均选自《六安歌谣集成》,中国文联出版社,2011 年版。

心乱,织错几尺花绫罗,你说该怪哪一个?

还有一首在大别山鄂豫皖三省都很流行的山歌:

　　山歌好唱口难开,粑粑好吃磨难挨;大米好吃田难种,樱桃好吃树难栽;鲜鱼好吃网难抬。

这首歌以山歌不易唱做引子,类比劳动收获的艰辛和不易,朗朗上口,说理透彻。

## 二、劳动歌

劳动歌是民众在劳动中配合劳动动作而唱的歌,皖西民歌中的劳动歌大多是与皖西人民的劳动密切相关的采茶歌、种粮歌、杂事歌以及淠史杭歌谣。

皖西地区盛产茶叶,采茶是皖西人民的重要农事活动之一,由此产生了很多采茶歌,如:

　　三星未落坡,满山采茶歌。等到太阳出,茶堆比山多。(六安)

　　四月茶山郁苍苍,姐妹采茶上山冈;上采好比燕穿柳,下摘赛那莺飞翔,你追我赶献力量。(霍山)

十指尖尖采茶忙

男女对唱的茶歌则充满了浓郁新鲜的生活气息,如《茶歌》(六安):

　　(男)小小茶棵矮墩墩,手搭茶树我叹一声。一叹家中兄弟多,二叹家中老母亲,三叹回家无盘缠。

（女）叫声小郎不要焦,郎的盘缠我包了。毛竹扁担甩一条,开山毛尖数十包。小郎回家一肩挑。

种粮歌在皖西劳动歌中也占有很大的比重,表现了各种劳动场景和情感。如霍邱民歌《家住十里去薅秧》就表现了歌者薅秧时的情景：

家住十里去薅秧,好比孤雁落长江。一心想把山歌唱,谁个为我帮帮腔,独手难拍响巴掌。

又如原六安县民歌《车水山歌》,描绘了车水时相互合作的欢乐：

小小（啰）水车（啰）一丈三（啰嗬）,担在（啰）乖姐（啰）大塘边（啰嗬）,二十小郎（啰）来车水（啰）哦（啰哦）,十八乖姐（啰）来换班（啰哦）。

还有歌唱杂事的《挑担歌》《十月花》《作天难作四月天》《纺棉花》《种瓜》等,表现出了劳动时的辛苦与欢乐。《挑担歌》（霍邱）充满了神奇的想象力,是一首朗朗上口的佳作：

杉木扁担钉铜钉,一头重来一头轻;重的一头张果老,轻的一头吕洞宾,要挑神仙两个人。

《作天难作四月天》（霍邱）则风趣幽默地总结出不同农事对天气的不同要求：

作天难作四月天,麦要温暖蚕要寒;种田哥哥要下雨,养蚕娘子要天干。

淠史杭工程是中国治淮水利史上的一座丰碑,是六安人民对中国历史发展的一大贡献,它的兴建改变了旧社会江淮一带"十年九灾"的面貌。淠史杭歌谣为皖西民歌所独有,这其中有表现旧社会旱涝不均、灾害不断的,如："洼地河水滚滚流,岗上滴水贵如油;一方盼水水不来,一方恨水水不走。""蛤蟆跷腿就受淹,三天大雨水连天;各样庄稼难活苗,穷人无法度难关。"更多的则是表现广大群众兴修水利、兴利除弊的满腔豪情和工程修建成功之后的喜悦之情,如《勘测》:

烈日似火地龟裂,绘制蓝图赶勘测;心中自有五湖水,唇干口裂不觉渴。

又如:

水在岗上流,船在云中走。有了淠史杭,旱涝保丰收。

新河好,新河好,放银水,收金稻;不是共产党,谁也办不到!

## 三、时政歌

"时政歌是民众从自己的观察和切身感受出发,以歌谣形式对所处时代的政治局势、政治事件、政治人物、社会风气等所作的评价和议论"①。

新中国成立之前的时政歌,内容以描绘和控诉人民生活苦难为主。如寿县民歌《天上星多月不明》:

天上星多月不明,地下牛多啃巴根;塘里鱼多闹浑水,山上匪多不安宁;闹得国家不太平。

新中国成立之后的时政歌,则主要表现皖西人民翻身做主的喜悦和对共产党由衷的歌颂,如:

白米饭来扑鼻香,饭到嘴边想一想。米饭打从何处来,多亏来了共产党。(舒城)

时政歌中还有一些讽刺官僚主义和形式主义的民歌,如

---

① 黄涛:《中国民间文学概论》,中国人民大学出版社,2010年版,第219页。

20 世纪 80 年代六安一带流传的民谣《上班》,以诙谐幽默的方式讽刺了某些领导干部不干实事的浮夸作风:

  一杯茶,一支烟,一张报纸看半天。吹牛皮,闲聊天,胡扯乱弹没得边。

### 四、革命歌

  皖西人民在中国革命的历史上书写了浓墨重彩的一笔。皖西地区是革命老区,土地革命时期,它是鄂、豫、皖根据地的重要组成部分;抗日战争时期,省"动委会"建立、指挥抗战于此,安徽省的省会也长时间座落于此;解放战争时期,刘、邓大军千里挺进大别山,为解放战争的全面胜利做出了重要贡献。在长期的革命岁月中,皖西地区产生了丰富多彩的战争歌谣,这些歌谣宣传革命、团结人民、鼓舞士气,产生了广泛的影响,其中 1929 年秋由金寨县唱起的《八月桂花遍地开》,曲调高昂、节奏鲜明,早已经成为闻名全国的经典革命歌曲:

  八月桂花遍地开,鲜红的旗帜竖呀竖起来,张灯又结彩呀,张灯又结彩呀,光辉灿烂闪出新世界。亲爱的工友们呀,亲爱的农友们呀,唱一曲国际歌庆祝苏维埃。

  站在革命最前线,不怕牺牲冲呀冲上前,为的是政权呀,为的是政权呀,工农专政一定要实现。亲爱的工友们呀,亲爱的农友们呀,今天是我们解放的第一天。

  苏维埃政府为人民,人民政府大呀大家庭,人人有家庭呀,人人有家庭呀,爱政府就是爱呀自己。亲爱的工友们呀,亲爱的农友们呀,爱政府爱家庭要有一样心。

  八月桂花遍地开,红军队伍多呀多豪迈,消灭反动派呀,消灭反动派呀,革命胜利幸福来。亲爱的工友们呀,亲爱的农友们呀,跟着共产党打出新世界,跟着共产党打出新世界。

抗日战争歌,反映了皖西人民抗击日本帝国主义,保家卫国的坚强意志和决心,涌现了《去当兵》《抗日山歌》《大别山里有家乡》《抗倭救国保家乡》等一批歌谣,特别是由江上青作词的《"江文团"团歌》,更是唱出了坚决抗日、保家卫国的誓言:

我们爬过一重山,又是一重山,越过一条河,又是一条河。从乡村到城市,从城市到乡村,我们踏着坚实的步,唱着救亡的歌。

我们是铁的队伍,是热情的一伙。要高举起抗战的旗帜,要掀起抗战的巨波,要燃起抗战的烽火。

我们不畏风霜,不怕艰苦,振作起精神,喊破喉管,让大家都知道,自己应该怎样做。

铁蹄踏破和平的梦,伤心东望可奈何!可奈何!只有宣传、组织、训练,武装了群众,才能重整山河。

解放战争歌,描绘了解放战争在皖西历经的艰难,以及人民对战争必胜的满腔信心。如《红旗红马红缨枪》:

千里马儿认路长,红军忘不了老故乡;山南山北飘红旗,苏区人民是爹娘。

红旗红马红缨枪,苏区人民好儿郎;人人跨上千里马,誓把反动派消灭光。

皖西革命斗争歌,取得了较高的艺术成就,见证了皖西人民在血与火的战争中所付出的种种艰辛和对党领导人民革命的拥护与歌颂,产生了广泛的影响,值得后代人珍视与研究。

## 五、仪式歌

仪式歌是民众在祈福禳灾、婚丧嫁娶等活动中所唱的歌谣,主要包括诀术歌、婚嫁歌和节令歌等。

诀术歌是古代巫文化的遗风,主要的目的是为了祈福禳灾。如《贴财神》(寿县):

> 财神财,进门来,又有喜来又有财。前门进金子,后门进玛瑙;金子玛瑙一齐进,斗大元宝滚滚来。

婚嫁歌表现了皖西地区别具特色的婚嫁形式,包括迎轿、撒轿头、传袋(代)、拜堂、闹洞房、喝子孙汤、吃团圆酒等。形式上既有单篇的,也有成组的,表现出浓浓的祝福之意和隆重的仪式之感。

如新娘进门前,新郎家请人铺床时唱的《撒床歌》(寿县):

> 喜气盈盈进洞房,新郎请我来撒床。左脚进门生贵子,右脚进门生娘娘。揭开新娘绫罗帐,一把果子撒在中央。再撒一把如意糖,来年生一对双胞胎。一把果子撒到床外边,得了贵子中状元。一把花生撒在床里边,得了贵子做武官。一把棉子撒到床两头,女孩没有男孩稠。一把芝麻一把枣,儿孙满堂日子好。

节令歌,是劳动人民对于生产生活和四时节令的一种总结,具有较强的实践性,直到今天仍传唱不息。如大别山各地都流行的《九九歌》:

> 一九二九不出手,三九四九冰上走,五九六九沿河看柳;七九六十三,路上行人把衣宽;八九七十二,猫狗寻阴蔽;八九加一九,耕牛遍地走。

## 六、情歌

情歌是反映爱情生活的民歌,这类民歌在皖西民间歌谣中数量最多,艺术性也最高。情歌表现了恋爱的各个环节和各种形态,诸如试探、思念、赞美、相会、传情、盟誓、规劝、送别、失恋等。皖西地区的情歌涌现出大量佳作,蕴涵着歌者的奇思妙想,直到今天仍传唱不息。例如:

试探（金寨）：

　　哥剖竹篾妹来编，编筐编篓编摇篮。哥问摇篮哪个睡？妹妹笑指树梢尖，幼鸟出壳要见天！

思念（金寨）：

　　妹害相思好可怜，半月不洗头和脸。那日闻讯哥来望，见妹整整瘦一圈，不知见人是见仙？

赞美（金安区）：

　　妹你生得白嫩嫩，哥一见妹就掉魂。鱼虾见妹想出水，百鸟见妹不开声，瞎子见妹眼也睁。

相会（叶集）：

　　一把扇子两面黄，上面画着妹和郎。郎在这里望着妹，妹在那里望着郎，姻缘只隔纸一张。

传情（叶集）：

　　姐在房中绣香袋，屋上掉下蜘蛛来。情哥派它来牵丝，根根情丝入肚怀，魂魄来了人未来。

盟誓（叶集）：

　　相好哪能把姐丢？除非换天换日头，黄鳝长鳞蛇长角，扬子江里长莲藕，铁树开花也不丢。

规劝（金寨）：

　　雨撒牡丹朵朵红，风摇翠竹节节空。人不风流枉少年，劝妹早出深闺中，莫让好花伴秋风。

送别（霍邱）：

　　送郎送到十里岗，送郎一挂小炮仗。走一里来放一个，走二里来放一双。看不见情郎听炮仗。

失恋（霍邱）：

你要丢来只管丢,不在你面前苦哀求。除了灵山还有庙,断了乱丝重起头,何必弄得日夜愁。

## 七、生活歌

生活歌是反映民众日常生活的民歌,有表现各行各业生活百态的歌,有反映家庭日常生活的歌,有表现妇女生活艰难的歌,还有一批花鼓灯歌,内容涉及皖西名胜、古今人物、皖西民俗等。

如表现人情冷暖的世态歌《莫笑穷人穿破衣》(霍山):

小鸡出世叫唏唏,莫笑穷人穿破衣。十个指头有长短,荷花出水有高低,三十年河东转河西。

表达童养媳苦处的民歌《童养媳哀歌》(霍邱):

正月梅花顶雪开,提起往事多悲哀;七岁做了童养媳,全身骨头抽裂开。

二月杏花开园中,公婆对我好狠凶;当牛做马吃不饱,挨打受骂过春冬。

……

还有生活气息浓厚的《卖鲜花》(金寨):

站在花门外(哟),花门两打开(哟),挑一担(呐)花篮子,(呀子呀子喂)上呀上长街(咦哎哟)。

鲜花挑一担(哟),姐家门口站(哟),叫一声(呐)大姑娘,(呀子呀子喂)买花出来看(咦哎哟)。

花鼓灯歌内容丰富,机智幽默,往往采用一问一答的对答形式展开,如《十二月小花名》(裕安区苏埠镇):

正月里,正月正,什么花开迎新春?初一十一二十一,灯笼花开迎新春。

二月里,二月二,什么开花起苔儿?初二十二二十二,荠菜花开起苔儿。

三月里,三月三,什么开花叶子尖?初三十三二十三,桃子开花叶子尖。

四月里,四月四,什么花开一身刺?初四十四二十四,黄瓜开花一身刺。

五月里,五月五,什么花开撑端午?初五十五二十五,栀子花开撑端午。

六月里,六月六,什么花开头对头?初六十六二十六,梅豆花开头对头。

七月里,七月七,什么开花在水里?初七十七二十七,菱角开花在水里。

八月里,八月八,什么开花像喇叭?初八十八二十八,牵牛开花像喇叭。

九月里,九月九,什么花开做甜酒?初九十九二十九,菊花开花做甜酒。

十月里,十月十,什么花开正当时?初十二十到三十,霜花开花正当时。

冬月里,冬月冬,什么开花半天空?初冬十冬二十冬,雪花飘飘半天空。

腊月里,腊月腊,什么开花撑腊八?初腊十腊二十腊,腊梅开花撑腊八。

## 八、历史传说故事歌

历史传说故事歌,是歌唱历史故事和英雄人物的歌谣,表达了人民对于英雄豪杰的喜爱推崇和对历史兴衰更替的思考总结。

崇拜历史上的英雄人物,是这类歌谣的主流。如《三国英雄数马超》(金寨),一口气唱了四位历史人物:

太阳光芒万丈高,张飞喝断当阳桥;三气周瑜芦花荡,孔明用计主意高,三国英雄数马超。

赞扬历史上的女英雄,如《四季花赏女英雄》(霍邱):

> 春季迎春花儿鲜,昭君珠泪洒窗前。桃花含露柳含烟,春风不度玉门关。
>
> 夏季荷花玉亭亭,巾帼英雄穆桂英。为了大宋乾坤定,愿将头颅悬国门。
>
> 秋季金菊花儿黄,木兰从军赴疆场。金戈挂霜银盔亮,谁人知我是女郎?
>
> 冬季腊梅傲霜寒,文姬归汉意志坚。胡笳十八拍声声慢,故土情思扯不断。

皖西的历史传说故事歌中,还有不少是将传说人物和历史人物放在一起进行评点,从他们身上总结出为人处世的智慧和历史的教训,如《十字歌》(寿县)、《十把扇子》(裕安区)、《十二点红》(金寨)等。

## 九、儿歌

儿歌是儿童口头传唱的歌谣,既有儿童自编自创的"胡诌"式演绎,也有成人根据儿童接受事物的特点和发音习惯来创造的歌谣。皖西儿歌的内容很广泛,种类较多,根据儿歌的内容可分为:摇篮歌、童趣歌、童事歌、游戏歌、顶真歌、颠倒歌等。

摇篮歌往往旋律舒缓,语调轻柔,营造出适合睡眠的氛围,帮助儿童进入静谧的睡眠状态。如下面这首霍邱民歌:

> 拍拍睡,打打睡,不拍不打不瞌睡。小孩子玩,娘撑船,小孩子睡,娘磕碓。

童趣歌和童事歌是成人借用形象鲜活的人和故事向儿童传授各方面的知识和技能,教育孩子辨别是非、崇德明理。如霍邱民歌《小花孩》教育儿童从小就要孝敬父母:

> 小花孩,上花山,采来鲜花放花篮。上长街,卖大

钱,买来白菜煮干饭。爹一碗,娘一碗,两个小孩两半碗。

游戏歌往往结合儿童的游戏动作一起演唱,帮助孩子有节奏地做各种游戏,锻炼身体的各个部分。如霍邱童谣《翻菱角》:

翻,翻,翻菱角,一棵秧子结十个。你翻多,俺翻少,俺俩打架怎么搞?金簸箕,银簸箕,打个转,俺过去。

还有金寨县过去幼儿们在月亮下边玩耍边吟诵的童谣《好大月亮好卖狗》:

好大月亮好卖狗,卖个铜钱打烧酒,走一步,喝一口,问你老板格(可)要小花狗。

顶真歌,运用顶真的修辞格,即以第一句末尾一到两字,作为第二句的开头,连续咏唱。如霍邱民歌《月亮歌》:

大月亮,小月亮,开开后门洗衣裳。金盆洗,银盆浆,打扮哥哥上学堂。学堂满,擎笔管。笔管空,结莲蓬。莲蓬上面一对鹅,扑拉翅膀过江河。……

再如金寨县的童谣《萤火虫子满天飞》:

萤火虫子满天飞,哥哥叫我逮乌龟。乌龟乌龟没长壳,哥哥叫我逮麻雀。麻雀麻雀没长毛,哥哥叫我摘葡萄。葡萄葡萄没落地,哥哥叫我看大戏。大戏大戏没搭台,哥哥叫我抹纸牌。纸牌纸牌没得钱,哥哥叫我犁板田。板田板田犁不动,哥哥说我没得用。

颠倒歌是故意正话反说,造成一种幽默滑稽、斗智逗趣的奇特效果。如《有那个丫头有那个妈》(六安):

开开天,望望门,满天月亮一颗星。扛着牛,拉着耙;骑着轿,坐着马,吹着金锣打喇叭;我一辈子没讲过颠倒话,有那个丫头有那个妈。

## 第三节 皖西民间歌谣的形式和艺术特点

### 一、皖西民间歌谣的形式与分类

根据句式、章法、韵律、唱法等表现形式方面的特点,皖西民歌总体上可以分为山歌、小调和劳动号子等几大类。

**(一)山歌**

山歌演唱形式较为自由,音调高亢嘹亮,节奏自由悠长。山歌句式以七字句为多,常根据演唱需要,增加衬字和衬词。皖西山歌主要流行在大别山区和丘陵平野,种类较多。"大别山山歌有'慢赶牛''挣颈红''丫头调''快板山歌''寒音山歌''放牛山歌'等等;丘陵平野唱的,多为'皖西山歌''舒城山歌''放牛山歌''对歌''呀儿油'等等。当然,不同地域所唱,没有截然划分。"[1]

下面着重介绍高腔"挣颈红"和平腔"慢赶牛"这两种极具特色的山歌曲种。

**1. 挣颈红**

挣颈红主要流行于六安、金寨和舒城,又称"震颈红""蜜蜂钻天"等,属于高腔山歌。歌者演唱时挣得颈脖发红,故名"挣颈红"。唱时以小嗓为主,多用大小嗓相结合的唱法。"挣颈红"音质高昂激越,直冲云霄,犹如裂帛,音乐层次感强,跌宕起伏,旋律较为自由,可一人独唱,也可二人对唱;或一人领唱,众人和唱。《只要五句真山歌》就是其中流传较广的一首"挣颈红":

---

[1] 徐航:《六安歌谣述略》,《六安歌谣集成》,中国文联出版社,2011年版,第6页。

>新打洋船下江河,洋船桅杆系铜锣,铜锣不要重捶打,撩姐不要话语多,只要五句真山歌。(六安)

挣颈红唱法难度大,演唱技巧难以掌握,目前已几近湮灭,调查、抢救这一非物质文化遗产迫在眉睫。

2. 慢赶牛

慢赶牛广泛流行于大别山区,其曲调自由,旋律简单易唱,节奏平缓,在固定的腔调上可依据演唱者自身的兴趣和表达的需要,对曲子加以灵活处理,句式多为七字五句,适合表达各种内容和情感,深受皖西人民的喜爱。

皖西著名作家胡传永在散文《大别山的歌唱》中写道:"慢赶牛唱起来舒缓有致,如草路赶牛,酣畅淋漓;如大江东去,可意抒怀,又如溪水跌宕。"①表现出对慢赶牛山歌丰富韵味的赞美。

兹录一首慢赶牛《两山尖尖不团圆》:

>这山尖来那山尖,两山尖尖不团圆。两个画眉隔山叫,叫唤几时一笼关,郎心乐意姐心欢。(金寨)

(二)小调

山歌多流传于山间田野,小调则多流行于城镇集市。小调又称"小曲""时调",相较山歌,小调在艺术上往往更为成熟,主要表现为结构均衡,曲调细腻,擅长叙事,包容性强。小调内容丰富,歌词形式多样,同一小调可演唱表达不同内容和情感的歌词。

皖西民间歌谣中小调的数量众多,常见的曲调有"八段锦""丫头调""卖鲜花""穿心调""梳头调"等。著名的皖西红色歌谣《八月桂花遍地开》就是由"八段锦"填上新词改编而来,深受人民的喜爱,产生了广泛的影响。皖西有改编自外省的小调作品,更多的则是皖西人民自己的独创,如《打菜苔》《五更调》《治

---

① 胡传永:《大别山的歌唱》,《皖西乡音》,2012春。

淮小调》《红军到金寨》《八月桂花遍地开》《十把小扇》《送郎送到五里岗》等。

如《十把小扇》(六安)：

一把小扇子凉凉,骨儿圆那么哎哟哟,里绣珍珠溜溜,外绣莲那么二姐(喷)。珍珠玛瑙(么)凉凉,都绣上那么哎哟哟,二龙戏珠溜溜,在中间那么二姐(喷)。

二把小扇子凉凉,两面分那么哎哟哟,一边兔子溜溜,一边鹰那么二姐(喷)。鹰叼兔子凉凉,兔叼鹰那么哎哟哟,鹰叼老鼠溜溜,未断清那么二姐(喷)。

三把小扇子凉凉,是清明那么哎哟哟,姑嫂二人溜溜,去上坟那么二姐(喷)。大嫂一哭凉凉,肝肠断那么哎哟哟,小姑子一哭溜溜,蜜蜂音那么二姐(喷)。

四把小扇子凉凉,花正开那么哎哟哟,四个蜜蜂溜溜,采花来那么二姐(喷)。蜜蜂见花凉凉,团团转那么哎哟哟,花见蜜蜂溜溜,搂在怀那么二姐(喷)。

五把小扇子凉凉,五彩云那么哎哟哟,花红柳绿溜溜,五条龙那么二姐(喷)。五月二十凉凉,龙相会那么哎哟哟,打开扇子溜溜,看五龙那么二姐(喷)。

六把小扇子凉凉,六寸长那么哎哟哟,扇子掉在溜溜,大路旁那么二姐(喷)。大家捡到凉凉,耻笑我那么哎哟哟,干哥捡到溜溜,送进房那么二姐(喷)。

七把小扇子凉凉,二面花那么哎哟哟,大嫂带扇溜溜,走娘家那么二姐(喷)。走到娘家凉凉,娘也爱那么哎哟哟,走到婆家溜溜,婆也夸那么二姐(喷)。

八把小扇子凉凉,八根柴那么哎哟哟,南京扇到溜溜,北京来那么二姐(喷)。虽然不是凉凉,无价宝那么哎哟哟,一股清风溜溜,进姐怀那么二姐(喷)。

九把小扇子凉凉,九寸长那么哎哟哟,姑嫂二人溜溜，去进香那么二姐（喷）。嫂子烧香凉凉，求儿女那么哎哟哟，姑子烧香溜溜，不好讲那么二姐（喷）。

十把小扇子凉凉，绣得精那么哎哟哟，上绣南京溜溜，共北京那么二姐（喷）。一绣南京凉凉，天宫府那么哎哟哟，二绣北京溜溜，紫禁城那么二姐（喷）。

此外，为花鼓灯舞蹈伴唱的花鼓灯调也多为小调，如《正月十五月儿明》《对歌》《霍邱灯歌》《报花名》《姑嫂打花名》等。

如《对歌》（寿县）：

什么红红红上天？什么红红水中间？什么红红长街卖？什么红红姐面前？

太阳红红红上天，鲤鱼红红水中间。头绳红红长街卖，胭脂红红姐面前。

什么弯弯弯上天？什么弯弯水中间？什么弯弯长街卖？什么弯弯姐面前？

月亮弯弯弯上天，横桥弯弯水中间。笼头弯弯长街卖，梳子弯弯姐面前。

什么白白白上天？什么白白水中间？什么白白长街卖？什么白白姐面前？

云彩白白白上天，荷花白白水中间。大米白白长街卖，宫粉白白姐面前。

你今唱歌这么刁，买条黄牛多少毛？买把筛子多少眼？买斤黄丝多少条？

你说我刁我就刁，黄牛论条不论毛。筛子论把不论眼，黄丝论斤不论条。

你今唱歌这么多，天上梧桐共几棵？几根桠子往上长？几片叶子往下拖？张果老站在那边个？

你说我歌多我就多，天上梧桐就一棵，千根桠子往上长，万匹叶子往下拖，张果老站在左边个。

### (三)劳动号子

劳动号子是劳动过程中为了配合劳动而歌唱的歌谣,主要有指挥劳动、调整呼吸、减轻疲劳、鼓舞干劲的作用,节奏抑扬顿挫,铿锵有力。皖西地区的劳动号子和皖西人民的劳动结合紧密,如山区装卸山木时会喊《装卸号子》(金寨),平原地区压路时会唱《压路号子》(六安),寿县、霍邱等产稻区在灌溉稻苗时则唱《车水号子》。

如推车号子《推小车》(霍邱):

一领小车叫喳喳(呀),不叫(呢)我推(哎)偏推推(哟)它,烂泥(呀)冲子(呀)慢慢走,黄泥(呀)冲子(呵)慢慢地拉,柴王推车坐天下。

随着社会进步和科技发展,强体力劳动逐渐被机械化、智能化、自动化所取代,演唱劳动号子的人越来越少,传统的劳动号子亟待人们去记录、整理和保护。

## 二、皖西民间歌谣的艺术特点

皖西民间歌谣有很高的艺术性,其艺术特征主要表现为内容丰富、种类多样和对多种修辞手法的灵活使用。

### (一)内容丰富,种类多样

皖西历史文化悠久,是淮夷文化、吴楚文化和北方文化的交汇地,其地形复杂,依山襟淮,承东接西,淠河、淮水穿境而过,境内既有高山大岭,川谷潆洄,亦有平原丘陵,沃野绵延。这些条件使得皖西民间歌谣既易于保持原生态面貌,又易于接受外来思想和艺术的熏陶,呈现出丰富多样的特点。

对此,六安市金安区东河口镇退休干部、民间文化研究者陈良亭说得非常具体生动:"富有非凡艺术创造力的皖西先民,在辛勤开发皖西大地的过程中,创作出门类众多、内容丰富、数量如海的民歌。开山种地唱山歌,薅秧除草唱秧歌,摘茶治茶唱茶歌,放牛岗上唱牛歌,过年玩灯唱灯歌,沿门要饭唱门歌,新娶媳妇唱喜歌;还有打夯歌、春碓歌、纺纱歌、摇篮歌;连送茶水、喊吃饭、打盘收工、晚间乘凉等等均有歌,真是乡间无处不飞歌。而且每个门类中又有许多子类。如灯歌中就有花鼓歌、跑驴歌、五马破槽歌、五花彩歌、对花名歌等等;每样歌又都有自己的词曲样式,如花鼓歌中就有六安调、舒城调、霍山调,锣鼓点子也不同。在这些歌中,既有传统固定的唱词,又有望风采柳、信口拾来的即兴创作,真是歌民肚子富如海。"①

皖西民歌内容包罗万象,涉及生活的方方面面,形式曲调上也多种多样。其中山歌中的"五句山歌"流传尤为广泛,"五句山歌"又称"五句头"或"俏五句",一般一、二、四、五句押韵,前四句铺叙渲染,最后一句概括、点化或加以生发,起到画龙点睛的作用,给人以生动鲜明、意犹未尽的感觉。如:"椅子缺腿两边晃,哥无情妹日夜想;想妹吃肉不知味,想妹喝酒不觉香,想妹丢魂断了肠!"又如:"清早起来往南来,十棵桃花九树开。一棵桃花骨嘟嘴,蝶不惹花花不开,姐不撩郎郎不来。"

**(二)善于运用多种修辞手法**

皖西民间歌谣大量使用赋、比、兴、反复、加衬、夸张、双关等艺术手法,达到了极好的艺术表达效果,充满了率性自然、灵动质朴的气息。

赋、比、兴是自《诗经》时代就被广泛运用的艺术手法,直到今天依然极富艺术表现力。赋,即铺陈描写,"民歌中的赋多选取生活中最典型的事物,加以艺术的概括和描写,朴素自然,毫不雕琢"②,皖西民歌亦是如此。如《等郎》:"约郎约到月上升,等郎等到月落时。不知郎处山低月出早,还是妹处山高月出迟。"寥寥数语,刻画出热恋中的女子等待情人却未等到时的心理和情态。又如《门前挂盏灯》,描绘了一幅军民鱼水情深的画

---

① 陈良亭:《蕴流民间的古老明珠》,《大别山晨刊》2008年1月24日。
② 段宝林:《中国民间文学概要》(第四版),北京大学出版社,2009年版,第166页。

面:"睡到夜更深,门前在过兵;又不要茶水,又不喊百姓。只听脚步声,不闻人作声;伢们不要怕,红四方面军。媳妇快起来,门前挂盏灯;照在大路上,同志们好行军!"虽然过去了几十年,但是今人依然能从歌词中体会到人民对红军深深的拥护之情。

皖西民歌中的铺陈内容丰富,形式上也是多种多样,有按数字顺序铺陈的(如《十杯酒》《十把小扇》),有按季节时令顺序铺陈的(如《四季花》《苏区四季歌》),也有按方向顺序铺陈的(如《东西南北古人名》)等等,可谓不拘一格。

比就是比喻,兴是先说其他事物来引出自己要表达的事物。皖西民歌中的比、兴手法俯拾皆是,歌民眼之所见,耳之所听,随手撷来,自然成趣。比喻,如唱割稻"只见银镰赶金浪,赶得黄金堆成山",唱女人回娘家"右手拿着海棠红,左手又抱银娃娃,好比荷叶罩莲花";起兴,如"柳树发芽嫩枝枝,幼年不学到何时","日头周边云成堆,哥哥都把妹妹追",由此及彼,水到渠成。比兴常常放在一起使用,如"天上浮云赶浮云,地下鹞鹰赶鹌鹑;猫在梁上赶老鼠,红娘房中赶张生(罗),世上新人赶旧人(呐)",以一串事物类比,风趣地引出"世上新人赶旧人"这一主题。

反复和加衬也是皖西民歌常用的手法,这既是出于演唱曲调和节奏的需要,也使得歌谣产生一唱三叹、节奏优美的效果。如《好比宝钏抛绣球》:"太阳出来(哎)往上游,妹在园里摘石榴。郎在园外讨个吃(哟),妹把石榴往外丢,好比宝钏抛绣球(咪哟),我的情郎哥呀,好比宝钏抛绣球(咪哟)。"

皖西民间歌谣特别是情歌中,大量使用夸张、双关。夸张如:"绣花姑娘绣得高,绣个鸳鸯溜塘梢,绣对鲤鱼来戏水,绣上绿翠把鱼钓,尾巴一甩鱼活了。"双关如:"太阳出来慢慢高,放个风筝天上飘。郎说风筝放得远,姐说风筝放得高,风筝就怕线不牢。"比喻和夸张往往配合使用,如:"翻过一山又一山,哥哥还在山那边。撕条白云做腰带,天涯海角把哥缠。"或者是比喻和双关连用,如:"送郎送到半山坡,手扶古藤劝哥哥。劝哥莫跟古藤学,缠了这棵缠那棵,缠到好的忘了我。""兰草花五瓣子开,三瓣正来两瓣歪。要正你就正到底,要歪你就歪过来,何必正正又歪歪。"

  植根于皖西热土上的皖西民间歌谣,如同散落在皖西高山翠壁、溪谷沃野和集镇乡村的璀璨明珠,调查、整理、保护、继承和发扬皖西民间歌谣,采撷起这些明珠,使之焕发出新的光彩,是我们义不容辞的责任。

**思考与练习**

  1.皖西民间歌谣从内容上可分为哪几类?分别表现了哪些生活内容?

  2.结合相关歌谣,论述皖西民间歌谣的艺术特点。

  3.思考当前我们应该如何继承和发扬优秀的皖西民间歌谣艺术。

  4.搜集自己家乡最具代表性的民间歌谣,与同学们交流讨论。

# 第四章　皖西民间谚语、歇后语、谜语、对联

## 第一节　皖西民间谚语

谚语是流传在民间的口头文学形式之一,它以朗朗上口的概括性语言记录劳动者的生产劳动经验和他们对生产、社会的认识。谚语用词精当准确、形象生动,形式短小有力、节奏明显,内容上涵盖了社会生活的方方面面,可谓凝练如纯金、结晶如钻石,是民间语言的精华。

在以往的皖西地区,读书识字、学习书本知识是少数人的事情,普通百姓的生活常识、经验教训等主要是靠谚语等代代相传的。谚语所讲的道理和经验是人们在长期实践中总结出来的,反过来又成为指导人们生产生活的行为准则。谚语以其高度的概括能力、透彻的说理能力被皖西人民广泛应用,在皖西民间,掌握、使用谚语的多少甚至成为衡量一个人是否有口才、有知识的标准。

皖西地区特定的社会历史、自然环境、生产生活方式形成了皖西谚语的特色,透过皖西民间谚语,我们可以领略皖西人民的智慧,还原他们生产和生活的原貌。

**一、皖西民间谚语的内容**

皖西民间谚语的内容十分丰富,涉及人们的日常生活、农业生产、自然气象、医药养生等方面,简直就是一部口头百科全书。下面我们通过认识皖西民间谚语中的几种主要谚语——农事谚、气象谚、社会谚、生活谚,来了解皖西民间谚语的丰富内容。

**(一)农事谚**

皖西劳动人民在千百年来的生产实践中总结出了丰富的农事经验,皖西民间谚语中的绝大多数都是与农业生产有关的农事谚语。

1. 关于各种农作物的生长规律的。如:

十成稻子九成秧,栽秧要栽扁蒲秧。

麦黄三晌,稻黄一七(七天)。

麦怕半夜雨,稻怕午时风。

香椿树头碗口大,快把早秧下。

麦耙紧,豆耙松,秫秫(高粱)耙得不漏风。

豆子扬花,田里栅虾。

干打苞水出穗,不收稻;水打苞干出穗,收稻。(稻子打苞开花时,田里要有水,出穗时田里要干)

六十天荞麦四十天花,濛濛细雨收到家。(荞麦生长周期短,一般为60天,下种20天后便开始开花,边开花边拔节,花期40天;荞麦耐干旱,只要有一点雨水,即使是濛濛小雨,就能收获)

麦种到年,看看什么田。

田兴埂,地兴沟,稻长在埂上,麦长在沟里。

麦是胎里富,底肥要上足。

棉花不打岔,不长桃子光长架。

种棉有三宝,捉虫施肥勤除草。

蚕豆不用粪,就要八月土里困。

玉芦(玉米)锄草豆锄花,油菜浇花麦浇芽。

早芝麻,迟绿豆,收起来无估头。

四月八,雨霎霎,高田洼地种芝麻。(雨霎霎,指雨小;天气干旱,不论高田还是洼地,都只能种耐旱的芝麻)

灰里芝麻泥里豆,歇耙雨麦渐渐瘦。(芝麻需要土质松软,而豆子对土质要求不高,不管土疙瘩还是稀泥都能生长;对于麦子来说,如果刚刚耙过田之后就下雨的话,因为田里积了水,种子被泡过,麦子长得就不壮)

淹不死白菜,干不死葱。

二月二,黄瓜瓠子都下稼。

十月二十五,扎根不出土。(过了十月二十五播种的麦子,虽然扎根,但麦苗生长缓慢)

九月桂花黄,家家种麦忙。

七月长禾,八月长砣(山芋)。

四月十六阴半天,尼姑和尚都种田。

三月天气难,秧要暖和麦要寒。

一天一个暴(暴雨),田埂都长稻。

头伏萝卜二伏菜。

千犁万耙,不如早插一下。

2. 关于牲畜饲养的。如:

秀才不离书,种田不离猪。

看猪没得巧,只要窝干食饱。

看猪不赚钱,回头看看田。

穷不丢猪,富不丢书。

庄稼无牛客无本。

春牛要露,冬牛要焐。(春天早放,冬天迟放)

3.关于树木种植的

皖西大别山区,农业耕地少,气候条件适合杉、竹、茶、油桐等经济林木的生长,经济林木的种植是当地农业生产的重要组成部分,因此,这些地区的谚语有不少是关于树木种植的,如强调树木种植的重要性,总结树木栽种的经验等。如:

桃三杏四梨五年,枣树栽下当年甜。

冬至栽竹,立春栽树。

砍四留三不过七。(指竹子砍伐年限)

家有千棵桐,子孙不受穷;家有千棵竹,根根肋巴骨。

七年梓五年桐,三年苹果满山红。

栽松不松,栽竹不筑。

冬至栽竹,立春栽树。

种田又育林,才是当家人。

山中有树年年绿,前人栽树为后人。

不栽树,不育林,遗祸无穷害儿孙。

不怕瘦土不长树,只怕人懒手不勤。

山上无树光沙石,平畈无林晒日头。

房前屋后勤种树,花红果绿好门庭。

田里无禾不结子,山上无林水土流。

无粮无水家无木,有粮有木少求人。

高山茶,平地麻。

## (二)气象谚

古代农业生产是社会的经济支柱,与天气物候关系密切,尤其在传统皖西社会,农业主要是靠天吃饭。人们要充分掌握天时与物候的规律,最大限度地发挥自然界的积极影响作用。因此,气象谚是皖西民间农谚中的主要组成部分。

1.节气农事谚

二十四节气是千百年来人们从农业生产实践中总结出来

的反映物候变化、掌握不同季节农事规律的重要农时节点。皖西农谚中关于二十四节气的内容详细而完备。如：

打春冒阳气,哪个讲冷放他娘的屁。

雷打惊蛰,五谷丰足。

清明要晴不得晴,谷雨要淋不得淋。(清明的时候,天气晴朗有利于作物生长,谷雨时下雨有利于作物生长,但天公往往不作美,要晴的时候不晴,要下雨的时候不下雨)

清明晒死柳,三铺麦子打一斗。(铺:割麦子时,边割边把麦子整齐地铺放在地上,一铺大约二三米长。"三铺麦子打一斗"是指收成好)

清明泡稻家把家,谷雨泡稻普天下。

清明不断雪,谷雨必有霜。

二月清明不要慌,三月清明早下秧。

过了惊蛰节,春耕不停歇。

谷雨前,种子棉。

立夏十天连枷响。(连枷:也称"连枷",一种手动连续旋转拍打以脱粒的农具)

打连枷

小满不满,芒种不管。

芒种田里无青麦。

夏至点黄豆,长死一榔头。(迟种低产)

夏至麻叶翻,十八天淹大湾。

夏至不下,搁犁搁耙。

吃过夏至面,一天短一线;吃过冬至瓜,一天长一纱。

葱怕露水韭怕晒,处暑萝卜白露菜。

秋分不露头,割草(指稻)喂老牛。

打鼓(雷)立秋,六谷天收。

寒露油菜霜降麦,闰月不点十月麦。(能够播种的时间)

寒露早,立冬迟,霜降种麦正当时。

霜降见霜,米谷满仓。

2.气象谚

除了节气外,皖西人民还注意观察天气变化的规律,如风雨雷雪、阴晴寒热等的变化和前兆,这方面的谚语提供了预测天气的经验和知识。如:

早哇阴,晚哇晴,半夜哇来水淋淋。(哇,一种鸟发出的叫声。皖西地区称此鸟作"哇子""夜哇子",鹭鸶属,灰白色)

早看东、晚看西,有雨无雨可先知。

早上火烧晴不到中,晚上火烧一场空。

东风刮得紧,穿着蓑衣(一种草编的防雨用品)等。

早上天起鱼鳞斑,晒稻晒草不用翻。

天起鱼鳞斑,地下晒草不用翻。

东虹日头西虹雨,南虹北虹干河底。(虹,即彩虹,皖西方音读 jiàng)

露曦虹,点点凼(dàng,较小的水坑)。

乌云接日晴不到黑。

老猫眯眼,晴不到晚。

五月南风发大水,六月南风井透干。

四月十二湿了老鸹毛,五月麦子水里捞。

正月二十阴,阴阴搭搭到清明。

有雨四方亮,无雨顶上光。

(太阳)正中现一现,三天不见面。

(雨)前蒙蒙无大雨,后蒙蒙不得晴。

太阳下山烟紫红,不是雨来就是风。

天黄有雨,人黄有病。

雨洒中,两头空。

不怕初一下,就怕初二阴,初三下雨十三晴,二十四五放光明。

月月东风月月下,就看东风大不大。

一年四季东风雨,只有伏天东风晴。

蜻蜓飞得低,明朝穿蓑衣;蜻蜓飞得高,明朝天气好。

蜘蛛结网天必晴,蚂蚁过路天要阴。

蛤蟆哇哇叫,大水淹锅灶。

水缸返潮,大雨难逃。

粪坑冒泡,大雨将到。

日晕三更雨,月晕午时风。

乌云接月亮,大小有一场。

雷打正月节,二月雨不歇,三月操干田,四月秧起节。(霍山)

雷打正月节,二月雨不歇,三月没得栽秧水,四月干得田开裂。(寿县)

重阳无雨一冬晴。

春雾雨,夏雾热,秋雾凉风冬雾雪。

三月还有桃花雪,四月还有柳条霜。

过过十月节,下雨就下雪。(下雨往往会夹带雪花)

一场雾一场雪。

### (三)社会谚

社会谚的内容多涉及为人处世、待人接物等方面的社会经验和行为准则,它是人们智慧和信念的一个重要来源,千百年来被奉为道德训诫和规范行为的信条。如:

田边好溜,碗边难溜。

人要脸,树要皮。

庄稼没兴(种植)好误一季子,媳妇(或婆家)没讲好误一辈子。

自小不成驴,到老还是驴驹子。

做到老学到老,还有三桩没学到。

咸鱼哪能给猫做枕头。

家鸡打,满院转;野鸡打,满天飞。

家鸡一打团团转,野鸡不打也是飞。(金寨)

看人家吃豆腐你牙快,轮到你吃上手拙。(看见别人干事情,自以为能做得很好,等到自己真正动手做时,却发现很难。)

人是英雄钱是胆。

儿女不在多,一个抵十个。

叫人不折本,舌头打个滚。

人情大似债,头顶锅儿卖。

墙倒就怕众人推。

人熟理不熟。

吃了饼子,套住颈子。

人怕淋头雨,树怕钻心虫。

宁可得罪君子,不可得罪小人。

有智吃智,无智吃力。

# 第四章 皖西民间谚语、歇后语、谜语、对联

靠山吃山,靠水吃水。

小不拿针,大不拿金。

小时偷针,大时偷金。

平时不烧香,临时抱佛脚。

不听老人言,吃亏在眼前。

天上雷公,地上母舅。

逮鱼摸虾,误了庄稼。

逮鱼摸虾,并不发家。

一个老头会九样,吃了早上没晚上。

生意不成,语言未到。

生意不成仁义在。

河边无青草,饿死多嘴驴。

鸡叨千口,不如鸭一铲。

吃家饭,屙野屎。

当面鼓对面锣。

放倒树逮老鸹。(做事呆板,不敢冒险,要有保证,志在必得,但是往往落空)

风吹鸭蛋壳,财去人安乐。

公马瘦,公房漏,公家的东西拿不够。

猴子不上树,多敲两锤锣。

里做师姑(尼姑)外做鬼。

大门半掩,主人离家不远;大门紧闭,肯定有戏。

家有千金,不如日进分文。

人无钱不行,鸟无翅不飞。

晴带雨伞,饱带干粮。

劈柴劈小头,问路问老头。

进门看脸色,出门看天色。

有钱难买回头望。(出门时,对休息住宿过的地方要检查,不要落了东西,烟火要熄灭等)

小心没有多余的。

先不要急,后不要挨。(走远路的经验)

不怕慢,就怕站。(走远路的经验,慢慢走,比经常站住停下要快)

走远路怕水,走近路怕鬼。(远路不明情况,遇水不好办;近路情况太熟,哪里有危险全知道)

从皖西民间谚语中,我们可以看到皖西人民的诸多优良传统:勤劳节俭、自强自立、宽容谦让等。如:

一顿省一口,一月聚成斗。

一天省一把,三年买匹马。

勤俭耕作般般有,好吃懒做样样无。

积财好似针挑土,浪费犹如水退沙。

坐吃山也崩,手勤不受穷。

不怕荒年,就怕靠天。

没有懒土,只有懒人。

早起三光,迟起三慌。

家有千斤油,不点双灯头。

好男不吃分家饭,好女不穿出嫁衣。

儿孙自有儿孙福,莫替儿孙做马牛。

穷没有穷根,富不过三代。

穷不向亲,冷不向灯。

抬头求人,不如低头求地。

吃不尽的亏,倒不尽的巧。(倒巧:占便宜)

## (四)生活谚

大多是关于医疗卫生和养生保健方面的谚语,也有关于饮食、饮茶习惯的。如:

萝卜进城,郎中关门。

扁豆进城,药店关门。

饭后喝口汤,胜似开药方。

常洗足,胜吃肉。

桃饱人,杏伤人,李子树下抬死人。

大寒不寒,人马不安。

春分有雨病人稀。

粗茶细喝,细茶粗喝。

评茶三桩:色、味、香。

## 二、皖西民间谚语中的传统习俗

民间语言是保存民俗文化的天然宝库,皖西地区的各种民俗事象遍布在民间谚语中,我们从这些民间谚语中甚至可以看到许多在现实生活中已经消亡或即将消亡的古老民俗。如:

干娘干老子,一年一件花袄子。

皖西民间,为了孩子长命、好养活,往往有"认干亲"的习俗。认了干亲,每年春节,即使自己家的孩子没有新衣裳穿,干爹干娘都要给干儿女缝制一件新衣裳。

血了娘家一根草,子子孙孙穷到老。

宁肯人死,不许人生。

这两条谚语是有关生育习俗的。皖西旧俗,忌在娘家生孩子,认为女儿在娘家生孩子,会将婆家的邪气带到娘家来,使娘家不吉利、不兴旺;婆家则认为,在妇女娘家生下的小孩,带有外族人的邪气,对婆家是危险的。所以临产期的妇女不回娘家,万一在娘家临产,也要急速抬走,如果实在送不回婆家,必须在娘家生下的话,也只能在侧房或医院接生,而且孩子出生后,母子在一个月内不进娘家的堂屋。①

---

① 霍山旅游百科－霍山民俗(五) http://huoshanlvyou.h.baike.com/article－186561.html.

> 宁借给人停丧,不借给人成双。

皖西习俗,借宿男女不得同床过夜,即使女儿带夫婿回娘家也不得同床过夜。皖西人认为让外人在家同房是不吉利的。①

> 女儿送了娘家灯,娘家穷断脊梁筋。
> 女儿送了娘家灯,娘家从此缺人丁。

皖西习俗,出嫁的女儿给娘家送礼时不能送灯。

> 拜年拜到初五六,一无酒,二无肉;拜年拜到初七八,一无烟,二无茶。
> 手拿镰刀去割麦,家里来了拜年客。
> 正月十五大似年,吃块肥肉好下田。
> 过了正月半,各人寻事干。

春节拜年通常在正月初四以前结束,在这之后,主人家年前准备的酒肉等都被各位拜年客吃喝得差不多了,主人家也没有了刚开始拜年时的招待热情了。过了正月十五元宵节,人们就要开始春耕农忙了。不过,正月十五以后拜年的也还会有,往往只要在上半年初次见面,仍然称作拜年。

> 宁要青龙高万丈,不要白虎抬头望。
> 门向对湾,坟向对尖。(金寨)
> 坟对包,门对凹。(霍山)
> 驮梁锅台顺梁床。

这几条谚语是皖西民间有关建筑的。"宁要青龙高万丈,不要白虎抬头望",是指房屋讲究左高右低(左青龙右白虎)。皖西民间向来对门向、坟向非常讲究,门不能正对山尖,也不能对其他尖状物,如烟囱、塔、墙角、大树等,最好能对着凹处或水

---

① 霍山旅游百科—霍山民俗(五)http://huoshanlvyou.h.baike.com/article—186561.html.

湾；坟向则正相反。"驮梁锅台顺梁床"说的是锅台、屋梁、床的方位，锅台与屋梁的方向相交，叫驮梁，床与屋梁一个方向，叫顺梁。①

拜年酒盅换盅，栽秧酒工换工。

皖西民间生产习俗。每年栽秧时节，大家相互帮忙，主人家要请帮忙的人吃栽秧酒，所谓"工换工"。

### 三、皖西民间谚语的押韵

谚语是劳动人民生产生活经验的总结，在口语中，人们以便于记忆、流传的方式来表达传播这些宝贵的知识和经验，押韵就是便于记忆和流传的方式之一。皖西大部分民间谚语都是押韵的。

皖西民间谚语的押韵比较宽松，可以是句末音节相同，也可以是韵母相同、韵腹韵尾相同或读音大体相近，如：

跟好人学好人，跟狼虎学咬人。（音节相同）

人哄地皮，地哄肚皮。（音节相同）

一天只斗两毛三，不如拾草掏黄鳝。（韵母相同）

牛马年，好种田。（韵母相同）

四十四，插根刺。（韵母相同）

日头倒照，淹得冒泡。（韵母相同）

有钱难买五月旱，六月连阴吃饱饭。（韵母相同）

楝树开花你不做，蓼子开花把脚跺，十冬腊月靠哪个？（"个"方音为 guò，故韵母都相同）

天上龙肉，地上驴肉，赶不上火烧芋头。（前两句音节相同，与后一句韵母相同）

田改地有一季，地改田有一年。（小句内押韵，韵

---

① 霍山旅游百科－霍山民俗（二）http://huoshanlvyou. h. baike. com/article－186549. html.

母相同）

人怕老来穷,稻怕午时风。（韵腹韵尾相同）

惯子不孝,惯狗上灶,肥田出瘪稻。（韵腹韵尾相同）

有雨四边亮,无雨顶上光。（韵腹韵尾相同）

日落云彩长,半夜听雨响。（韵腹韵尾相同）

天上勾勾云,地下雨淋淋。（读音大体相近）

句末押韵,再加上整齐的句式,使谚语说起来朗朗上口,听起来悦耳动听,便于记忆、表达和传播。

皖西谚语的押韵是以当地方言语音为基础的,如果换成普通话或其他方言读出,就不一定押韵了。如:

云向东一场风,云向西淹死鸡,云向南水漂船,云向北晒稻麦。

"北"与"麦"在普通话中不押韵,而皖西各地两者韵母都是"e"。

## 四、皖西民间谚语中的特色词语

谚语来源于当地百姓的生产生活,反映他们的思想情感、理想愿望、知识经验、聪明才智,千百年来活在当地人们的口头上,因此在词语的使用上具有浓郁的地域风格。皖西民间谚语使用了许多当地特有的词语,使表达更准确亲切,表意更生动传神。如:

谷雨摘不得,立夏摘不彻。

"彻"与动词组成"动词＋得/不＋彻"的短语,表示某事来得及或来不及做。"摘不彻"指茶叶长得快,忙得摘不过来。

穷汉子莫信富汉子怂,桐子开花泡稻种。

穷汉不听富汉怂,楝树开花就下种。

怂：怂恿，撺掇，捣乱。

  稻薅三交涨破壳，棉锄九交白如雪。

交：量词，遍。

  三早贴一工。

  十件褂子不如一件袄子，十个叔子不贴一个老子。

  一餐吃个猪，贴不到一觉呼。

贴：抵得上，比得上。

  五黄六月做顺工，十冬腊月饿信种。

顺工：指容易找到的零碎活；信种：容易轻信别人，又懒又傻的人。

### 五、皖西民间谚语的句式

皖西民间谚语在句式上具有一般汉语谚语句式的共同特征，主要表现为意合法复句居多，句式整齐简短。

#### （一）意合法复句居多

皖西民间谚语单句很少，大多为复句；而在复句中，绝大多数运用意合法创造，运用关联词的极少。

皖西民间谚语中的单句，如：

  冈头驴偷吃麦麸子。

  远亲不如近邻。

  响鼓不用重槌敲。

皖西民间谚语中用意合法复句构成的谚语非常普遍，意合谚语不但语言简洁，而且能够适应多种语言环境，如：

  做事留一线，日后好见面。

这条谚语可以是因果关系，也可以是假设关系、条件关系，因此,它可以运用于反映因果、假设、条件等多种不同关系的语境中。

> 人哄地皮,地哄肚皮。

这条谚语可以是假设关系,也可以是条件关系。

这些用意合法复句构成的谚语,如果运用关联法的话,它们所适用的语境就会非常单一。

### (二)句式简短整齐

皖西谚语内容丰富,意义深邃,而句式短小精悍,可谓言简意赅,具有鲜明的汉语言民族特色。单句谚语音节数量一般比较多,比如五言、七言、九言等。如:

> 光蛋养娇子。(穷人也容易把孩子惯坏)
> 宰相也怕千人怨。
> 腊月白菜赛羊肉。
> 东沿云彩不救西沿田。

如果单句较长,往往运用停顿,分成前后音节整齐的两个部分,如:

> 腊七腊八,冻掉下巴。
> 瓦屋檐前水,点点落旧窝。
> 庄户人家有三宝:丑妻薄地破棉袄。

复句谚语从各分句形式看,音节数量从三言到七言都有,但以四言、五言为多。如:

> 想着急,做生意。
> 霜后暖,雪后寒。
> 日头倒照,淹得冒泡。
> 七月长禾,八月长砣。
> 粒米蓄成箩,滴水流成河。
> 鲜花自然香,不必当风扬。

满桶水不荡,半桶水晃荡。

下雪就晴天,不用问神仙。

吃了端午粽,才把寒衣送。

外头要有挣钱手,家里还须聚宝瓶。

养儿不教如养驴,养女不教如养猪。

一日黄沙三日雨,三日黄沙九日晴。

八月初一雁门开,乌雁头上带霜来。

但不论是分成前后两部分的单句,还是由分句组成的复句,前后音节数量一般都相等,如上面各例。而且,复句谚语的前后分句之间结构一般相同,"想着急""做生意"都是动宾结构,"粒米蓄成箩""滴水流成河"都是主谓宾结构,"外头要有挣钱手"和"家里还须聚宝瓶"都是存现句。这些都使得皖西民间谚语从形式上看整齐匀称,富有节律感和音乐美。

### 五、皖西民间谚语的修辞格

作为民间语言的精华,谚语的生命力顽强,能够流传久远,这一方面因为它内容的深邃朴素,另一方面也与它巧妙活泼的修辞手段有密切的联系。皖西民间谚语在表达上不拘泥于形式,灵活运用多种修辞格。

**(一)比喻**

就是打比方,用本质不同但有相似点的事物描绘事物或说明道理,[①]是修辞方法中最常见的一种,在皖西民间谚语中运用也很普遍。比喻的运用使生活中复杂、抽象、深奥的事物简单化、具体化、浅显化,使表达更加生动鲜明。如:

稻薅三交涨破壳,棉锄九交白如雪。

春水贵如油,点滴不白流。

---

① 详见黄伯荣、廖序东:《现代汉语(增订五版)》,高等教育出版社,2011年版,第191页。

家有一老,无价之宝。

正月二十晴,果木挂油瓶。(以油瓶比喻树上的果子长得好,泛着油光。)

吃了冬至面,一天长一线。(把无形的时间比作有形的"线",以"线"之细比喻时间每天细微的变化。)

做事留一线,日后好见面。(以"线"比喻做事留下的可转圜的空间、余地,不能把事做绝。)

半桩子,饭仓子。("半桩子"比喻十几岁的半大小子,"饭仓子"比喻这个年龄的小伙子的饭量大。)

### (二)比拟

把物当作人或把人当作物来写,或把甲事物当作乙事物来写,①这种辞格叫比拟。皖西民间谚语中,拟人的较多。如:

麦盖三层被,头枕馍馍睡。

七月杨桃(猕猴桃)八月楂(八月裂,学名三木通,八月成熟),九月毛栗笑哈哈。

八月楂

喜鹊洗澡,大雨飘飘。

高山戴帽(指山顶有云雾),歇工睡觉。

把"麦""毛栗""喜鹊""高山"人格化,使它们具有人的动作

---

① 详见黄伯荣、廖序东:《现代汉语(增订五版)》,高等教育出版社,2011年版,第195页。

情态,形象生动,富有情趣。

> 月亮长了毛,有雨在明朝。

谚语中把"月亮"当作能长毛的动物,活泼有趣。

### (三)借代

借代,不直接说某人或某事物的名称,借同它密切相关的名称去代替。[①] 如:

> 秋分不分,拿刀砍青。

"青",以植物的颜色来代指植物本身。秋分时,秋收作物一般都成熟了,是收获的时节,如果此时豆类作物(如豇豆、黄豆、绿豆等)的植株尚未结角的话,即使颜色青绿也要拿刀砍掉了,因为节气已过,不会再结果实了。

> 放牛岗上无老少。

"放牛岗"代指坟地,坟地附近无庄稼,多青草,人们常在此放牛。

> 一文钱憋死英雄汉。

以"一文钱"代指所有微小但让"英雄汉"也为难的经济问题。

### (四)对偶

对偶,是结构相同或基本相同、字数相等、意义上密切相连的两个语句,对称地排列的辞格。对偶使语句结构匀称、形式整齐,内容的表达凝练集中,富有民族特点,[②]在皖西民间谚语中运用广泛。

皖西谚语来自民间,口语性较强,在格律上要求不很严格,

---

[①] 详见黄伯荣、廖序东:《现代汉语(增订五版)》,高等教育出版社,2011年版,第196页。

[②] 详见黄伯荣、廖序东:《现代汉语(增订五版)》,高等教育出版社,2011年版,第211页。

对偶中词性和平仄都不会刻意求工。如：

> 借水湾船,傍亲落脚。
> 水不可斗量,话不可冒讲。
> 好男一身毛,好女一身膘。
> 三伏多酷热,三冬多雨雪。
> 淋不死南瓜,晒不死棉花。
> 打死会拳的,淹死会水的。
> 早秧水上漂(浅栽),晚秧插齐腰(深栽)。
> 人敬有钱汉,狗咬破衣人。
> 看菜吃饭,量体裁衣。
> 行要好伴,住要好邻。
> 鸡冷上架,鸭冷下水。
> 人要忠心,火要空心。
> 树大分丫,户大分家。
> 饥不择食,穷不择妻。
> 儿大不由父,女大不由母。
> 就汤下面,借风点火。
> 一挑粪进,一挑谷出。
> 三伏不热,五谷不结。
> 大雪纷飞,粮食成堆。

## (五)排比

把结构相同或相似、语气一致、意思密切关联的句子或句子成分排列起来形成的辞格叫排比。[1] 皖西谚语运用排比列举多种事理,表达多角度的认知和更强烈的语气。如：

> 十月上场雾,江湖成大路;冬月上场雾,讨好打渔户;腊月上场雾,讨好种田户。

---

[1] 详见黄伯荣、廖序东：《现代汉语(增订五版)》,高等教育出版社,2011年版,第212页。

云彩跑南,阴沟撑船;云彩跑北,扫场晒麦;云彩跑东,一场狂风;云彩跑西,骑马送蓑衣。

养个女儿是金牻牛,养个儿子是日夜愁,讨个媳妇是死对头。

### (六)层递

根据事物的逻辑关系,运用结构相似、内容递升或递降的语句,表达层层递进的事理,这种辞格叫层递。其内容层层递进,使人们对事物的认识也层层深化。① 如:

一个儿子怕怕怕,两个儿子光打架,三个儿子老头老妈分四下。

正呆子,二慢子,三月饿死长汉子。(从正月开始,白天逐渐变长,干活的人长时间劳作,因饥饿而行动迟缓,所以,是"呆子""慢子";"长汉子"指长工。)

一九二九,袖里抄手;三九中心腊,河里冻死鸭;五九六九,扬花看柳,七九六十三,行路人把衣担;九尽杏花开,阳气往上来。

除去以上几种辞格外,皖西谚语中还有其他辞格的运用,比如夸张、回环等,它们共同增强了谚语的表现力,使之流传久远。如:

七城墙,八锅底,七十二张老牛皮。(形容人脸皮厚,夸张)

六月六,鸡蛋晒得熟。(夸张)

人哄地,地哄人。(回环)

---

① 详见黄伯荣、廖序东:《现代汉语(增订五版)》,高等教育出版社,2011年版,第214页。

## 第二节 皖西民间歇后语

歇后语,又叫"俏皮话",是民间语言的一种特殊表现形式。所谓"歇后语",就是前后分成两部分,前一部分描述出一种具体形象或情态,以引出后一部分的抽象、普遍的意义。后一部分常常省略不说,故有此名。与谚语相比,歇后语不讲究对仗、押韵,也不拘字数多少,更加活泼、生动、幽默、风趣,口语性更强;或讥讽,或责骂,或戏谑,或打趣,感情色彩更加鲜明。

皖西地区的歇后语是皖西广大人民群众在丰富的生产生活实践中创造出来的,与当地人的生活密切相关,洋溢着浓厚的生活气息,体现着浓郁的皖西地域特色。皖西民间歇后语也是皖西人民经验和智慧的结晶,想象奇特,构思巧妙,语言诙谐,表述生动,具有独特的艺术感染力。

**一、皖西民间歇后语中的双关**

皖西民间歇后语的艺术表现手法有多种,最常用的是双关,如谐音双关、同音同形异义双关、转义双关等。

1. 谐音双关

马桶掉了底子——成分(盛粪)不好

卖稀饭的摇头——不成(不盛)

毛厕缸里的搅屎棍——不能文(闻)不能武(舞)

反穿皮袄——装佯(羊)

老公鸡跳到竹罩子里——不闻名(鸣)也听声

两条腿伸到一条裤腿里——病(并)了

五十两银子——一定(锭)

三分钱买一个裤带——(你给我)记(系)着

麻埠街的董事——干(甘)大老爷

八里滩过去——横摆(排)头

皖西民间歇后语的谐音反映了当地方言的语音特点,

比如：

晚黑打灯笼捞粪——找死（屎）

裤裆里裹泥巴——不是死也是死（屎）

半天空里蜘蛛网——高师（丝）

皖西地区方言的平舌音往往与翘舌音相混,"是、事、市、屎、视、师"等字的声母发音是"s"而不是"sh"。

六月心穿棉鞋——寒角（脚）

半截空里伸腿——不是凡角（脚）

半天空掉下鹅爪子——厌角（雁脚）

老母猪吃火煤子——自觉（嚼）脆

在皖西大部分地区方言中,"脚、嚼"等字的韵母是"üe"而不是"iɑo"。

独眼龙看月亮——好大毒心（独星）

锅台上睡觉——尽管（颈罐）放心（颈罐：锅台靠近烟囱的地方叫锅台颈子,在锅台颈子安一个铁罐子,叫"颈罐",颈罐利用烧锅的余热把水加热。）

士林布褂子——里外难（蓝）

在皖西地区,方音里的"in、ing"前后鼻音通常相混,所以,"心＝星""尽＝颈""士林布"听上去就是"司令布"。皖西大部分地区方音里的"n、l"混同,所以"难、南、男、楠＝篮、蓝、兰、栏、拦""辣＝那""奴＝卢、炉""努＝鲁、卤"。

2.同音同形异义双关

河沿底刮风——浪起来了

浪：(1)波浪；(2)放纵,放荡。

癞癞猴子（癞蛤蟆）扒秤杆——自称自

称：(1)测定重量；(2)赞扬。

癞癞猴子垫床腿——硬撑棍

棍:(1)木棒;(2)硬气,自高自大,含贬义。

以上分别表示(1)和(2)义的都是两个同音同形但意义不同的词,即同音词,而不是一个词的两个意义。上述歇后语就是分别巧妙地运用了两个词意义不同但音形相同的条件而形成双关的。

3.转义双关

  老鼠拉木锨——大头在后面
  巷廊子赶猪——直来直去
  大椒对烧酒——辣手对辣手
  明矾打水——清是清,浑是浑
  凉水拃鸡——一毛不拔

上述歇后语运用了"大头、直、辣手、清、浑、一毛不拔"等词语的表面义和引申义,形成转义双关。

## 二、皖西民间歇后语中的形象和内容

皖西民间歇后语是广大皖西人民在长期的生产生活实践中创造出来的,并不断积累、更新,凝聚着他们的智慧和经验。皖西民间歇后语内容十分广泛,大多数是人们日常生活中常见的事物,经过巧妙机智的联想和发挥而形成的,反映出皖西人民的各种生活状况与价值观念。

下面我们从人物、动物形象和几项生活习俗来解读皖西民间歇后语中的民俗文化。

### (一)皖西民间歇后语中的形象分析[①]

1.人物

出现在皖西民间歇后语中的人物,是一些在生活中经常被人们挂在嘴边津津乐道的人物,比如在生活中带有喜剧色彩的人物,有生理缺陷或地位贫贱的人物,其他从事特殊职业的人

---

① 依据陈克《中国语言民俗》,天津人民出版社,1993年版。

物等等。其中,前两类出现得比较多。

第一,生活中带有喜剧色彩的人物,大多集中于老太太、大姑娘、老头子、小孩子等形象,这类人物往往显得亲切可爱、幽默滑稽、憨态可掬、惹人发笑,可以说,他们是广大皖西民众集体无意识创造出来的自我形象。如:

八十岁老婆子走娘家——没几趟了

奶妈抱孩子——人家的

王婆卖瓜——自卖自夸

八十岁老头砍黄蒿——一日不死要柴烧

两个老头打架——不凶

犟老头遇到犟老妈——将(犟)好

大姑娘上花轿——头一回

小大姐卖尿壶——不通生意经

十八岁大姐绗(háng,指用针线粗缝)尿布——闲时绗忙时用

小孩攉(huō,皖西地区读如"火",舀起来并倒出去)虾子——一凼(dàng,水坑、水洼)一凼来

小孩不哭——完(玩)了

小孩吃糖——绝(嚼)掉了

这些歇后语中充满平凡的生活、善意的调笑,反映出皖西民众乐观豁达的生活情趣。此外,皖西民间歇后语中还经常涉及具有亲属关系的人物,尤其是姻亲关系,如:

老公公背媳妇过河——累死不讨好

亲家母花鞋——人家的

老丈母娘的大嫂子——大约莫(岳母)

女婿给丈人锻磨——白累

弟媳妇与大伯车水——俩扭劲

小姨子跑到姐夫怀里——好风(疯)

这些由婚姻而形成的亲属关系,因为敏感而更容易成为歇后语戏谑调侃和惹人发笑的对象,对人物关系的形象描述表现出强烈的乡土气息。

第二,有生理缺陷或地位贫贱的人物。有生理缺陷的人物形象如:

两个哑巴睡一头——没得讲(没话说、无话可说)

哑巴见了娘——没得讲的

哑巴打呵欠——要说话

眨巴眼养瞎子——一代不如一代

瞎子磨刀——快了

瞎子摸到皇历——总是书(输)

瞎子赶猪——干哄

瞎子打老婆——逮住一下是一下

聋子耳朵——摆设

秃丫头钻到娘怀里——娘不疼谁疼

小秃抹(mō)帽——头一名(明)

王麻子出痘子——出也这样,不出也这样

疤痢(bāla)眼照镜子——自找难看

臁(lián)疮(生于小腿上的一种脓疮)腿看戏——站不长

地位贫贱的人物形象如:

要饭的借算盘——穷有穷的打算

叫花子钻草堆——享天福

叫花子死了大张嘴——穷语未尽(啰嗦)

叫花子跑夜路——瞎忙活

叫花子捏鹰打鸡——整理(捏:捡拾;鹰打鸡:被鹰啄死的鸡。叫花子捡到了被鹰啄死的鸡,理直气壮、无可指责地捡了便宜。整理:完整的、充足的理由。比喻凭白捡到好处,但又合乎情理,无可指责。)

婊子立牌坊——假正经

通过上述例子可以看出,歇后语中表现出来的人们对弱者的态度,嘲弄远大于同情,这一方面跟歇后语的语言风格有关,也与中国民间缺乏对个人人格的尊重有关。

第三,其他从事某种职业的人物,包括与宗教有关系的人物。

从事某种普通职业的人物,有铁匠、裁缝、剃头匠、卖窑货的等,如:

铁匠死了不闭眼——欠锤

裁缝掉了剪子——就落吃(尺)了

裁缝打架——真(针)干

剃头挑子——一头热

挑窑货(陶瓷器皿的统称)断扁担——没一个好货

与宗教有关系的人物,如阴阳先生、天师、和尚、尼姑等。

阴阳仙摔老盆——一揽承包

"阴阳仙",民间对那些知阴阳鬼神、断风水观面相的人的称呼;"老盆",人死后,烧纸钱用的黄盆,出殡时,一般由长子在灵柩前摔碎。

张天师求雨——尽葫芦一甩

"天师"是对道教中各代传人的称谓,民间认为天师有呼风唤雨的技能。"尽葫芦一甩",表示倾尽全力做某事。

老和尚见到花轿哭——今生休想

小和尚娶亲——头一回

丈二和尚——摸不到辫子梢

瞎子进了尼姑庵——瞎摸

"和尚""尼姑"是佛教中的人物。

另外,皖西歇后语中还有一些当地民众熟悉的历史人物,如:

  刘大麻子打台湾——三两手工夫

"刘大麻子"指刘铭传,安徽肥西人,晚清著名爱国将领、台湾首任巡抚。中法战争中,率军击败法国舰队对中国台湾的进犯。在金寨县麻埠镇建有刘家圩子,后被响洪甸水库淹没。这条歇后语既表现了当地民众对刘铭传的崇拜之情,又有自豪、亲切之感。

  沈万三家茅厕——没我的份(粪)

"沈万三",浙江吴兴县(今湖州)人,明初江南第一富豪,在民间很有名气。《金瓶梅》里潘金莲说:"南京沈万三,北京枯树湾;人的名儿,树的影儿。"沈万三的富可敌国在皖西地区流传也很广泛,歇后语以自嘲的口吻表现了底层百姓对财富的向往和不能拥有财富的失落感。

### 2.动物

在日常生活中,皖西人民与各种动物具有或亲近或疏远、或友善或畏惧的复杂关系。这些动物有与之朝夕相处的家养动物,也有周围野生的各种飞禽走兽。皖西地处大别山区,生态环境丰富多样,家养的和野生的动物种类繁多。家养的动物有猫、狗、猪、鸡、鸭、牛、驴等,野生的动物有虎、豹、狼、獾、野猪、蛇、刺猬、兔子、鹰、画眉、杜鹃等。皖西人民所熟悉的这些动物形象大量出现在皖西民间歇后语中。关于家养动物的有:

  老猫扒开屎桶子——帮狗忙

  小猫上锅台——熟脚

  小狗子过门坎——嘴上前

  大老爷下乡——狗不过日子

  阉猪割耳朵——两头受罪

  老公鸡戴眼镜——眼小面子窄

一板脚蹬在老鸭屁股上——呱呱叫
　　牛栏做在田埂上——肥水不落外人田
　　骑驴看灯笼——走着瞧
　　骑驴子抱猫——六只眼睛瞅着

关于野生动物的有：

　　野驴拉车——不是正经牲口
　　老鼠钻进风箱里——两头受气
　　老鼠拖木掀——大头在后头
　　半夜起来打蚊子——丁集（叮急）
　　癞癞猴子打哈欠——好大的口气
　　癞癞猴子扒秤杆——自称自
　　癞癞猴子垫床腿——硬撑棍
　　癞癞猴子吃马蜂——亏它有这肚囊皮
　　癞癞猴子吃芝麻——点子多
　　屎壳郎戴花——臭美
　　屎壳郎戴眼镜——冒充知识分子
　　屎壳郎垫桌腿——凑合
　　秋后的蚂蚱——蹦不了几天
　　四顶山的蚂蚱——老油子
　　蚂虾（一种淡水河虾，体小，略透明，常见于田间
地头的水洼、水塘里）装到夜壶里——闷腔（枪）了
　　蚂虾过河——慌了大爪
　　黄鳝剁了头——不是出血筒子
　　剁尾巴的黄鳝——直蹦
　　草棵里的黄鳝——溜之乎也
　　麻雀跟着蝙蝠飞——熬眼带受罪
　　麻雀不吃菜籽——心里有数
　　斑鸠不吃麻籽——肚里有货
　　黄狼子过老鼠——一窝不如一窝了

黄狼子坐飞机——骚上天了

黄狼子跟老驴疼嘴——没它嘴大

黄狼子泥墙——好大的出手

黄狼子跟猫跑——夹骚哄

黄狼子赶集——就这一身皮

绣花针戳乌龟壳——穿不进

乌龟过门坎——有一跤跌

瓦罐养乌龟——越养越缩

白颈子老鸹(即寒鸦,胸腹部灰白色,其余部分黑色)——张口就是祸

土公蛇(一种灰色的毒蛇)咬板凳腿——空出一番毒气

水蛇爬到镰刀上——不缠

3. 神仙鬼怪

在皖西民间,千百年来,众多的神灵遍布城乡村镇的各色庙宇,深入千家万户、各行各业,各种神仙鬼怪控制着人们的精神世界。在各种风俗、习惯、礼仪、禁忌当中,我们都可以看到皖西人民对这些神秘力量的敬畏。但是,人们对鬼神的崇拜只是出于实用主义的态度,在内心深处,却又存在着不敬。正是因为皖西人民对鬼神既熟悉又有某种不敬,所以鬼神的形象经常出现在歇后语这种戏谑调侃性的语言之中。如:

五阎王死老子——小鬼都不信

小鬼晒太阳——没影子

蚊子叮菩萨——错认了人

泥菩萨过河——自身难保

灶老爷上天——好话多讲

狗咬吕洞宾——不识好人心

通过上述各种形象的梳理,我们可以了解皖西人民的生活环境,而通过下面几种习俗,我们则可以直击皖西人民生活的现场。

## (二)皖西民间歇后语中的习俗

1. 饮食习俗

有关饮食习俗的皖西民间歇后语很多,如:

腌菜烧豆腐——有言(油盐)在先

豆腐掉到灰里——不能吹不能打

豆腐渣上船——不是货

豆腐渣掉井里——一松到底

萝卜缨上桌子——不成席

南瓜花炒鸡蛋——正配色

满面胡子吃糖稀——裹拉住了

苏家埠挂面——搭上就扯

馍馍不熟——欠遛(馏)

麻花不吃——各扭别

豆腐:豆腐起源于安徽寿县的八公山地区,距今已有2000多年的历史。豆腐中质量最好的数寿县八公山一带的,叫作"八公山豆腐"。这种豆腐采用纯黄豆作原料,加上八公山的泉水精制而成,细、白、鲜、嫩,是当地的特色食品。

萝卜缨:也就是萝卜的叶子,收萝卜的时候缨子往往被扔在地里面做肥料。人们日常生活中食用较多的是萝卜,缨子很少被食用,所以说是上不得正经大席面的。

馍馍:皖西地处江淮之间,从全国地理位置上来说,处于南北方之间,百姓自古即有"居中"的心理,称本地之南的人为"蛮子",本地之北的人为"老侉"。反映在饮食上,则是融合了南方和北方的特点,日常既有米饭,也食用各种面食,如饺子、馒头等,不过,皖西地区"大馍"与"包子"的区别不像北方那么明显,有时,无馅的"大馍"也被称作"包子"。

2. 服饰习俗

有关服饰习俗的皖西民间歇后语如:

披着蓑衣打火——惹火烧身

蓑衣：以往皖西地区百姓用蓑草编织成蓑衣，披在身上防雨。干了的蓑草很容易燃烧。

士林布褂子——里外难（蓝）

士林布，皖西百姓又称作"蓝平布"，是在新中国成立前后较为流行的一种蓝布。当时人们服饰颜色单调，平时也很少添置衣裳。阴丹士林（英文 Indanthrene 的音译）是一类人工合成的染料，用阴丹士林染料染制的布匹，颜色鲜艳，比国产的布料更耐日晒和洗涤，其中蓝布最为畅销。在上世纪的皖西农村，直到七八十年代，用蓝平布做的衣服，还是很体面、很正式，也很难得的。

3. 节日习俗

有关节日习俗的皖西民间歇后语如：

年三十晚上借砧板——家家不空

年三十晚上打个兔子——有它不多无它不少

正月十五卖门神——迟了半个月

五月端午的粽子——欠剥

八月十五的火把——欠悠（悠：在空中转动）

门神：一般在农历新年时贴在门上。正月十五卖门神自然迟了半个月。

八月十五的火把：在皖西地区，八月十五中秋节又称作"火把节"。这一天晚上，孩子们都出来玩火把。火把的制作，早些时候是用竹棍加稻草，竹棍做火把的轴，轴四周捆上易燃耐燃的野草，外面包上稻草，一节节扎紧，一根火把约有 3 米长；后来也有的是把破布、棉花等放在盛有油的铁罐或易拉罐里，再用铁丝把罐子拴在竹竿、棍子上。孩子们拿着火把到处跑，甚至会把火把悠（转）起来呼呼生风。

### 三、皖西民间歇后语的幽默风格

歇后语被人称为"独特的东方幽默"，其最大的特点就是结构上的两段式,语言风格上的幽默风趣,而前者是形成后者的重要原因。皖西民间歇后语俏皮机巧、大胆泼辣、无所顾忌,反映了皖西人民丰富的想象力和乐观的生活态度,它使民间生活充满情趣,可以说是生活中的调味品,语言中的笑料。

皖西民间歇后语的幽默风格主要表现在以下几个方面:

**(一)歇后语的前半部分描述的现象滑稽荒唐**

1. 生活中的滑稽场面

  抬棺材掉裤子——哭的哭笑的笑

  大街上掉了裤子——会计(快系)

  冬瓜皮做帽子——霉上了顶

  戴着斗笠亲嘴——差一大截子

歇后语对这些现实生活中难得出现的滑稽场面进行惟妙惟肖的描述,让人似乎亲临其境,幽默感油然而生。

2. 不合逻辑、不合常理或生活中不会发生的现象

  屁股上长草——欠锄

  墙头犁田——一趟成功

  墙头跑马——路不长

  清水糊亮格子——两不粘

  拿着膏药进竹林——见棍就贴

  麦秸草捆鸡蛋——一头塌一头抹

  棒槌棍子拉胡琴——一粗二糙

  闭眼逮麻雀——自哄自

  半夜起来吹尿壶——点子想尽

  三九天睡猪槽盖冰冻——没有一面热人的

  牛栏做在田埂上——肥水不落外人田

  裹脚布做围嘴子——臭了一圈子

  稀饭倒进磨眼里——推(假装)迷糊

  大拇指掏耳朵——脸有一拃厚(一拃:指张开大拇指和食指或中指两端之间的距离)

上述歇后语中描述的现象都是近乎荒诞的假设和夸张,它们与现实生活极不协调,而荒诞从来都是形成幽默的重要因素。

**(二)歇后语后半部分的解释巧妙精到、出人意料**

夜黑摘茄子——老少一把抓

爆竹店失火——自己恭喜自己

一刀抹掉鼻子——不知哪面朝前

麻包里装菱角——里戳外捣(比喻做人不安分,到处捣乱,引发矛盾)

菱角

"爆竹店失火"本来是很可怕、惊心动魄的场面,可后半部分的解释却是富有喜庆色彩的"自己恭喜自己";"一刀抹掉鼻子",不用砍,用"抹",就已经带有了轻松戏谑的色彩,而后半部分的"不知哪面朝前"更是进一步消解了事情的悲惨、恐怖,增添了喜剧色彩。

歇后语后半部分的解释往往令人意想不到,但又生动贴切,可谓画龙点睛,前后两部分在意义表达和理解上形成反差、张力,产生幽默感。可以说,这些来自民间的皖西歇后语所表现出的睿智和能力一点也不比文人墨客的书面语言逊色。

**(三)不避粗俗**

皖西歇后语来自民间,是百姓在田间地头、庭前门后的日常生活用语,随口编就,张口就说,所以很少有正统文人语言的雕琢和讲究。在皖西民间歇后语中出现的词语往往不避俚俗、粗鄙,荤的素的、生猛海鲜,兼收并蓄,巧妙组合,使之广为传诵,为群众所喜闻乐见。比如上流社会或正式场合中不便启口而采用各种避讳之称的大小便、身体隐私部位等,在皖西民间歇后语中却常常直言不讳。例如：

  脱裤子放屁——多此一举
  关公放屁——不知脸红
  磕一个头放三个屁——做局没有丢人的多
  光屁股推磨——丢一圈子人
  屁股头挂钥匙——管哪一门的
  牛蛋子打苍蝇——瞎碰
  穿大褂子解溲——不限定（显腚）
  鸟毛棵的虮子——没人捋（理会）
  裤裆装磨刀石——糙蛋（调皮、找茬、捣乱）
  一枪打在裤裆里——伤蛋（可怜）
  茅缸里的石头——又臭又硬
  蹲在茅厕里嗑瓜子——进的没有出的多

## 四、皖西民间歇后语的灵活性

　　歇后语属于民间语言中的熟语,因为其独特的两段式结构,歇后语的意义表达比谚语、成语更加灵活。例如有的皖西民间歇后语前半部分内容相同或相近,后半部分的解释发挥却有很大不同,这表现了人们对同一类事物和行为的认识角度和表达内容会有所不同,表达的目的也会有所不同。如：

  茅厕里嗑瓜子——怎么张开嘴的
  蹲粪坑嗑瓜子——入项少,出项多
  菜瓜打大锣——一锤子买卖
  黄瓜打大锣——一去一大截

　　有的皖西民间歇后语前半部分不同,后半部分相同,这表现了人们认知过程的殊途同归,从不同的事物和行为中体察到了相同的特征、作用和规律等。如：

  奶妈抱孩子——人家的

  亲家母花鞋——人家的

  一斧头不砍——自凿（作）的

  木匠顶枷——自凿（作）的

  麻秸打狼——两怕

  稻草腰子打狗——两怕

  九里沟的乡保——管得宽

  八块地的保长——管得宽

  综上所述，皖西民间歇后语与皖西人民关系密切，其内容丰富，风格独特，富有极强的表现力，在皖西人民的生产生活中不断传承和更新，拥有强大的生命力。

## 第三节　皖西民间谜语

  谜语，是民间文学的一种体裁，在民间拥有悠久的历史和广泛的群众基础。谜语一般包括事谜、物谜和字谜。民间谜语绝大多数是事谜和物谜，以某一件事或某一物品为谜底，用隐喻、形似、暗示或描写等方法作出谜面，供人猜射。

  在皖西民间，猜谜是深受当地老百姓喜爱的一项娱乐活动，它老少皆宜，不受时空限制，人们只要有时间，在任何地点都可以进行。在猜谜活动中，人们感受语言的魅力，满足好奇的天性，享受轻松愉快的娱乐。皖西自古谜风很盛，至今民间仍然喜欢猜谜，还流传有许多谜事趣闻。

### 一、皖西民间谜语的分类

  皖西民间谜语，来源于当地人民的现实生活，其谜底一般是人们生产生活中熟悉的事或物，还有汉字。因此谜语可以分为物谜、事谜和字谜。

  物谜根据谜底猜射范围的不同，我们可以把皖西民间谜语

分为以下几类:

(一)日常用具

1.农具

(1)雷轰轰,雨点点,举个锄头跟到撵。

(2)远看一只马,近看无头无尾巴,肚里翻翻转,嘴里出黄沙。

(3)远看像头牛,近看没有头,杀掉没有血,砍掉没有油。

谜底:(1)砻:加工谷物的农具,使稻谷脱壳。

砻

(2)(3)风斗:用于把稻米和稻壳分开的风车,也叫木风斗、风斗。

木风斗

2.餐具、炊具

(4)圆叮当,扁叮当,中间一条直骨镶。

(5)上面四方方,下面圆光光,一日累三次,无事进牢房。

(6)俩大姐,一般高,到一堆就趷跤。

(7)两个大姐一般高,光吃饭不添膘。

(8)白胖白胖,一天出来三趟。

(9)一个老头儿矮不墩,火烧屁股不吭声。

谜底:(4)木锅盖;(5)(6)(7)筷子;(8)饭碗;(9)煨罐子。

3.木工工具

(10)小黄黄,一拃长,一头摇尾,一头开染坊。

(11)我有一只船,一人摇橹一人牵,去时拉纤走,归时摇橹还。

(12)一只小花猫,肚里藏把刀,专门啃木头,拉屎朝天飙。

谜底:(10)(11)墨斗;(12)刨子。

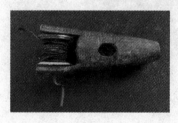
墨斗

刨子

4.其他生活用具

(13)剖命剖命,两头都上劲,中间钻个眼,够小孩猜到晚。

(14)有鼻子无眼小光棍,一天到晚在外混,多穿多少绫罗缎,多看多少俏佳人。

(15)外面麻,里面光,中间噙个肉棒棒。

(16)麻姑娘,顶铁棍,越顶越有劲。

(17)一个小红枣,三间屋盛不了。

(18)南边来头猪,不吃糠,按屁头一枪。

(19)两姊妹,一般高,同条裤子合条腰。

(20)一条蛇,两个头,专在火里游。

(21)红娘子,上高台,一阵心头热,眼泪落满怀。

(22)弯背大阿哥,牙齿十分多,一手抓起来,专从头上过。

谜底:(13)纺锤:纺锤有的用牛前腿骨做成,有的用木头做成;(14)缝衣针;(15)(16)顶针;(17)油灯;(18)锁;(19)(20)火钳;(21)红蜡烛;(22)梳子。

纺锤　　　　　　　　顶针

### (二)动物

(23)歇不拢翅,飞不张翎,两个眼珠多大,就不知道什么虫。

(24)黄瓜嘴三瓣脚,站着没有坐着高,独辫子斧子腰,顿顿吃饭呎又呎。

(25)沟里走沟里摇,没有骨头没有毛。

(26)一座庙,两头翘,只屙屎不屙尿。

(27)有眼睛,无眉毛,一夜跑千里,神仙也不知道。

谜底:(23)蜻蜓;(24)狗;(25)蚂蟥(水蛭);(26)鸡;(27)鱼。

### (三)植物

(28)节节高,节节高,姐姐没有妹妹高。(打两种植物)

(29)一棵树,高又高,树上结了万把刀。

(30)红公鸡,绿尾巴,一头栽到地底下。

(31)生根不落地,生叶不开花,园街有卖的,园上不种它。

(32)弟兄七八个,围着板凳坐,一听要分家,分得稀巴巴。

谜底:(28)玉米、高粱;(29)皂荚树;(30)红萝卜;(31)豆芽;(32)蒜。

皂荚树

关于各种植物果实的:

(33)小红盆,装稀饭,又好吃,又好看。

(34)麻屋子,红帐子,里面睡个白胖子。

(35)从小青,长大红,脱了红袍穿紫绫。

谜底:(33)柿子;(34)花生;(35)桑葚。

皖西民间还有四种事物在一起猜射的组谜,如:

(36)天起皮,地起包,水长骨头,路长腰。

(37)天有天眼,地有地窟,河里飘菜,湾里脆骨。

(38)天灯笼,地瓦罐,牛皮响,铁叫唤。

谜底:(36)云、坟、冰、桥;(37)星星、井、水草、冰;(38)月亮、井、鼓、钟。

皖西谜语以物谜为主要类型,如以上诸多谜语。不过也有一部分谜语属于事谜和字谜。事谜如:

(39)大哥把灯照,二哥天上叫,三哥流眼泪,四哥一路倒。

(40)黄泥筑墙,清水冲汤,井水开花,叶落池塘。

(41)尖底船,盛白米,两枝桨,划到底。

(42)就地摸三摸,拿起搁三搁,汉子叫它死,婆娘叫它活。

(43)千条线,万条线,落到水里都不见。

(44)十个和尚拉口袋,五个和尚往里走。

谜底:(39)闪电、打雷、下雨、刮风;(40)冲茶;(41)吃饭;(42)拔秧、插秧;(43)下雨;(44)穿袜子。

字谜如:

(45)道士腰里揣两个粑粑。

(46)古月亮。

(47)三横一挺杖。

(48)十八子。

(49)一点一横长,一撇到南洋。

(50)一点一横长,一撇到南洋,两棵木梓树,小鬼晒太阳。

(51)一点一横长,一撇到南洋,两棵木梓树,长在石板上。

(52)一个字,两个叉,它认得我,我不认得它。

谜底:(45)平;(46)胡;(47)王;(48)李;(49)广;(50)魔;(51)磨;(52)从、父、爻。

## 二、皖西民间谜语的语音特点

皖西民间谜语采用的是歌谣体,在语音上讲究押韵和音节数目的搭配。

### (一)押韵

押韵时,如果谜语只有两句,则两句相押,如上举例(7)

(17)(25):

(7)两个大姐一般高,光吃饭不添膘。

(17)一个小红枣,三间屋盛不了。

(25)沟里走沟里摇,没有骨头没有毛。

上述三例中,"高、膘""枣、了""摇、毛"都押遥条辙。

如果谜语是三句,有的是后两句相押,有的是三句都押。如上举例(15)(26)(35):

(15)外面麻,里面光,中间噙个肉棒棒。

(26)一座庙,两头翘,只屙屎不屙尿。

(35)从小青,长大红,脱了红袍穿紫绫。

例(15)后两句"光、棒"押江阳辙,例(26)三句"庙、翘、尿"押遥条辙,例(35)三句"青、红、绫"押中东辙。

如果谜语是四句,偶句一般都会相押,首句及其他句也有押韵的;有的则是四句中两两相押,中间换韵。如上举例(22)(24)(32):

(22)弯背大阿哥,牙齿十分多,一手抓起来,专从头上过。

(24)黄瓜嘴三瓣脚,站着没有坐着高,独辫子斧子腰,顿顿吃饭吆又吆。

(32)弟兄七八个,围着板凳坐,一听要分家,分得稀巴巴。

例(22)首句、偶句"哥、多、过"押坡梭辙;例(24)后三句"高、腰、吆"都押遥条辙。例(32)前两句"个、坐"同押坡梭辙,后两句"家、巴"同押发花辙。

**(二)音节数目**

在音节的搭配组合上,有的谜语每小句音节数目相等,句子整齐而又富有节奏感,如上举例(3)(31)(37)(38):

(3)远看像头牛,近看没有头,杀掉没有血,砍掉没有油。

(31)生根不落地,生叶不开花,园街有卖的,园上不种它。

(37)天有天眼,地有地窟,河里飘菜,湾里脆骨。

(38)天灯笼,地瓦罐,牛皮响,铁叫唤。

如果每小句音节数目不相等,一般按照先少后多的排列顺序,最常见的格式是3、3、7,如上举例(1)(4)(19)(43):

(1)雷轰轰,雨点点,举个锄头跟到撵。

(4)圆叮当,扁叮当,中间一条直骨镶。

(19)两姊妹,一般高,同条裤子合条腰。

(43)千条线,万条线,落到水里都不见。

音节先少后多,气势不断积累,给人语气饱满、结构稳固有力的感觉。

皖西民间谜语语音上的押韵和音节数目的巧妙安排,使人们在猜谜时平添了思考之外的语音乐趣,且朗朗上口,易懂易记。

### 三、皖西民间谜语的修辞格

皖西民间谜语的出谜者在生活中通过观察和体验,掌握事物具体的感性材料,抓住其典型的特征,凭借丰富的想象力重塑这个事物的形象,在重塑形象的过程中运用比喻、拟人等修辞手法对谜底事物的外形、性质、动作、功用以及声音、颜色、气味等特征进行描述。修辞手法一方面使谜面与谜底相疏离,一方面又使两者相关联,正是这种相关相离形成谜语的无穷魅力。

皖西民间谜语经常使用的修辞格主要有比喻、比拟两种。运用比喻的谜语如上举例(29)(33)(41):

(29)一棵树,高又高,树上结了万把刀。

(33)小红盆,装稀饭,又好吃,又好看。

(41)尖底船,盛白米,两枝桨,划到底。

例(29)取皂荚与刀形状、硬度的相似,运用暗喻,把刀与树直接联系起来,颇有趣味。例(33)把成熟的柿子比作小红盆,无论形状还是颜色都非常贴切,而且熟透的柿子的果肉也与稀饭相似,稀糊糊的。例(41)把吃饭比喻为划船,把碗比喻为尖底船,把筷子比喻为桨,既相似,又有趣。

运用比拟的谜语如上举例(21)(30)(34):

(21)红娘子,上高台,一阵心头热,眼泪落满怀。

(30)红公鸡,绿尾巴,一头栽到地底下。

(34)麻屋子,红帐子,里面睡个白胖子。

例(21)把红蜡烛比作红娘子,例(30)取萝卜和公鸡在颜色上的相似,把红萝卜比作红公鸡,例(34)把花生比作白胖子,睡在麻屋子、红帐子里。三则谜语使蜡烛、花生具有了人的情感和行为,萝卜具有了动态感,都显得形象生动,格外有趣。

## 第四节 皖西民间对联

对联是语言艺术、诗歌艺术、书法艺术的完美结合,极富中国传统文化色彩。可以说,对联是独具特色的中华文化艺术瑰宝,是我国的国粹,对联在世界文化艺术殿堂中也是不可多得的奇珍异宝。

对联是我国广大人民群众最为喜闻乐见的民间文化形式之一,历史悠久,使用广泛。对联活动的参与者除了文人贵族外,还有平民百姓。因此对联既具有浓厚的文人文学气息,也具有很强的民间文学特性,可谓雅俗共赏。

对联的民间文学特性主要体现在其具有很强的民俗文化特色和民间文学创作特征。对联参与和融入民众的各种民俗生活,如在时令节日、婚丧嫁娶、祝寿庆生、新居乔迁、商店开张、亲朋往来、旅游玩赏等民俗活动中,形成了诸如节日联(最常见的是春联)、婚联、添丁联、贺联、寿联、挽联、墓联、乔迁联、开张联、荣升联、业绩联、纪念联、旅游联等对联种类。特别是春联,可谓贴遍千家万户,红遍神州大地,使中国的春节充满了吉祥喜庆的色彩和鲜明独特的年味,使中国民间处处充满了浓厚的民俗文化氛围,是举世无双的全民性的民俗艺术活动。因此,楹联习俗早在2006年就被列入由国务院公布的第一批国家级非物质文化遗产名录。

对联还是文学创作中的特殊现象,其内容简洁精炼,形式整齐对称,从创作到展现与民俗生活结合较为紧密,对联作品及其相关故事在民众口头上常有传诵,因此也可以成为民间文学的组成部分。正如丁军杰在《中国对联·谜语故事全书·前言》中所说:"中国文学,种类繁多,光彩炫目,异彩纷呈。对联以其悠久的历史、精练的语言、独特的风姿、神奇的魅力和高雅的情趣跻身于中华文学之列,成为最具中国特色、最使人们倾倒、拥有众多读者的文学之一。可以说,神州大地、举国上下,处处可见其踪影,人人倍对其宠爱。"①

对联作为独特的民间文学形式之一,在皖西大地上同样历史极为悠久,应用极为广泛,内涵极为丰富,价值极为崇高。皖西民间对联是皖西民间文学的重要组成部分,有很多优秀、经典的对联以及与对联有关的民间故事在皖西广为流传。

### 一、皖西民间对联作品撷英

皖西民众在四时八节、婚丧嫁娶、生老病死、人情往复等民俗生活中都离不开对联,有些对联精品成了人们耳熟能详、广泛流传,经常张贴运用,甚至固定不变的对联。

如皖西百姓过春节时家家户户贴的对联,俗称春联、门对、

---

① 丁军杰:《中国对联·谜语故事全书·前言》,三秦出版社,2007年版,第1页。

门对子。皖西民家大门上喜欢贴的对联有:"新年纳余庆,佳节号长春。""一元复始,万象更新。""天增岁月人赠寿,春满乾坤福满门。""江山千古秀,天地万家春。"中堂喜欢贴的对联有:"宝鼎呈祥香结彩,银台报喜烛生花。""香烟篆就平安字,烛焰开成福寿花。""一堂香火乾坤大,万代宗支日月长。""耕读继世,忠厚传家。""忠孝传家远,诗书继世长。"也有的把自家姓氏的郡望堂名、奉祀对象、祖先重要活动地点和载入史册的功绩等内容写进对联,贴在中堂上(或贴在大门上),表达对祖先的崇敬和对家世的追思,成为本家族的固定对联。如马姓贴"铜柱世泽,绛帐家声"或"汴水家声远,扶风世泽长",许姓贴"高阳绵世泽,太岳振家声",周姓贴"柳营春试马,虎帐夜谈兵",王姓贴"两晋家声远,三槐世泽长",朱姓贴"紫阳绵世泽,白鹿振家声"等。"文化大革命"时扫除"四旧",家家中堂只贴毛泽东主席像,两旁最常贴的对联是"听毛主席话,跟共产党走"。

除了大门、中堂,家中也有其他一些地方需要张贴有针对性的对联,如二门常用对联"进重门一步,添喜色十分",后门常用对联"前程应远大,后地自宽宏",书房常用对联"书到用时方恨少,事非经过不知难",或"少壮不经勤学苦,老来方悔读书迟",厨房常用对联"精打细算,细水长流",猪圈常用对联"猪为六畜首,梅占百花魁"。

皖西习俗,刚办过丧事正在守孝的新丧人家,春节期间不到亲友邻居家拜年,守孝当年不贴对联,也有的贴紫色对联,第二年贴黄色或蓝色对联,第三年才恢复贴红色对联。守孝期间对联的内容多为表达守孝思亲之意,如:"守孝难还礼,思亲免贺年。""守我门中孝,任他户外春。""守孝不知红日出,思亲常望白云飞。""天下皆春色,吾门独素风。"

皖西元宵节闹花灯也离不开对联。如寿县隐贤集元宵节举行"跑灯"活动,也叫"插灯"。插灯场并列扎两个彩门,均朝南。靠东边的门为入口,彩门上的对联是:"世事类如斯,总要自寻出路;人生休苦闷,当前即是转机。"横批是"金光万道"。西边的门为出口,彩门上的对联是:"朗朗乾坤,花花绿绿灯万盏;花花世界,弯弯曲曲路一条。"横批是"瑞气千条"。①

七月十五中元节,举办盂兰盆会,佛教徒在庙门口和念经台上用竹子扎成排灯,台上贴对联,联文通常是:"蝴蝶梦中家万里,杜鹃枝上月三更。"也有的时候张贴的是文人即兴创作的对联。②

对联除了逢年过节使用外,在民众日常生活中使用的场合也是很多的,如婚丧嫁娶、祝寿庆贺等各种仪式中常有对联出现,富有代表性的对联也很多。如祝寿常用对联"福如东海长流水,寿比南山不老松","福自仁德来,寿在乐观中";婚礼常用对联"之子于归,宜其室家","良缘由凤缔,佳偶自天成","东都才子至,南国佳人来";建新房上梁时,屋柱上常贴对联:"竖柱欣逢黄道日,上梁正遇紫微星。"墓碑碑柱上常用对联"千载扬名,万世流芳","叶照百世,名传千秋","礼乐从先进,诗书启后昆"。

还有一些教育子女、鼓励后人的励志常用对联,如"海纳百川有容乃大,壁立千仞无欲则刚"等。

商店、酒店等商业场所开张、经营都很重视用对联表示美好的寄托、希望,或宣传经营范围、内容、特色等,好的对联会给商家增光添彩、赢得赞誉、聚集人气、获取厚利,成为商业文化的精彩部分和顾客喜闻乐道的商业故事。

如寿县县城过去有一家很有名气的酒店,叫"将就馆"。酒店为何取名"将就馆"?在其迎门的楹联上给出了答案:

将才买将才卖将本求利

就是你就是我就要付钱

---

① 依据许正英《皖西民俗》,黄山书社,2012年版,第13页。
② 依据许正英《皖西民俗》,黄山书社,2012年版,第40页。

原来，这是一副嵌名联，店名就是这副对联上、下联的首字组合而成，而且在上下联中相同的位置又两次出现"将""就"，反复藏有店名。这副对联巧妙地利用嵌字、藏字和寿县方言（"将就"义即就乎、凑合，"将才"义即"刚才"），通俗而率真地表达了酒店的经营宗旨和营业要求。上联表示本酒店生意兴隆，出售的食物都是刚买进的，保证新鲜，顾客放心食用；本酒店将本求利，不买空卖空、以次充好、坑骗顾客。下联表示人熟理不熟，新老顾客都应付钱，不能拖欠或白吃。整副对联虽然明白如话，道理浅显，态度谦卑，但是又软中有硬，让中有进，却也令人口服心服，记忆深刻。

皖西各地宗教场所、戏剧舞台和风景名胜较多，历代多有文人墨客因地制宜，因时制宜，制作出贴切传神、优美生动的对联。这些对联为场所增色，让观者会心，因此很快流入民间，广泛传诵，久而久之，就变成了当地民间文学和对联文化中的珍宝。

如六安市西门外三里街原有一处寺庙，叫大悲庵，现已倾塌不存。昔人黄虞渊为大悲庵题有一联："背淠水，面衡山，四境绝红尘，想仙居无非蓬岛；坐莲台，洒杨露，一林垂紫竹，问大士可是桃源。"道出了大悲庵的地理位置和佛家禅境。

六安市文胜街小竹丝巷的泾川会馆古戏楼两旁石柱上有两副对联："方寸地，有家有国有天下；一楼人，能文能武能鬼神。""看我非我，我看我，我也非我；装谁像谁，谁装谁，谁能像谁。"一言戏剧表现内容，一言戏剧表演之道，说出了戏剧艺术的真谛。

六安西南约30公里的九公山九公寨（"九公耸秀"为六安古八景之一）有一土地祠，祠里两副清末秀才、独山人王子泾所作的对联颇能吸引人注意。土地祠门联："土产要提中国货，地方莫假外人权。"土地神塑像旁的对联是："土巴老想发财，还须敬我；地方鬼虽管严，怎不当家。"这两副对联都是嵌首联，第一副对联提倡国货,反对外国侵略;第二副对联讽刺地方邪恶势力,具有时代特征和正义感。①

六安市叶集镇东岳庙(俗称"柏树庙")首殿抱柱对联:"莫磕头,莫磕头,抬头有天,低头有地;休烧香,休烧香,黑心有报,红心无祸。"二殿抱柱对联:"不怕你千方百计,须知我赏善惩恶。"②叶集镇火神庙的主体建筑火神殿正门有一副对联:"炎帝居离宫借来甲乙生火,祝融镇南方派去丙丁克金。"火神塑像两侧的对联是:"四照普神光,九微呈火德。"都颇为贴切巧妙。

霍山县城三皇庙对联:"三皇盛德无私,浩浩齐天,凡世人皆同大本;百姓酬恩有限,缩缩在庙,为古者共祝长春。"③颇为工整有气势。

寿县正阳关镇观澜亭是该镇过去一处著名的观景览胜场所,可惜今已消失不存。不过亭中供游客和民众欣赏的无名作者的长联却流传了下来,今录于下:

> 世虑顿消除,到绝胜地,心旷神怡。说什么名,说什么利,说什么文章声价?放开眼界,赏不尽溪边明月,槛外清风,院里疏钟,堤前斜照。
>
> 湖光凭管领,当极乐时,狂歌烂醉,这便是福,这便是慧,这便是山水因缘。涤尽胸襟,赢得些萧寺鸣蝉,遥天返棹,平沙落雁,远浦惊鸿。

正阳关观澜亭还有两副文人创作的对联,触景生情,借景抒怀,也深受过往民众的赞同和喜爱。一副是朱少尊所撰:"烟水茫茫,豪士胸怀名士恨;亭台草草,元人图画晋人诗。"另一副是时继周所撰:"傍槛遥观,放眼长空远六蓼;围棋小憩,关心诗句感沧桑。"

---

① 依据许正英《皖西民俗》,黄山书社,2012年版,第153页。
② 依据许正英《皖西民俗》,黄山书社,2012年版,第162页。
③ 依据许正英《皖西民俗》,黄山书社,2012年版,第165页。

正阳关镇还有一处名胜,就是淮河岸边的迎水古寺。该寺正当淮水和淠水交汇处,过去船舶往来,排筏穿梭,交通繁忙。船民排工都要进寺烧香许愿,祈求河神保佑平安。可惜迎水寺毁于1954年的大洪水,现只有石砌台基尚存,遗址上后来又竖起了高高的航标灯,为过往船只导航。迎水寺前曾有一副不知名作者的对联,写淮上物候与民俗,对仗工整,通俗易懂,至今被民众记住和传诵:"五六月间无暑气,二三更后有渔歌。"

寿县八公山下有一名泉,因其泉水上涌,气泡似串串珍珠,且周围声音越大,泉涌越急,珍珠越密,因此得名珍珠泉,又名咄泉。用珍珠泉水制作的豆腐最为细嫩可口,味道纯正。珍珠泉为中华十大名泉之一,民国间有州人在珍珠泉石碑两旁配刻楹联一副,表达了人们对于"清正廉明"的崇尚与追求,很有廉洁教育意义。联曰:"珠泉尽洗贪污气,淮域长流正义风。"

## 二、皖西民间对联故事趣拾

对联是一种男女老少皆宜、雅俗共赏的艺术形式,人民群众的聪明才智在对联创作和欣赏中也得以显现和传播,因此留下许多对联典故佳话、趣事逸闻,形成了丰富多彩的对联故事。以下就是从皖西民间众多的对联故事中选取的几例,可见一斑。

1.李公麟对联收女徒。宋代大画家李公麟,因患麻痹症,辞官回到故乡舒城养老,在归来宅、春秋山庄、龙眠山庄不定期居住。一个春末的早晨,他从春秋山庄往龙眠山庄去,经过龙潭村,一年轻女子拦在路边向他施礼:"大人,这么好的景致,怎能不赏一番?"

李公麟一抬头,眼见一潭春水浮光流动,岸边翠竹绿树和倒映在水里的碧岭青松,布置成一个绝好佳境!他情不自禁地沿着龙潭信步走来,那姑娘紧紧跟随着他。

龙潭边上有个洗衣石台,许多妇女姑娘在这里洗衣浣纱,

见李公麟走近前来,都争抢着和他打招呼。李公麟一边笑着应答,一边盯着龙潭,随口吟出一句上联:

  水皮褶皱波将起

正想续出下联,却被难住了,半晌出不了声。因为信口吟出的这个上联不仅是情由景生,而且"波"由水皮组成,巧妙自然。下联必得符合这一点,所以一时犯难。

这时,紧随其旁的年轻姑娘脆声说:

  日月东升明自来

李公麟一听,击掌赞道:"妙啊!姑娘。"李公麟回头看着年轻女子说:"好文采,好诗才!能再来吗?"

姑娘受到李公麟的夸奖,兴奋地说:"大人请出。"

李公麟手指龙潭又出一上联:

  水里游鱼可是鲤

这上联表面上是实有所指,实际上是暗设了机关,"里"与"鱼"正好组成后面的"鲤",又是个拆字联。

姑娘想了好一会,突然说:

  怀中揣心堪为忠

李公麟听了,又伸出大拇指:"姑娘,完全吻合。真是妙对。你且听好,我又来了:

  水柔冰坚冰乃水固。"

姑娘抬头向四周一看,张口就来:

  山高岭大岭依山成

"好资质!好资质!"李公麟兴奋地赞道。

这时,人丛里一个年长的妇女说:"大人,这姑娘叫李小洁。您夸她资质好,你就收她为徒吧。她早就想拜您为师,跟您学画呢。"

"是吗?"李公麟问小洁,"你想学画?"

"大人,"李小洁说,"我梦中都想跟您学画,您肯收我吗?"

"好。小洁,你如果能对得我这最后一联,我就收你。"

李小洁说:"大人请出。"

李公麟看到龙潭边山崖下毛竹高耸,朗声说道:

  觑竹虚心 难比节节均见节

李小洁举目四望,看见左边山上的松树,应声回对:

  夸松大志 尤赞根根无亏根

"对得妙!"李公麟大声说:"我把'觑'拆为'虚''见',你把'夸'拆为'大''亏',好徒弟,我收下了。"

"叩拜恩师。"李小洁听李公麟如此说,高兴得纳头便拜。众人见了,鼓起一片热烈的掌声。①

2. 刘铭传对联镇儒生。清朝首任台湾巡抚刘铭传是肥西县刘老圩人,外号"刘六麻子"。刘六麻子生性顽皮,不爱读书,但是成年后却不仅善于作诗,还喜创作对联。从其传世的几副对联可以看出,其对联内容贴切,含义深远,引经据典,真诚直率;形式规整,对仗工稳,遣词造句,颇见功力。

关于刘铭传创作对联的故事,在皖西还有流传,如六安市金安区三十铺镇居民刘明胜根据小时记忆整理的"刘铭传对联镇儒生"的故事:

  当时,一般文人认为刘六麻子只是一介武夫,只会带兵打仗,并无才华而官至爵帅,他们很不服气。

  一天,以一个进士为首,请来一批文人才子,设宴邀请刘六麻子赴宴,名曰"庆功",实际是准备跌他相的。

  刘六麻子接到这位进士的请帖时,并不推辞,高兴前往。他走进门时,文人才子个个起立让座,由这

---

① 依据史红雨《李公麟的传说》,《六安广播电视报》2010 年 9 月 17 日。

位进士一一介绍,彼此寒暄相识。大家七嘴八舌把爵帅恭维一番。众儒生见爵帅衣着朴素,谈吐平常,都怀疑他的爵帅之才,想必他一定是个粗人,今天一定借机取笑取笑。

不一会,大摆宴席,推杯换盏。酒过三巡,这位进士站起身来,高声道:"今天刘爵帅大驾光临,使我们酒兴倍增。我提议:我们品酒作对,岂不更加助兴,大家能赏光吗?"

众儒生个个拍手称好,唯有刘六麻子只是品酒未作反应,眉眼冷静,毫无惧色。

进士叫来书童,笔墨伺候。进士说:"以什么为题呢? 就以'梅'字为题吧!"

大家都推刘爵帅出上联。爵帅谢绝了,让众人先出。大家推让了一番,进士说:"我先出上联,请爵帅对下联。"

大家一致赞同,爵帅点点头。那进士提起羊毫,上联是:

青梅,青梅,孔子颜回,门前三尺浪,平地一声雷。

大家齐声叫好,立即将目光投向爵帅。

爵帅领首微笑,只见他饱蘸浓墨,毛笔如游龙飞凤一挥而就,下联是:

梅长,梅长,韩信张良,将相本无种,男儿当自强。

字体苍劲有力,令所有儒生看后,一个个吐舌忘缩,佩服得五体投地。[①]

3.先生店生死一对联。很多年前,六安州以东、龙穴山以西之间一条小溪流向南方,小溪上有一座小石桥……小石桥名叫沈桥。沈桥西一位私塾先生在此设馆讲学,深受当地百姓的

---

[①] 杜继坤:《皋陶故里搜奇》,大众文艺出版社,2009年版,第53—54页。

爱戴。

一天老先生放馆,吃罢晚饭,走出门外散步踏青。走到一个塘埂,许多人在塘里捉鱼。春天,百姓抽干塘水,取塘泥下秧肥田,所以塘埂堆满了稀塘泥。衣着整齐干净的老先生到此甚是为难,若走过去怕弄湿了布鞋,弄脏了长衫。掉头回去,游兴未尽,又怕塘里人耻笑,左右为难。

这时一个捉鱼的小伙子见此情景,理解老先生此时此刻的心情。开玩笑地说:"老先生过不去了吧!这样我出个对子,你能对出下联,我就请你过去,若对不出,你就只好回去喽。"

老先生很自信地点了点头,大声答应了小伙子。这个小伙子一挥手中的鱼串:"我就以这为题。"说罢出联——

一串无鳞　鳅短鳝长鲇嘴大

先生乍听很通俗,可仔细一想,此联很难对,即便联上也不工整,左思右想,没想到恰当的对联,羞愧地回到书馆。

老先生闭门不出,搜肠刮肚,也没能想出下联,身旁还不时响起塘里笑声:"老先生对不出啦,老先生回去啦!"

老先生为此积郁成疾,不久辞世而去。临终前,老先生把前因后果清楚地告知儿子,并嘱咐把遗体葬在路旁,把死的原因和对子上联写得一清二楚,竖在坟茔旁,在此守孝。

这天一位姓吴的州官上任,骑着高头大马,衙役前呼后拥,路经此地。一座新坟旁不仅有守孝的灵棚,还有刻满字文的墓碑,因与众不同,便派手下的衙役前去查看清楚。

回来的衙役说清情况,州官双眉紧锁,一时也未能想出下联来。难道就不能使黄泉之下的老先生瞑目吗?于是吩咐手下衙役扎下营帐,埋锅造饭,什么时候想出下联,什么时候上任,不然辞官回家,枉为读书人!

一天过去了,两天过去了,很多天过去了,吴大人仍未有结果。

吴大人为死去老先生对对子的消息越传越远,来观看的人也越来越多。

　　这天,一个男孩,光着脊梁,背着背斗,也来看热闹:"让开让开!"直往人群里挤,他满身泥巴,一股鱼腥味,人们都让开了。

　　走到前面,男孩的嚷声和带去的腥味,惊动了苦思冥想的吴大人。吴大人抬眼一看,在这背着背篓的小男孩身上得到了提示,这不是很好的下联吗?当即吩咐衙役拔营上任,随即手提笔毫,在铺开的宣纸上疾书下联——

　　　　满篓有甲　龟圆蚌扁鳖头尖

　　吴大人写罢掷笔于地,深深地向老先生墓鞠躬:"先生安息吧。"

　　后人敬重老先生崇文好学、执着追求的精神,从此,就把老先生设馆的地方叫做"先生店"了。①

　　4. 松山寺师生对下联。金寨县响洪甸镇的里冲村与金庄村有一南北交界岭,名叫火烧岭。岭上长着一棵古松,足有三人合抱粗,躯干笔直,高三丈许。干顶长出十一根枝丫,粗细、长短相差无几,且向四周下方均匀伸展,枝头低垂,离地面仅三四尺。

火烧岭千年古松

---

① 杜继坤:《皋陶故里搜奇》,大众文艺出版社,2009年版,第132—134页。

古时候,火烧岭脚下有一位老塾师,教了很多学生,有不少学生做了县、州、府官,可谓桃李满天下。有一年重阳,他带着学生到火烧岭登高。登上岭头,老先生仰观古道旁边一棵奇特的古松,不由雅兴大发,脱口吟出一副上联:"山巅古树,面对东西南北。"并让学生们对出下联。学生们思来想去,好长时间对不上来,就纷纷请老先生来对,可老先生一时也对不出来。学生围着老先生,老先生看着学生,老先生急得满头大汗。他想自己教了一辈子书,从来还未遇到过这种"能出不能对"的难堪局面,感到非常羞愧,便一头撞死在古松树下。噩讯传开,外地学生纷纷赶来参加葬礼、办理丧事。为官的学生还商量决定,谁能对上先生出的对子,就任谁为霍山知县(时属霍山治所)。决定一出,读书人都想碰碰运气。当地有位秀才,饱读诗书,才思敏捷,但好长时间也未能对出。后来他索性乘船顺淠河东下出游。一天晚上,他正站在船头赏月,突然行船撞上了礁石,船老大慌忙赔不是,可秀才却哈哈大笑说:"有了有了——江心礁石,身经春夏秋冬。"原来这么一撞,撞出了下联。秀才赶紧停船上岸,到州衙交上对联,于是州官任他为霍山知县。为了纪念这位私塾老先生,学生们筹资拨款,在火烧岭头古松旁修建了一座寺庙,取名"松山寺"。①

5.白大畈师生对对子。传说在金寨县白大畈乡,王老楼有一个私塾先生,在清明节带学生郊游,走至田埂上,见一水蛇出洞游向田中央,先生遂成上联:"尺蛇出洞量量一尺二寸。"十几个学生大眼瞪小眼,没一个能对出下联的,老先生甚是失望。又走到一口大塘边,见一群鸭子在水中嬉戏,学生王生茅塞顿开,告诉先生说:"下联我有了。"先生嘱其吟出,王生说:"七鸭浮水数数三双一只。"先生听后,评论道,对仗工整、自然、准确生动,很有韵味。"蛇"对"鸭","量量"与"数数"相对,"一尺二

---

① 蔡英成:《千年古松及松山寺》,《六安民间故事全书(金寨卷)》,黄山书社,2011年版,第119—120页。

寸"与"三双一只"数字对得也很贴切,因此,是一副难得的好对联。①

6.惊天动地的对联。从前,某城有个木匠,在自家门前贴了一副对联:

    曲尺能成方圆器,
    直线调就栋梁材。

木匠的左邻是个剃头的,不甘示弱,也写了副对联贴上:

    进门来苍头秀士,
    出户去白面书生。

木匠的右邻是个药店的老板,他见两位近邻因贴出对联生意十分兴隆,也在门前贴了一副对联:

    但愿世间人无病,
    何愁架上药生尘。

这一来,药店的生意也很好。

这三家的对联一贴,使对面一家三兄弟十分眼热,他们商量了半天,也贴出一副对联:

    上联是:数一数二的大户,
    下联写:惊天动地的人家。

他们还别出心裁,另加一副横批:先斩后奏。

刚好这天,新上任的县太爷路过此地,一看对联吓了一跳,心想,这家主人不是皇亲,准是国戚,连忙下轿,登门拜访。县官对三兄弟作了自我介绍后,恭问他们是干什么的。老大笑道:"我是卖烧饼的,卖时,一个两个地数;我二弟是做鞭炮的,所以惊天动地;我三弟是杀猪的,人称'先斩后奏'。"

---

① 肖汉友:《对对子》,《皖西日报》2009年03月27日。

县官见自己拍错了马屁，灰溜溜地钻进轿子，尴尬而去。①

皖西民间对联形式短小精悍，内容包罗宏富，对联故事生动有趣、曲折感人，具有鲜明的民间文学特性，是广大群众喜闻乐见和经常运用的民间文学艺术形式。文人们积极参与其间，进行创作、欣赏和传播，使皖西对联也成为文人文学艺术形式之一。民间文学与文人文学相互影响，共同促进，逐渐形成了独特的皖西对联文化。

皖西对联文化在皖西民众生产生活、文人雅士笔墨生涯中影响深远，地位重要，同时在家庭和各级各类学校开展的文学教育和素质教育中也是优秀的教育教学资源，对青少年的培养起到了文化熏陶、心灵陶冶、素质提高、能力提升的推动作用。因此，皖西对联文化在民间文学、文人文学和教育教学中都具有十分重要的地位和作用，应该引起我们高度重视，并积极地加以保护和利用、传承和创新，使其不断发扬光大。

**思考与练习**

1. 选定身边与你长期相处的三个人，他们在年龄、职业、学历等社会身份方面最好分布不同，记录他们生活中所运用的谚语，从数量、内容、地域特色等方面对这些人运用谚语的情况予以分析。

2. 利用图书（尤其是皖西本土作者的作品）、网络资源，尽可能多地搜集与当代生活密切相关的谚语，并试着在你的现实生活场景中运用它们。

3. 在与你的长辈相处时，搜集他们所运用的歇后语，并注意这些歇后语运用的语境和规律。

4. 编写一个以歇后语为主要表达形式的故事，尽可能多地运用你所知道的歇后语，并在集体活动中演出。

---

① 张奉连：《惊天动地的对联》，《皖西日报》2012年03月16日。

5.试着组织一场班级范围或家庭范围的趣味谜语晚会,可以借鉴电视益智节目的各种形式。

6.湖北宜都市高坝洲镇有个青林寺村,被称为"中国民间谜语第一村"。这个村几乎人人都善于讲谜语,出版了《青林寺谜语选》一书。青林寺的谜语、谜歌已被宜都市中小学校列入乡土教材。让我们来猜几则青林寺谜语,领略民间谜语的独特魅力。

(1)东方一棚瓜,
伸藤到西家。
花开人做事,
花落人归家。(谜底:太阳)

(2)一匹白马上西山,
一无笼头二无鞍。
谁人逮住无鞍马,
不是神来也是仙。(谜底:风)

(3)生在青山一个圆家伙,
死在凡间一个瘪家伙,
讲起狠来一个软家伙,
歇起架来一个硬家伙。(谜底:扁担)

(4)夫妻双双同出门,
不带铺盖不带银,
高粱大屋有我份,
生儿育女转回程。(谜底:燕子)

7.尝试为你的家乡、学校、家人、同学或其他你感兴趣的人和事各创作一副对联。

# 第五章 皖西民间曲艺和戏剧

## 第一节 皖西民间曲艺

作为一个以说唱表演为主的独立的艺术门类,中国曲艺历史悠久,传统深厚,种类繁多。仅安徽曲艺就有60多种,其中有20多种曲艺的诞生与流行时间久远,如"四弦书""小调胡琴书""淮词""老婆歌"等稀有品种,便是形成并流行于皖西地区的独具风格的曲艺种类。还有"锣鼓书"(尤其是"寿州大鼓书")、"皖西大鼓""寿州锣鼓""宝卷""快板""数来宝""相声"等曲艺形式也在皖西广为流传。皖西民间曲艺可谓异彩纷呈,别具特色。

本节主要介绍几种在皖西流传广泛、影响深远的曲艺种类,即"锣鼓书""皖西大鼓""寿州锣鼓""小调胡琴书""淮词"和"老婆歌"等。"四弦书"是皖西地区重要的曲艺品种,它的形成与发展繁杂、音乐与声腔丰富、舞台表演独特、艺术形式多样,因此将在下一节单独介绍。

### 一、锣鼓书

锣鼓书,也叫"门歌"("讨饭歌"),早期有多种称谓,如"光棍溜子""三槌鼓""三把刀"等。它是扎根于皖西民间歌舞沃土而成长起来的一种说唱曲艺。因北路庐剧声腔中"连词"吸收了"光棍溜子"唱腔,据推算,"三槌鼓"和"三把刀"的名称比"光棍溜子"出现要晚得多,"光棍溜子"可能在庐剧产生之前就已存在。而庐剧已有200多年的历史,由此推断,锣鼓书在江淮之间流传历史有200年以上,并且早期锣鼓书的不同称谓在皖西各地蕴涵着不同的演唱形式和演唱内容。

"光棍溜子",此名称流行于寿县,因演艺者为一男性演员即兴演唱,一个男人俗称"光棍","即兴演唱"就是随意唱、顺口溜之意,也即"溜子",所以称之为"光棍溜子"。可见,锣鼓书唱词随意性强,无固定台词内容。

"三槌鼓",就是在说唱前先敲击三槌锣鼓,即"咚咚咚呛"这样来引领说唱的锣鼓点,由此而得名,又名"三板鼓"。它是由一人表演,敲锣、打鼓和演唱同时进行,独自完成。演员唱完一段,左手拎锣(下沿接近鼓面),右手握槌敲锣过门,然后接唱下一段,依次说唱,演完全书。

"三把刀",即在"三槌鼓"的基础上增加一个艺人,两只手杂耍似地轮番抛接三把小刀,边抛接边演唱,由此而得名。每把小刀(长约22厘米)的刀柄末端系一铁环,双手将三把小刀轮回上抛,抛接时震动铁环,相互撞击发出有节奏的响声,艺人按此节奏边抛边唱。另一敲锣鼓的艺人在一段的结尾和唱,接着击锣鼓视为过门。一般是抛刀的艺人唱第一段,打锣鼓的艺人就唱第二段,两人可轮番唱和,依次唱完全书。霍山县艺人,将三把刀改为三个火球,称"火流星",或抛接三把镰刀来代替,其唱法无异。这种形式虽然很有特色,也很吸引人,但难度较大,不久即失传了。①

除此之外,锣鼓书还有其他称谓,如"革命歌"(因有艺人在

---

① 沈晓富主编:《安徽省六安地区曲艺志》,黄山书社,1999年版,第23—24页。

民国年间用来演绎辛亥革命和北伐战争等内容而得名)和"白朗歌"(因艺人曾演唱过以打富济贫而著称的农民起义军首领萧白朗的故事而得称)。从总体上看,锣鼓书起初是那些以讨饭为生的穷苦百姓的一种谋生手段,他们常常游乡串户,沿门乞讨,故统称"门歌"或"讨饭歌"。新中国成立后,因其演唱方式需要借助一面小锣和一面小鼓,所以名字便改称为"锣鼓书"。

锣鼓书唱腔的发展历史大致经历了三个时期。

初期属于门歌类,如"光棍溜子""讨饭歌""三槌鼓""三把刀"等。这一时期的唱腔结构较为简单,带有杂耍的特征。

第二时期是锣鼓书成型阶段。"锣鼓书"的唱腔是民间音乐与群众口语的结合体,分两个部分:"书头"和"正书"。

"书头"部分:一篇唱词的"起句"往往常用固定的四句半作开头(如:"锣鼓一打开了腔,各位同志听端详,今天不把别的唱,唱一唱××××××。——唱起来啦!"),它是在一通"咚咚咚"的锣鼓之后,开始起唱,很像"开场诗"。有时"起句"虽有变化,但大同小异。唱词以"江阳韵"居多,这种韵调便于上口,易唱好听,但往往给人以千篇一律的单调乏味之感。书头唱罢,便接正书。

"正书"部分:分若干段落,每段结尾处,均用两字或半句唱词收束,不要求押韵,往往使用极有代表性的方言俚语。这种结构独特,曲调也别具风格:富有浓郁的乡土风味,既风趣又幽默。

"锣鼓书"经过整理加工,其表演形式有了新的变化:两个女艺人,一人拎锣,一人佩鼓,她们的歌唱姿态随意:或站着唱,或走着唱,或边歌边舞。后来锣鼓书发展为一男一女、一鼓一锣的演唱形式,变化自如。

第三个时期是锣鼓书的发展阶段。在锣鼓书的唱腔方面有了新的发展,表演者和音乐工作者通过吸收民间音乐和民歌小调等唱法,再运用移调、转调、扩展等艺术手法,增强了音乐的丰富性和舞台的表现力。①

从锣鼓书的整体曲调来看,是以两个基本乐句为基础,每个乐段的"起句"和结尾的唱腔固定不变,中间采用"连词"唱法,稍加变化,不断反复,或长或短,说唱自如,平白清纯,叙事灵活。

传统锣鼓书的唱词,大多靠艺人的口传身授,无固定的文字记录脚本。句式和字数参差不齐,安排灵活,一般以七字句为主,偶尔穿插着不同的字句(如八字句、九字句、十字句乃至十个字以上的句子),长短相间,充满着口语化的色彩。锣鼓书的唱腔具有浓厚的民歌气息,质朴通俗,旋律优美、节奏舒缓,曲调单一,音程跨度一般不超过八度,很适合演唱者边歌边舞的动作表演。

锣鼓书的艺术表现特点主要为:

第一,在句式上,以七字句(××　××　×××)句式为主,偶尔也有八字句或九字句的,表演时只是在不改变原有节拍的前提下把唱词排得密集些。可见,锣鼓书的唱词是七字句的诗赞文体,讲唱并重,语言通俗易懂,唱腔具有地域特色和民族风格,为百姓所喜爱。

第二,在演唱上,在每段唱腔结束时,总是用两个字、三个字或者两小节(半句词)作为收尾(即"书尾")。这样的"书尾",好处是既概括了段义,又富有逗趣或讽刺的幽默感。

第三,在节奏上,锣鼓书的早期形式为一至三人演唱,因"三把刀"表演太复杂而失传后,演变为一人自己边击鼓边演唱,用绳索将鼓系在胸腹前,一手拎锣接近鼓面,一手握鼓槌敲鼓帮,先击鼓后敲锣,也可以先敲锣后击鼓,这叫"一槌两击"。对于锣鼓点的敲法,各地艺人虽然有异有同,但是其起头、过

---

① 沈晓富主编:《安徽省六安地区曲艺志》,黄山书社,1999年版,第65页。

门、结尾等必用锣鼓。一般来说,合肥、巢湖、六安等地,锣鼓点的敲法基本相近,如:咚咚匡、咚咚匡、咚匡咚匡。如果是两人演唱,各自执锣鼓乐器。大多击鼓者为主唱,敲锣者为帮唱,反之亦然。表演锣鼓书没有固定的场地,一般在空旷的地带演唱长篇故事,如在广场上的话,演唱者的姿态较为自由,可坐着、可站着、也可走动。演出故事中所涉及的道具,往往干脆用锣、鼓、槌代替,模拟各种形状的物品,如用锣模拟托盘、圆盆等,用鼓槌当马鞭、烟袋等道具,使书中人物更加生动形象,演员表演可谓活灵活现。①

锣鼓书的书目,多以"望风采柳"为内容,艺人为沿门乞讨而编成顺口溜即兴演唱。在广场坐唱的一般为长篇故事,如《休丁香》《等郎姐》《白玉楼讨饭》《白灯记》《开棺记》《玉带记》《卖花记》《合同记》《杜十娘》《绣鞋记》《双荷记》《梁祝姻缘》等书目。也有一些短篇故事,书目内容以时事为多,如:反映辛亥革命时期的有《孙中山闹革命》(即《革命歌》)、《三姐打奉军》等;表现抗日战争时期的有《盼望新四军来搭救》《跑反歌》等;反映中国共产党领导下革命斗争的有《瓦埠暴动》《兵变歌》《雇工歌》等;这些书目大多为艺人自编自唱的,其语言方言化、口语化、通俗化,流传广泛,特点明显。

新中国成立后,锣鼓书经历了一个不断继承和创新的过程,从内容到形式都有了很大发展,20世纪六七十年代在参加地区或全国性的戏曲曲艺调演中,本地的锣鼓书《十二月生产》(1965年)和《俩队长》(1976年)获得了好评。其中由六安县文化干部李开贵创作的锣鼓书《俩队长》,经过逐级选拔,层层加工,并加上乐队伴奏,参加了全国曲艺调演。近年来,锣鼓书不仅有乐队伴奏,还在器乐上加进不少现代元素,如西洋木管、电子琴和小提琴等,极大地丰富了锣鼓书的内容,增强了音乐的

---

① 沈晓富主编:《安徽省六安地区曲艺志》,黄山书社,1999年版,第66—67页。

表现力。[1]

## 二、皖西大鼓与寿州锣鼓

### (一)皖西大鼓

我国各地风格迥异的各种名目的大鼓颇多,安徽大鼓就是其中之一。这种大鼓由淮北流行而来,至皖西地区后,其表演风格上有所发展,称之为"皖西大鼓"。皖西大鼓堪称六安地区流传最广泛的曲种。因各县、市之间所属区域不同,该大鼓有"北路"和"南路"之分。北路包括霍邱县、寿县等地;南路包括六安市、霍山县、舒城县等地。原先艺人大多来自淮河以北,后逐渐植根皖西本地。淮河以北艺人以高门(属龙门派)为主,柴门次之,说唱带有淮北、河南地方语言色彩。淮河以南的艺人说唱以"花口"为主,结合六安民歌及民间小调的运用,又以六安方言说白,有鲜明的皖西民间音乐风格。[2]

皖西大鼓由一人演唱,自己击鼓、打牙板,无弦管等乐器伴奏。它的唱曲,有三种结构,或分而合,或对仗,或起、平、落;其词本的结构有"帽子头""书头"和"正书"三部分。

"帽子头"是指在说书前,艺人先加上反映生活中的趣事逸闻、民间笑话等内容的"篇子",以暗示鼓书情节,或设下悬念,来吸引观众,安定书场秩序。

"书头"即说书开始时有一段较长的前奏,演奏的长短,视书场听众情绪而定,安定得早则短,迟则长,或加上拖腔的"念白",或运用都是唱的"唱白"。"唱白"和"念白"的拖腔,节奏都很宽松,它与鼓牙所奏较紧的节奏形成对比,很像戏曲唱腔中的"紧打慢唱",富有动感。

"正书"则兼有唱(词)、数(板)、念(白)、说(白),但以唱为

---

[1] 六安县地方志编纂委员会编:《六安县志》,黄山书社,1993年版,第532页。
[2] 沈晓富主编:《安徽省六安地区曲艺志》,黄山书社,1999年版,第32页。

主。何时采用何种方法,均由艺人根据需要或习惯自由变换。①

皖西大鼓注重曲体构成,其外部形式讲究曲牌组合的序列,将曲牌视为最小的音乐单位,其曲牌中有一大批《十三条》《噪台》《元消》《庄八》《凤凰点头》等清锣鼓曲牌,其构成严密,逻辑性强;通常将一个曲牌分成上下两个部分,中间插进其他曲牌,而曲牌内部结构,如曲调、节奏及节拍等从不改动。

皖西大鼓的传统书目甚多,近200种。传统大鼓书目主要有:《封神榜》《杨家将》《水浒》《兴唐传》《秦英征西》《月唐传》《金鞭记》《薛刚反唐》《大明英列传》《玉碑记》《借年》《隋唐传》《包公案》《岳飞传》等。新编的书目主要有:《平原游击队》《平原枪声》《红色游击队》《苦菜花》《婆媳俩》《婚姻自由》《皖江烽火》《三女夸夫》等。

从新中国成立以来至20世纪70年代初,皖西大鼓书说唱仍很活跃,部分传统书目得到了传承。此时,艺人们又根据中长篇小说和地方革命斗争历史故事,新编了一批现代书目,如《平原游击队》《黄英姑》《红岩》《平原枪声》等。② 还有为宣传时事、政策、歌颂好人好事而创作的小段,如《婆媳俩》(由霍山艺人刘应才创作并演出),这部曲目是新中国成立后各地艺人以饱满的热情创作出的一批歌颂新生活曲目的代表作之一,曾在1958年参加安徽省第一届曲艺会演,并获创作二等奖。故事写儿媳王桂花过日子不会精打细算,总是大手大脚,平日做饭总有剩余且倒掉。婆婆劝她不要浪费,儿媳不满。婆婆恐伤和气,便从此不再劝告,只管帮儿媳下厨烧火,每次趁儿媳不注意时,就从她舀好的米中手抓一把放进瓮中。来春荒灾,家里缺粮断炊。这时,婆婆把平时一把把偷偷积攒的一瓮米放在儿媳面前,令她惭愧不已,最后认了错。曲目语言平实,如话家常,

---

① 沈晓富主编:《安徽省六安地区曲艺志》,黄山书社,1999年版,第73页。
② 沈晓富主编:《安徽省六安地区曲艺志》,黄山书社,1999年版,第65页,第34页。

有亲切感。①

## （二）寿州锣鼓

作为皖西北路大鼓重要一支的寿州锣鼓，是沿淮地区最具有民间特色的锣鼓打击乐曲艺表演形式。它所表现的古城寿春的文化风韵，独具楚文化色彩。寿州锣鼓发源于寿春，流传于寿县及沿淮流域周边市、县，锣鼓演奏乐谱融进了"十八番""小五番""凤凰三点头""兔子扒窝""大小绞丝""双绞丝""长流水"等淮河地区传统锣鼓谱的精华，具有浓郁的地方文化特色。保留的传统节目《寿阳新春》，其锣鼓谱以寿县历史上发生的重大事件和民风民俗为蓝本，其结构分为"状元街""龙虎斗"和"楚都风"三大部分，锣鼓表演者动作大胆夸张，以大锣、小手锣、小拔、花鼓等乐器的抑扬顿挫、轻重缓急、高低起伏来表达人物喜怒哀乐的复杂情感，极具戏剧性和丰富的表现力。②

寿州锣鼓的演奏特点是：既舒缓、柔和，似南方江浙一带"十番锣鼓"；又高亢、激昂，如北方中原地区的"威风锣鼓"，南北锣鼓特点兼有，素有"会说话的锣鼓"的美称。

寿州锣鼓演奏的打击乐器品类多，通常有钢锣、大腰鼓、大筛锣、小锣、云锣、大钹、小钹等，这些鼓、锣和钹表现力丰富。尤其是它使用的主锣——钢锣，虽然体积小，但是厚重，打击时如同敲击瓦缸所发出的声音"缸、缸、缸"，清脆而又洪亮，悠扬而又深远。最具代表性的锣鼓曲目《寿阳春》的最大特色就是使用钢锣这种打击乐器。③

经过几代人的努力，寿州锣鼓得到了长足的发展。近代，在寿县城乡组建了多家寿州锣鼓队，较有影响的家班有：王家班（位于寿县城关）、邓家班和宋家班（均在正阳关）。新中国成

---

① 沈晓富主编：《安徽省六安地区曲艺志》，黄山书社，1999年版，第65页，第56页。
② 方敦寿编著：《民俗风情》，安徽人民出版社，2009年版，第64页。
③ 方敦寿编著：《民俗风情》，安徽人民出版社，2009年版，第65页。

立后,寿州锣鼓演奏活动遍及寿县城乡,锣鼓声响彻大街小巷和田间地头,非常活跃。尤其是20世纪80年代以来,在各级政府的组织领导下,寿州锣鼓参加了历届花鼓灯会和其他活动,取得了不菲的成绩,如在第一届、第三届、第六届安徽省花鼓灯会上,寿州锣鼓均获了奖;寿州锣鼓还参加了安徽省新中国成立45周年国庆晚会、中国农民歌会、淮河风情文化节、中国民间艺术节,以及中央电视台"心连心"艺术团赴皖慰问演出活动等,深受城乡广大群众喜爱。① 2006年,寿州锣鼓入选安徽省首批非物质文化遗产名录。

此外还有金寨古碑的丝弦锣鼓,至今已有400多年。据说是由江西省流传至金寨古碑区。丝弦锣鼓规模较大,由25个乐段组成,演奏虽较为复杂,但节奏快慢变化自如。风格厚朴,具有浓郁的山乡气息。锣鼓演奏方法可追溯到唐代,古代的演奏方式多样化、类型化,对后世锣鼓演奏影响很大,如十番锣鼓即从丝弦锣鼓发展而来。丝弦锣鼓的锣鼓谱保存较完整。全曲以宫调式为主线,同宫内的大二度、纯五度关系的交替,贯穿始终,重复、移位、扩展、紧缩等旋律发展的主要手段的应用,形成自己独特的音乐情趣。在旋律、旋法、音色、音区等方面,联排体中唢呐和号虽有差异,但能交相呼应。适用于民间各种庆典仪式。

### (三)正阳关"三阁"

正阳关,古称"颖尾""羊石",因明成化元年(1465)在此设税关而得名。正阳关地理位置特殊,位于历史名城寿县西南30公里的淮河、颍河、淠河三水交汇处,素有"七十二水通正阳"之称,是闻名遐迩的舟楫繁忙、物阜民丰的"淮上重镇"。

正阳关悠久的历史、厚重的文化和繁荣的商贸孕育出众多辉煌灿烂的民间艺术形式,这其中最能体现正阳关民间艺术魅

---

① 寿县文化广电新闻出版局编:《璀璨寿春·寿县文化遗产精粹(上下)》,安徽美术出版社,2012年版,第84—85页。

力的,当首推被誉为沿淮民间艺术"三绝"的"抬阁""肘阁""穿心阁",合称正阳关"三阁"。

"抬阁""肘阁""穿心阁",是我国民间艺术中一种由杂技与传统戏剧相结合,集造型与表演于一体的独特的舞蹈形式。在安徽北部,主要流行于寿县、临泉、灵璧一带。常演的节目有《群仙赴羊石》《观音赐福》《天女散花》《红线盗盒》《盗仙草》等。这种曲艺形式已于2006年12月被安徽省人民政府列为全省第一批省级非物质文化遗产名录,2008年又被列入第二批国家级非物质文化遗产名录。①

(来源:《璀璨寿春——寿县文化遗产精粹》)

1."抬阁"。关于"抬阁"起源的说法很多,大多认为是源于古代求神祈雨的祭祀活动。流传至今,已经衍变为具有传统风格的自娱娱人活动了。"抬阁"顾名思义,就是用肩抬着行会的"亭台楼阁"。这是一种融戏剧造型和杂技娱乐表演为一体的民俗活动,也是一种独具风格的民间造型舞蹈。表演时,由若干童男童女扮演成古装人物造型,站在扎制的架子上、凉亭上、阁楼上、"莲花台"上或花轿内。扮演抬阁的人,叫"坐抬搁"。坐抬阁者都是五六岁至七八岁的男孩、女孩,俗称"抬阁娘"。

---

① 寿县文化广电新闻出版局编:《璀璨寿春·寿县文化遗产精粹(上下)》,安徽美术出版社,2012年版,第74页。

这些孩子一要相貌俊俏,二要聪明机灵,三要胆大。踩街活动开始,小演员根据所扮演的人物角色表演一些动作,由若干壮汉抬着,并在唢呐、丝竹的伴奏下进行表演。节目内容有《荷花仙子》《观音赐福》《梁山伯与祝英台》等神话剧或历史剧。① 这种表演形式,是"肘阁"舞蹈的前身。

2."肘阁"。"肘阁"是把小演员托于一铁制框架上,边行进,边表演。"肘阁"的来历,一说是求神祈雨的祭祀,另一说是便于大人背着坐在铁架子上的小孩站高看庙会。所以也被称作"背阁"。"肘阁"有"空中舞蹈""空中舞台""无言的戏剧"之美称。

(来源:《璀璨寿春——寿县文化遗产精粹》)

到了清朝咸丰年间,完整而独特的"肘阁"艺术逐渐形成。一个"肘阁"演出班子一般由五六个架子组成,多的可达数十个架子。每一架"肘阁"表现一种内容(大多是历史故事和戏曲中的人物)。内容不同,铁杆上面的小演员数量也不同,有一人的,也有二至四人的。每组节目由一个壮汉(俗称"驮架")把铁架捆绑于腰背间,再用铁杆连接另一铁架,扮演各种戏剧人物的小演员,被顶托在铁架上表演。捆绑在壮汉身上的铁架子,

---

① 方敦寿编著:《民俗风情》,安徽人民出版社,2009年版,第61—62页。

艺人们称之为"铁领衣";用来顶托的约 2 米长的铁杆被称之为"芯子"("垛");铁杆上面供小演员表演的架子被称作"抱芯子""坐芯子";连接"铁领衣"和"芯子"的套管称作"辘轳把"。地面上顶芯子的成年人依照一定的舞步边扭边走,铁架上的小孩边摇边摆,配合得十分默契。整个表演惊险,从中传达出活泼、欢乐且略具诙谐的情趣。传统的表演节目有《断桥会》《西厢记》《西游记》《打渔杀家》《红楼梦》等,演出时还配有管弦丝竹,演奏人们熟悉的民间戏曲。①

3."穿心阁"。"穿心阁"这个舞蹈,由两个青壮年用一根特制的竹竿,"穿过"小演员的前胸,利用 U 形铁杆,架着演员在竹竿上进行表演。从外表看,竹竿好似从演员正心窝穿过的一样,实际上是用一个经过精心设计的 U 型铁杆,架着演员在那竹竿上。由于演员穿着的衣服把铁件遮盖着,所以显得逼真。常演的节目有《七品芝麻官》《媒婆赶会》等,演出效果惊险、巧妙且滑稽可笑。这个舞蹈形象的构思,可能受到古代民俗书志有关记载的启发,如《山海经》中关于"贯胸国"的描述,《异域志》中有关"穿胸国"的说法,《艺文类聚》中说大禹用不死草救活了防风氏,防风氏胸前的伤口贯通。当然,这里也运用了错觉或幻觉心理等艺术思维,是个很有创意的民俗"空中舞蹈"艺术。②

### 三、小调胡琴书

小调胡琴书,是皖西地区特有的地方曲艺表演形式,主要流行在舒城县,且系该县颇具影响力的曲艺艺人陈玉清(原名陈道香)所演唱并流传的一种胡琴书,故又称"舒城胡琴书"。新中国成立前,陈玉清以此艺为主,在舒城街头卖唱,但大多是短篇唱书。新中国成立后,她总结了多年的演唱经验,去粗取

---

① 方敦寿编著:《民俗风情》,安徽人民出版社,2009 年版,第 62—63 页。
② 方敦寿编著:《民俗风情》,安徽人民出版社,2009 年版,第 63—64 页。

精,加工改造,创作出适合本地特点的胡琴书,民间普遍称之为"陈玉清胡琴书"。据说陈玉清从民间艺人(如拜界首县的说唱曲艺名人杨金华为师)那里学会许多小调,又从四弦书的唱腔及舒城民歌中汲取营养,遂独自一人拉胡琴用小调演唱故事,其唱腔运用自如,清婉缠绵,如行云流水,抒情和叙事恰到好处,具有浓郁的地方特色和丰富的艺术感染力,深受百姓欢迎。这种演唱形式被当地群众称之为"(舒城)胡琴书"[1]。实际上,小调胡琴书与四弦书同源。当时,四弦书已从胡琴书中独立出来,并发展成一种具有完整说唱体系的说唱形式。而胡琴书中残存的专以民间小调演唱曲目的形式,被艺人们保留下来,因其用胡琴即可自拉自唱,演唱形式简单易行,声腔运用无拘无束,与四弦书等其他曲艺种类相比,更具群众性,冠以"小调"二字,故取名"小调胡琴书"。

小调胡琴书的传承人系舒城县万佛湖镇的盲人汪军民,他在家人的支持下自制了一把胡琴和一副竹板,操起了说书行当。他说的书很多,古代的就有《刘香传》(汉)、《八宝罗汉传》(唐)、《双墩英雄传》(宋)等。

此外小调胡琴书在霍山县、金寨县、肥西县和原六安县等地也有流传。2007年,小调胡琴书入选六安市首批非遗名录;2008年,小调胡琴书入选安徽省第二批省级非物质文化遗产名录。

"小调胡琴书"的曲牌大多是民间小调,常用的有[穿心调][四季相思][秦淮河][卖茅柴][下湖调](或[下河调])、[玉美佳人][卖油郎独占花魁女]等。这些曲牌名称中,有些是借用其他曲艺的,如[穿心调]和[下湖调]常用于淮词中,[下湖调]在徐州琴书中也可见,[秦淮河]很可能从江南传入。有些曲调是艺人在表演中融进了当地民间音乐,使其具有舒城小调的特

---

[1] 沈晓富主编:《安徽省六安地区曲艺志》,黄山书社,1999年版,第65页,第27—28页。

色,如[四季相思]。[下湖调]则把民间音乐中的乐句吸收进去,不乏艺人的创造。还有一部分地方小调使用灵活,可随时移为声腔,充当"曲牌",这样就更容易满足群众自娱自乐的需求。

在艺术特色上,小调胡琴书主要表现在:首先,它有独特的基本结构,即 ×× ×× | ×××× × |(偶尔加上衬字变化),"×× ×× ×××"的七字句式,加上谓词,则在七字句前加 ×× × |。五字句基本形式是"二、三"。在此基础上,或变为十字句(即把两个五字句连起来);或在十字句中加一至两个词。这两种变化形式集中在曲牌上有七个乐句,第一、二乐句为起部,第二、三乐句为承部,用衬句作过渡,第五、六乐句为转部,第八乐句为合部。①

其次,在演唱形式上,小调胡琴书一般为自拉自唱,或走唱,或坐唱,表演形式自由灵活。旧时,胡琴书艺人大多以走街串巷的形式游走卖唱,边走边唱,招徕听众。众人听到琴声后,便可出门喊住,点曲,坐唱,听曲。这种唱多为小段。即使设摊也可说唱,与鼓书类似,仅一把二胡伴奏,唱白相间,表演着长篇大书。也有一拉一唱的两人表演,有时也会出现多人合唱、对唱,以示自娱自乐。不过,艺人说唱的胡琴书依然坚持传统的自拉自唱方式。

小调胡琴书的代表曲目有《紫金钟》《金镯玉环记》《明朝红灯记》《二十四劝》《虞美人》《破镜重圆》《二姑娘害相思》《二姑娘卖饺子》《探穴记》《苦菱花》《叹五更》《苦媳妇翻身》《农人苦》《穷人嫁姑娘》《反动与白色吵嘴》《十月怀胎》等。

在革命战争年代,小调胡琴书曾在宣传和发动广大群众方面起过重要的作用,以至于在革命曲艺中融进了小调胡琴书的艺术因素,并包容于红色歌谣之中,成为教育人民、打击敌人的

---

① 沈晓富主编:《安徽省六安地区曲艺志》,黄山书社,1999年版,第65页,第70页。

有力武器,在皖西苏区空前流行,达到鼎盛时期。

新中国成立后,当地文艺部门结合挖掘整理民间曲艺,对小调胡琴书的革新曾作过几次尝试,主要对庞杂的曲牌以及模糊的功用加以改造,使之形成统一的声腔系统和完整的曲牌体系,同时采用定谱定唱,并伴以小乐队演奏,传统的演唱形式与现代的表演手段有机结合,使小调胡琴书这种曲种取得了一些进展,但就现状看仍然不容乐观,尤其在市场经济的冲击下,在舞台上已很难见到小调胡琴书的身影了,只有在民间偶见艺人演唱。

### 四、淮词

淮词,又称"淮调",是流行于阜阳、寿县淮淠(淮河、淠河)平原一带民间艺术中的一种古老而又丰富多彩的曲艺形式,因产生和发展于安徽沿淮地区,故称"淮词"。

早年,位于寿县城西南淮、淠、颍三水汇合处的正阳关兴盛淮词,群众自发组织,班社风行,自唱自乐,广泛影响并普及全县各地,妇孺皆歌。虽然参与演唱者有职业艺人,但是为数甚少。20世纪初的淮词,在寿县、霍邱沿淮地区几乎有口皆碑,老少皆会,特别在寿县,涌现出一大批业余演唱班子,他们都是自愿组织的,流行于本县城乡各地。有些艺人则常到娱乐休闲场所演唱,如茶馆、酒楼、妓院等,以此谋生。甚至妓院的妓女也常靠着门边,吟唱淮词,搔首弄姿,挑逗路人,招徕嫖客。①民国时期,淮词的演唱班社已不存在,只是在茶余饭后,三五成群,随意凑在一起,演唱自乐,也有少数艺人沿门演唱行乞。

淮词,到底源于何时,今已无从查考。寿县老一辈人有关于"秀才游淮河,即兴作词"的传说,但是一般认为淮词起源于清乾隆时期,这是从淮词对戏曲清音的影响中推测出的大概年

---

① 寿县文化广电新闻出版局编:《璀璨寿春·寿县文化遗产精粹(上下)》,安徽美术出版社,2012年版,第122页。

代。安徽利辛清音戏、江西南昌和九江的清音戏曲,相传在清乾隆年间即已形成;清乾隆、嘉庆年间,寿州一带也流行着清音,它吸收了淮词的曲牌,如"穿心子"和"慢八板"等民间音乐成分,以不断丰富自身的唱腔。由此推断,淮词很有可能成熟于清音之前,故它的起源至少可以追溯到清乾隆时期,尤其在正阳一带,淮词在同治年间已广为流传,可见距今至少有140年的历史。

淮词的演唱形式多以坐唱为主,一般有四人组成,具体分工为:一人主唱,一人帮腔,或两人对唱,两人拉胡琴伴奏,有时也帮唱。主唱人左手拿瓷碟一只和竹筷一支,食指捏着碟子,其他指头夹住筷子,以竹筷有节奏地敲击碟边;右手另执筷子于碟子上下,交替敲出同一节奏声。帮腔者手执铜酒盅互碰,帮声附和。伴奏乐器以箫、碟为主。主唱和帮唱一般站立着唱,偶尔坐唱。

淮词的演唱内容主要分为三大类:劳作倾诉类、爱情婚姻类和世情风物类。文词清雅优美,颇具古典诗词格调。[①] 唱词语言结构灵活,地方特色浓厚,"啊""哎""哟""你小"等虚词衬字运用较多。

淮词的所有曲目句数按一定程式安排。其词本结构为唱词四句一段。多是七字句、十字句交替句式,无一定格式。在唱词的句式结构上洒脱多变,不拘一格。一曲牌只用一韵,偶句押韵,奇句随便。换曲牌时可同时换韵。

淮词的唱腔音乐为板腔体,所唱曲调主要有三个:[慢八板](又称[一字三哼调])[穿心子][彩句子]。[慢八板]为五声商调式,以五声音阶为主;[穿心子]为六声(含清角)徵调式,以六声音阶为主;[彩句子]是五声同宫系统内徵调式(即 A 徵)转商调式(即 E 商)。三个主要曲牌既可联曲唱,亦可分曲单

---

① 沈晓富主编:《安徽省六安地区曲艺志》,黄山书社,1999年版,第65页,第36页。

唱,均为起承转合结构。其唱腔特点主要是,曲调婉转优美,细腻柔丽,注重字正腔圆,韵味深沉。①

淮词的旋律发展变化多样,表现技巧灵活,如严格重复、变化重复、扩展、取头、取中、取尾、拼接等手法。尤其是[彩句子]与[慢八板][穿心子]连缀而成的联牌,统一中有变化。艺人有时也兼唱民间小调,如[上河(湖)调][下河(湖)调][四季相思][玉美佳人]等。唱腔分为"平腔头""四句腔""穿心调""吟板""消板""垛板"等。旋律委婉曲折,音域跨度不大。

淮词的主要曲目有《站在门口把手摇》《一寸光阴一寸金》《游湖船靠新桥》《二姑娘害相思》等。传统曲目有《水漫金山》《春门惊梦》《猫儿扑蝶》《火烧赤壁》《烟花女自叹》《渔樵耕读》《醉酒归家》《陈杏元和番》《历代古人》《一寸光阴一寸金》《一轮明月当空照》(称"淮词母")及《大花船》等40多支。

### 五、老婆歌

老婆歌是皖西寿县特有的地方曲种,因演唱者均为已婚妇女(寿县称老婆)而得名。新中国成立前大多作为行乞手段,属于门歌类。据老艺人说,明朝末年,由凤阳花鼓传入寿县后演变而成。寿县瓦埠湖以东地区,就有不少贫穷人家的妇女手打马锣,沿门演唱老婆歌,行乞谋生。因此地处于淮河沿岸低洼地带,经常遭遇洪涝灾害,一遇荒灾饥年便背井离乡,唱着老婆歌逃荒要饭,多以母女或姐妹同行。② 至民国末年,这种门歌形式遍及寿州各地。据说当时瓦埠湖一带的男方竟以女方必须会唱老婆歌为择偶条件。这样,会唱老婆歌居然成了当地老百姓维持生计的主要手段,可以说老婆歌的兴盛期正是百姓生活

---

① 沈晓富主编:《安徽省六安地区曲艺志》,黄山书社,1999年版,第65页,第76页。

② 沈晓富主编:《安徽省六安地区曲艺志》,黄山书社,1999年版,第65页,第37页。

极端痛苦之时。

新中国成立后,老婆歌已脱胎换骨,变成了大众娱乐的一种演唱形式,出现一些新曲目,如《上淮堤》《抗美援朝》《人民公社好》等。如今,过去以演唱老婆歌为生的老艺人大多相继去世,会唱此歌的人已不多。老婆歌的传统曲目有《王祥卧冰》《小艾铺床》《安安送米》《朱媳妇割肝》《杨老姐》等。

老婆歌的演唱场所和参演人数要求简单。先由沿门演唱最后发展到坐场演唱,老婆歌演唱场所不固定,只要有空阔地带,如乡间晒场上、大树下或农舍里等均可。演唱人数一般为一人至二人,或母女同唱,或婆媳同唱,或姐妹同唱,一面由马锣伴奏。艺人表演时用竹制锣扦敲击竹管打节奏,并在开始和每段结尾过门处敲出"当当　当｜当当　当｜当　O",直至全书唱完。

老婆歌演唱的内容分两种,一种是门歌式的望风采柳、道好说喜等即兴话题;另一种是取材庞杂,或民间传说、历史故事,或由"庐剧""推剧"改编的剧目,主要用于坐场唱的曲目。唱词结构为七字一句,四句一段,讲究押韵,其形式类似锣鼓书和莲花落。旋法以五音音阶为主,唱腔对应结构的单牌,为宫调式。语言为高亢、粗犷的寿县方言。①

在声腔特点上,老婆歌汲取了花鼓戏,寿县民间小调和庐剧等戏曲曲艺的有益成分综合而成,也就是说它是以[花鼓调]为基础,吸收寿县民歌和民间小调的营养,并借鉴"北路"庐剧的一些唱腔,如[哭坟][对药][花三七][二凉][铺床调]等,从而演变成曲调简单、音程跨度不大的四个乐句一种唱腔。②

除以上几大类之外,皖西曲艺还有渔鼓道情、宝卷、快板、

---

① 沈晓富主编:《安徽省六安地区曲艺志》,黄山书社,1999年版,第65页,第76页。

② 沈晓富主编:《安徽省六安地区曲艺志》,黄山书社,1999年版,第65页,第38页。

数来宝、相声等。

渔鼓道情。又称"渔鼓道筒子"。渔鼓是打击乐器,又称道筒子或坠子嗡。渔鼓道情源于明代叙述性道情,道情是曲调。渔鼓道情的渊源起初与道教关系密切,随道教植根于安徽,盛行于皖北,流行于皖中、皖南、皖西各地。皖北渔鼓道情,于清嘉庆年间盛行。新中国成立前,渔鼓艺人多半来自淮北灾区,他们手敲渔鼓、简板,口唱道情,沿途卖艺乞讨,作为谋生手段。后传至六安地方,植根于六安的艺人,逐渐三五人定居,便传授技艺,培育后人。淮北渔鼓道情流行在皖西的情况比较复杂,但所演唱的书目,大致相同。如《八骏马》《手巾记》《韩湘子讨封》《麻姑上寿》《十八罗汉》《子路问路》《三仙传》《打蛮船》《黑驴段》《天宝图》《地宝图》等,皆为地方艺人代表性的书目。

渔鼓道情是民间小唱,是唱短篇书的,所演唱曲目多为传统书目,多为打闹、逗趣的故事,说唱时以白口为主,且句句押韵,而且一韵到底。渔鼓有"高音渔鼓"和"低音渔鼓"之分,唱腔高亢嘹亮,委婉动听。

原六安县木厂铺有个叫任教山的,父母能唱对口道情,新中国成立后,任母曾于1950年参加县曲艺会演,演出道情《韩湘子讨封》短篇,名传一时。流传在金寨地方的渔鼓道情,以斑竹园、燕子河、长岭一带为盛行。但艺人言及清代由湖北传来,其演出形式与本地有异。演唱人数已发展至四五人,演唱时左手的小臂平托渔鼓,右手拇指屈成圈,叩击鼓面为节拍,唱腔以四句组成,一人领唱,众人随和。于是本地渔鼓,遂与外来渔鼓合流。流传至霍山县的渔鼓道情,时间虽在清代,但衰落较早,后继无人。直至1950年以后,又开始盛行。相反,舒城县地方渔鼓,一直保持原有演唱形式,说是保留了清代吴道长在舒城地方的唱法。

"宝卷"。是由唐代寺院中的"俗讲"、变文演变而来的记录僧侣说经及道士布道所用的一种说唱文学形式。作者大多是出家的僧尼和道士。此曲种十分古老,传世稀少鲜见,其价值弥足珍贵。宝卷内容有佛经故事、劝事文、神道故事和民间故事,以佛经故事最多。寿县发现的宝卷,仅有曲目《叹骷髅》一篇,为原寿县城东"报恩寺"和尚周乔修所唱,周乔修至今藏有该篇的手抄本。据现已还俗的周氏说,此曲为当时在报恩寺当挑水种菜的小和尚时,由师父传授给他的。他所唱的《叹骷髅》为宋代苏轼所作的对荒郊野外一堆白骨大发感慨:"不言不语睡黄沙,遭风吹,又被雨洒……在世间,堆金积玉,死后哪还能显到你的荣华?""事到如今,荒郊野外枉受清凉风。"这与宝卷形成、流行的时代不谋而合。全曲分为两大段。第一大段系散板,上下对应比较清晰;第二大段四个乐段,前两乐段为三上二下的对应结构,后两个乐段在前乐段的基础上分别加以扩充或变化而成。

唱词随曲也分为两大段。第一大段以七字句(三、四)为主,十字句(三、三、四)为辅。每一段的句数不定,但与乐曲结构中对应的下句只有一句,且大多是七字句。第二大段为长短句,五句唱词组成一个段落,亦可增减。散板段只用一韵,上板后可用"花辙",即中间可换韵。一般说来,散板下句和入板后段落的第四、五句必须押韵,其他可押韵也可不押韵。①

《叹骷髅》的艺术特点:全曲以五声调式级进为主,其音列是:3(4)56(7)1(♯1)235;其余音(即♯4、♯1、7),起着润饰旋律、调整字调和旋律的作用,以及渲染音乐的地方色彩。技巧变化手法多用紧缩、加花、简化、搭尾、重复等,使全曲的曲式结构既有统一,又富有变化。该曲富有一定的表现性和表情性。②

快板、数来宝、相声等著名曲艺形式也于民国时期从外地

---

① 沈晓富主编:《安徽省六安地区曲艺志》,黄山书社,1999年版,第65页,第39—40页。

② 沈晓富主编:《安徽省六安地区曲艺志》,黄山书社,1999年版,第65页,第78页。

先后传入皖西地区,但是影响不大,新中国成立后才逐渐被人们重视、喜爱。

## 第二节　皖西四弦书

### 一、形成与发展

四弦书,是在汲取皖西地区民间音乐的基础上形成的独具特色的曲艺种类。四弦书又名"四股弦",因其伴奏乐器(四胡)有四根弦而得名。除四胡外,还用响板、醒木(俗称穷甩)伴奏。四弦书主要流传于舒城、霍山、霍邱、六安市金安、裕安区等地,这一带也有用二胡演奏的(即小调胡琴书前身),所以又叫"胡琴书"。① 其实,四弦书与胡琴书虽有联系(有人认为四弦书是在小调胡琴书前身,即二胡说唱的基础上发展演变而成),但毕竟是两种不同的曲艺形式,前者自成一套由固定曲牌构成的完整曲种体系,后者则演唱一些民歌之类的"南腔北调",无固定曲牌。

作为皖西传统的民间曲种之一的四弦书,最初演唱的是皖西民歌和民间小调,后来才逐渐形成了以表达喜怒哀乐情感为主的专门曲牌,如[乐白调][乐调][白调][欢乐调][愤乐调]等,最后形成了"白调"和"乐调"两大类唱腔体系。据霍山县老艺人刘应才和舒城县老艺人孙正才回忆推测,四弦书至少有200年的历史了。② 四弦书演奏技巧独具特色,唱腔运用丰富多样,板式节奏富于变化,这些特点受到人们普遍欢迎和喜爱,在民间曲艺中独树一帜。

四弦书的表演者,绝大多数是盲艺人。清末民初,在乡村

---

① 沈晓富主编:《安徽省六安地区曲艺志》,黄山书社,1999年版,第65页,第20页。
② 沈晓富主编:《安徽省六安地区曲艺志》,黄山书社,1999年版,第65页,第20页。

和集镇,说唱盲艺人每到一处都要用四胡拉唱民间小曲和四弦书乐曲,这些乐曲有固定的也有不固定的,以招引听众,然后算命打卦。在城镇和集市,说唱盲艺人常去茶馆、酒肆设点唱书,或在广场、集市手执四弦胡琴摆摊唱书。较有名气的艺人有六安市的李文全、喻永贵,霍山县的刘应才,舒城县的薛从福等人。喻永贵能做到四弦书和皖西大鼓两艺并重,并将评书的说唱和大鼓的行腔融入四弦书之中,以他那嗓音圆润、声腔婉转享誉六安。薛从福能用一把胡琴演奏成四打四吹乐曲,宛如一只小乐队。在这些艺人中,传播四弦书贡献最大的,要算是李文全和刘应才二人。①

李文全的最大贡献是对四弦书唱腔的改革,他将民歌小调的乐汇与表达不同情感的需要有机融合,改造曲牌,如［悲乐调］［愤乐调］［五字景调］［十字韵调］等,形成了行腔圆润、变化错落多端的"李派"唱腔。② 作为四弦书第四代传人的刘应才,虚心好学,多才多艺,积极探索大鼓、坠子、评书等,他通过不断吸取各地民间音乐的营养和其他曲种的表演技巧,来完善四弦书的曲调,经过多年的努力,对唱腔的老调翻新,如［扒调］［五字赞调］［十字调］(即霍山民歌《十二月花名调》)等,低调与高调相互转化,且彼此结合,曲调运用自如,给人以舒展流畅之感,遂自成"刘派"唱腔风格,成为皖西著名的以四弦书演唱为主的民间职业艺人。③ 李文全演唱的《竹木相争》参加省曲艺会演,安徽省人民广播电台曾多次插放。刘应才参加在蚌埠市举办的全省首届曲艺汇演,他创作并演唱的大鼓(他也是皖西大鼓著名艺人)《婆媳俩》获创作二等奖、表演三等奖。在曲艺界,

---

① 沈晓富主编:《安徽省六安地区曲艺志》,黄山书社,1999年版,第65页,第20—21页。
② 沈晓富主编:《安徽省六安地区曲艺志》,黄山书社,1999年版,第65页,第172页。
③ 沈晓富主编:《安徽省六安地区曲艺志》,黄山书社,1999年版,第65页,第168页。

他们被公认是"北李""南刘"之派别传承人。他们常演唱的书目有《水浒传》《说岳》《绿牡丹》《响马传》《金镯玉环记》《十把穿金扇》等。

新中国成立后,四弦书得到了传承和发展。早期基本保留原有形态,偶尔也把传统小段曲目稍加整理搬演,参加各级调演和会演。为了宣传配合党的宣传工作,皖西连续出现一些由艺人自编自演的现代曲目。如"文革"开始,霍山城关和六安城关曲艺组相继将反映革命斗争题材的大型剧目或长篇小说改编成大段唱书,如《烈火金刚》《芦荡火种》《淮海战役》《夺印》《智取威虎山》《红灯记》《杜鹃山》等,在书场演唱。

## 二、音乐与唱腔

### (一)唱腔类别

四弦书的唱腔起源于皖西地区民间音乐。据刘应才说,他学艺时最初唱的[扒调][十字调][五字赞调]等民间小调,就是四弦书的曲调之源。据李文全回忆,刘应才的师太陈玉宏当年以唱[乐白调]著称,也是有据可依的最早曲牌。之后,经过刘应才、李文全等老艺人的共同创造与传播,将[乐白调]分成两大类,即[白调]和[乐调]。随着进一步发展,曲调不断细化,[乐调]又分出三小类,即[愤乐调][喜乐调][悲乐调],所表现的复杂情感溢于曲调中,演唱者可根据曲目内容自由选用不同的曲牌,表现喜怒哀乐的感情,从而极大地丰富了音乐的表现力,使四弦书的唱腔日臻完善。

四弦书唱腔的总体特点表现为:一方面,节奏明快、旋律起伏、长于叙事,如[白调];另一方面,富有歌唱性,抒情性强,如[乐调]。这些曲调在四弦书声腔中显示出各自不同的表现功能,具体表现如下:

1.[白调]。[白调]的"白"字之意近乎说白,可见在演唱中近于口语,字多腔少,明快、热烈,说唱性强,常用于叙事和说理,多用于交代故事情节和人物对白。尤其是易于表现悬念紧张的场面和战争激烈的场面。所以说[白调]是正本书的主要曲牌。在表演技巧上,[白调]充分运用装饰音、滑音以及旋律的变化等手法,使声腔与字调尽可能吻合,避免了"倒字"(即旋律与字调相悖)或"拗折嗓子"(即依字与就腔的矛盾)现象,让人听起来像说话那样娓娓道来,自然清晰。

2.[乐调]。与[白调]重于说白叙事相比,[乐调]则比较注重歌唱,旋律起伏较小,多用于抒情,常用于表达人物诉说、喜悦、愤激等情感,有时亦用于抒发较诙谐情绪。[喜乐调]表现优美、欢快、轻松,曲调比较活泼、跳跃,常用于描写景物和表现人物赏景时的情绪,也用于表达喜悦、讽刺、逗趣等情感。[悲乐调]常用于表现女性悲伤、哭泣、哀求的情绪。[愤乐调]多用来表现男性悲愤、感慨、艰难的情节。[悲乐调]和[愤乐调]的曲调都是旋律委婉、起伏跌宕。[1]

可见,四弦书的演唱特点是为了强调某种语气、情绪、情感,或是为了使唱腔旋律与唱词字音相吻合,一般用以大小六度、小七度为主的大跳进行。

(二)伴奏乐器

从目前所用的伴奏乐器看,除了使用传统的四胡、响板、醒木伴奏之外,还增加了三弦、扬琴、笛子、牙板、手鼓等。但四弦书主要的伴奏乐器还是四胡。

四胡有四根弦,由外及里,分称一弦、二弦、三弦、四弦。一弦用子弦,二弦、三弦用中弦,四弦用老弦;艺人称之为"行三配"。一、三弦和二、四弦均为纯八度;一、二弦和三、四弦均为纯五度。四胡的两束毛,分别夹于一、二弦和三、四弦之间。琴杆的长度一般为72厘米,杆和轸子均是枣木材质;琴筒圆似竹筒,一端蒙有蛇皮。筒长约11.5厘米,琴码系高粱秆制成,长

---

[1] 沈晓富主编:《安徽省六安地区曲艺志》,黄山书社,1999年版,第65页,第58—60页。

1.6厘米,弓杆长67厘米,弓毛长59厘米,弦系丝质。此外,响板多用于发出有规律的节奏声响,醒木用来渲染气氛。

四弦书的伴奏特点有四:第一,四胡(胡琴)只用于奏前奏和过门(间奏)及合部的结尾处;第二,唯有第一、第二节的间奏,多重复前部唱腔结尾处的旋律;第三,因前奏或间奏的曲调变得繁杂及大跳和滑奏的运用,使之与唱腔对比鲜明,在整段音乐中起着调节作用和暂息机会;第三,响板自始至终都是击一拍相隔八分音符。

### 三、舞台表演与艺术特征

#### (一)舞台表演

与其他曲艺不同的是,四弦书早期的演唱形式一般为:一人操四胡,自拉自唱,自己将响板绑于右膝下的小脚上,固定住一片,另一片不固定,足尖着地,腿一颠起,两片即可击响,以便有节奏地演唱。响板在演奏时一拍击二下,欢快流畅,节奏鲜明。醒木放于表演者坐的板凳一端,便于在说白时甩击助势。每场演出开始时用四胡拉段大过门(即前奏),接着是开场白,利用四胡模拟艺人与"他"(模拟对象)对话的声音,如人物简单对话,妇女哭泣,甚至模拟出鸡鸣、狗叫、锣声、钹响、喇叭吹奏等音响,以逼真的模拟和高度的演技招徕观众,犹如戏曲之"吵台"锣。然后进入正书,即以唱为主,中间穿插过门或穿插道白。这种表演形式到了新中国成立后随着戏曲曲艺的发展,四弦书的演唱形式出现了多样化。

在音乐唱腔上得到了重新整理、规范和丰富,如由原来多为单一的节奏(即四分之二拍),发展到了四分之一拍、八分之一拍和散板,并适时融进了民歌小调的乐汇。除此以外,四弦书的主要变动表现在:一是演员人数增加。原为一人演唱,改变为一男一女对唱或齐唱;由自拉自唱自打节奏,改变为两位演员手持檀板,女操板,男奏四胡,直至后来发展为六到十人的规模。二是男女演员根据曲目故事情节的需要,扮演不同角色;可依照人物形象的不同,化妆、塑造不同舞台形象。三是随着舞台演员的增加,表演区大为扩大,满足了多种需要,如可以多人坐唱,或者一人或几人站唱,并做各种表演动作等。四是在传统伴奏乐器的基础上,增加了扬琴、笛子、三弦、手鼓、牙板等民族乐器,但仍以四胡为主奏乐器,伴奏用小型民族乐队。随着科技的发展和社会的进步,近年来还加进了电声乐器,丰富了音乐的表现力。①

以上四弦书所发生的变化,体现了艺术化和舞台化的特点,即唱腔运用自如,演奏技巧丰富,板式节奏多样,大大增强了艺术表现力和时代特色,也使这一皖西地区特有曲种获得了新生。但是改革以后的四弦书也出现了一些问题,如表演中为追求音乐的连贯性,压缩了书中说白的分量,或只唱不说。虽然很适合说唱短篇书目,可是由于演员和伴奏人员的增加,编排和表演就变得复杂,很难表演篇幅很长的段子,因此民间职业艺人在营业性演出时,仍沿袭传统的演唱形式。

(二)艺术特征

四弦书的艺术特征主要表现在句式、调式、旋法、伴奏等方面。

句式上,四弦书的基本句式是七字句和十字句。七字句式是"二、二、三"型结构,基本节奏是×× ×× | ×× ×|,多适用于四弦书的开头或中间的叙述。如《竹木相争》的开头句:木头——张口——喜洋洋。

八字句式是从七字句式变化来的,是在原句式中加字形成,其结构有两种:一种是二、二、四型,基本节奏是×× ×× | ××× ×|;另一种是二、三、三型,基本节奏是:×× ××× | ×× ×|。七字句式的另一种变化带来了九字

---

① 沈晓富主编:《安徽省六安地区曲艺志》,黄山书社,1999年版,第65页,第80—81页。

句,其结构也有两种:一种是二、四、三,节奏是:×× ×××× | ×× ×|;另一种是四、二、三,节奏是×××× ×× | ×× ×|。

十字句的结构是三、四、三型,节奏变化丰富,句中有较多的延长或停顿。如《雷锋冒雨送亲人》中,开始描写当时天黑、雨大、风大的路上情景是:大路上——各样花草——把腰弯,大道上——冷冷清清——行人少。七字句加帽(多为谓词)或句中加垛,也能构成十字句。七字句和十字句在四弦书中大多掺和使用,有时交替使用。

调式上,四弦书的调式,以羽调式、徵调式及其两者交替为主,极少数为宫调式。有两种情况:一是以羽调式为主,终止在徵调式。另一种调式转换是从徵调式转入宫调式。这种调式转换之所以非常自然,是因为它的特性乐汇的音列是五声音阶的小三度和大二度级进组成,其组合形式有三音列、四音列、五音列等。

旋法上,四弦书的唱腔中多是大二度、小三度级进,这与四弦书演唱要求似歌唱如白话的特点相适应。有时根据情绪的需要也运用纯四度、纯五度跳进。一般地说,较欢快的叙事性的[喜乐调]音域较窄,起伏较小,[愤乐调][悲乐调]则音域较宽,起伏较大。[白调]介于两者之间。四弦书运用了大量的装饰音,它既调整了曲调与唱词四声之间的关系,又是最重要的润腔手法。[①]

### 四、书目分类与曲目要览

四弦书的传统书目有两类:一类是短小诙谐的"书帽子",也称"书头子"。作正本书开场说唱之前唱的书头子,都是短小精悍的故事,情节简练,用语诙谐幽默,起着"招引"听众、"定

---

[①] 沈晓富主编:《安徽省六安地区曲艺志》,黄山书社,1999年版,第65页,第61—63页。

场"情绪的作用。主要书目有《劝赌》《鹦哥对》《竹木相争》等。另一类为"正本书",人物多,故事情节较曲折复杂,整本书要唱十几场或几十场,有长篇传奇故事和神话故事之类。主要书目有《金镯玉环记》《双包荷花记》《说岳》《说唐》《十把穿金扇》《双鞭记》等。

  四弦书传统的曲目有:《竹木相争》《张正金打洋人》《金牡丹》《九美图》《破孟州》《杨家将》《赵莽抢亲》《西厢记》《金鞭记》《五女兴唐传》《平妖传》《十把穿金扇》《大破三省庄》《鹦哥传》《鹦哥对》《洞宾戏牡丹》《安安送米》《芦林相会》《白蛇传》《张文远自叹》《话捉张三》《韩湘子讨封》《二十四孝》《粉妆楼》《打窑货厂》《挖白菜》《岳唐传》《响马传》《小八义》《双灯英雄传》《天宝图》《大清三红传》《群英杰》《丛十字》《三婿上寿》《十二月颠倒颠》《雪梅吊孝》《孟姜女》《岳飞传》《胭脂女自叹》《说唐》等。①

  《竹木相争》和《张正金打洋人》是四弦书传统书目的主要代表作。《竹木相争》运用拟人化的手法,描写了竹子和木头因互争老大而引发的闹剧,从各摆各自的用处,到以己所长攻击对方所短,到最后承认各有长处和短处。这样一个由"争"到"和"的短篇故事,揭示了只有相互帮助,取长补短,才能发挥更大的作用的道理。该曲目无定本,靠艺人口传心授,语言风趣幽默,多作为正本书的书帽使用。唱得最好的当属原六安县城关四弦书盲艺人李永全,他善于抓住竹子和木头的不同个性,将木头由言狂到词穷,竹子由防守到反击,层层展开,泾渭分明。② 1957年,他参加在蚌埠市举行的省首届曲艺会演,获得好评。

  《张正金打洋人》,又名《三劫案》,取材于晚清霍山县内发

---

① 《六安地区文化志》编纂委员会编:《六安地区文化志》,黄山书社,1993年版,第82—83页。
② 沈晓富主编:《安徽省六安地区曲艺志》,黄山书社,1999年版,第65页,第41—42页。

生的"张正金教案"这件真实事件,是反帝题材的四弦书中篇曲目。"张正金教案"记录的是清末侨居霍山的张正金性情豪爽,好打抱不平。光绪六年(1880),法国教会来霍山广收不法之徒,横行乡里,闹得人怨天怒。张氏为反对法国传教士欺压中国人,遂于1905年率众反教,怒打洋人。后因清政府为虎作伥,张氏被捕,英勇就义。以此为题材创作的四弦书曲目情节曲折,叙事详尽,感人至深,高扬了中华民族的自尊精神,痛斥了清朝廷为取悦洋人而委曲求全的丑恶嘴脸。① 该曲目的产生与传播,为四弦书曲目宝库增添了一辉煌之作。

除了传统书目以外,四弦书还有一些新创作、改编、整理并演唱的书目,着力表现火热的革命战争和现实斗争生活。这些新编曲目有:《挤车》《革命理论映丹心》《伪县长钻床肚》《淮海战役》《芦荡火种》《智取威虎山》《恩仇记》《狗坟记》《夺印》《三拒谢礼》《又改婚期》《两亲家》《三退彩礼》《雷锋冒雨送亲人》《江姐》《龙江颂》《彩虹》《红灯记》《激战前夕》《拦花轿》《小二黑结婚》《林海雪原》《野火春风斗古城》《铁道游击队》《烈火金刚》《婚姻法》等。

《挤车》和《革命理论映丹心》是四弦书新编曲目的代表作。《挤车》曲目是由原六安县创作室沈晓富创作、县文化馆干部李华初配曲的现代题材的四弦书小段。该曲目以纺纱女工江沁芳作为穿针引线人物,主要写公共汽车经理黄正刚为解决坐公交车拥挤的老大难问题,学习周总理,以普通乘客身份,为查找原因去亲自体验挤车,从而引发的与因"急"上班而"挤"公交的江沁芳之间的故事。该曲目刊于1982年《皖西群众演唱》,由王宗会、张永胜以坐唱形式演出,李华初整理曲调,同年参加安

---

① 沈晓富主编:《安徽省六安地区曲艺志》,黄山书社,1999年版,第65页,第42—43页。

徽省曲艺选拔赛,获创作、演出双优奖。①

《革命理论映丹心》由业余作者徐维武作词、原六安县文化馆干部李华初配曲而成的现代题材的小段四弦书。该曲目写的是农村普通老党员吴文俊,与老伴张大婶活学活用革命理论时的一段小故事。本曲目由原六安县黄梅戏剧团两位演员谢乃远、杨宏英演唱,在表演形式上做了全面变革:一方面,将演员从自拉自唱自打响板的说唱改为一男一女坐唱,说唱声情并茂,加强了演员表演的自由度和表现力;另一方面,音乐唱腔上的定谱与小乐队的伴奏相结合,表演简单明了,既美化了声腔,又为四弦书曲艺的现代性定了型。② 1976年这两位演员参加地区和省曲艺选拔赛,同年晋京参加首届曲艺调演,获得成功,受到好评。

## 第三节 皖西民间戏剧

皖西地区流行的主要剧种有庐剧、推剧、端公戏、黄梅戏、京剧等,其中前三种属于皖西独具特色的地方戏曲,且诞生于此,流传甚广。尤其是皖西庐剧,是皖西地区最具代表性的地方戏剧,本章将辟专节加以介绍。

### 一、推剧与花鼓灯

#### (一)历史沿革

"推剧",俗称"四句推子"。它还有很多名称,未定名之前有"后场小戏""弦子灯""清音"等名称。它产生于民国初期,形成于20世纪40年代末。虽然是一个年轻剧种,但是它与"花鼓灯"渊源颇深。"花鼓灯"是流传于以蚌埠、淮南、怀远、凤台、

---

① 沈晓富主编:《安徽省六安地区曲艺志》,黄山书社,1999年版,第65页,第45—46页。
② 沈晓富主编:《安徽省六安地区曲艺志》,黄山书社,1999年版,第65页,第44—45页。

颍上为中心的淮河两岸的由舞、歌、锣鼓演奏汇集而成的一种民间舞蹈,这种艺术形式吸收了淮河沿岸的民歌、小调以及"琴书"发展而成,主要以音乐、舞蹈、灯歌相结合,通过情节和人物来表现群体情绪和生活事件。①

"推剧"是在"花鼓灯"的基础产生的,初为民歌,又称"清音""一条线调"。用"一条线调"演出的花鼓灯,群众称"弦子灯"。传统的花鼓灯舞蹈表演节目的最后,有一个情节简单、由民间传说故事和古典小说改编成的小戏,并且成为节目的一个重要组成部分,即为"后场小戏"。后来这种小戏也可脱离花鼓灯舞蹈而单独表演,从而形成了一种有弦乐伴奏、四句唱腔无限反复的民间戏曲艺术形式,被称作"四句推子"。顾名思义,四句推子就是在仅有的四句唱腔中每句唱词即有拖音,推上一句长腔,每小节四句推后即奏过门,简称"推子"。②

"四句推子"流行于安徽淮河中游地区的寿县、凤台、颍上、霍邱和淮南地区。据记载,20世纪30年代,颍上艺人唐慕军与凤台艺人陈敬芝(外号"一条线")等相继组班表演"花鼓灯"。之后,陈敬芝等人带班到霍邱演出,与当地艺人白玉山相遇,常听他唱一种无限反复演唱的"清音"小曲,和他们所唱相近,叫法也相同。于是陈氏等凤台艺人,吸收霍邱艺人唱法中的精华之处,运用到花鼓灯后场唱曲中,后经艺人们的逐步改进,形成了这种在沿淮两岸流传至今且深受人们喜爱的地方小戏。③

"四句推子"形成之后,艺人们大多在逢年过节时演出,为半职业化演出性质。起初,表演方式简单,他们先跳花鼓灯,然后由一个丑婆(小丑)和两三个年轻妇女在[游场](当地流行的

---

① 许正英主编:《安徽省六安市戏曲志》,六安市文化局编印,1999年版,第65页。
② 方敦寿编著:《民俗风情》,安徽人民出版社,2009年版,第73页。
③ 《中国戏曲志·安徽卷》编辑委员会:《中国戏曲志·安徽卷》,中国ISBN中心,1993年版,第113页。

曲牌)的演奏中进行舞蹈表演;结束后,开始演唱"四句推子"。

新中国成立后,业余剧团蓬勃兴起,自凤台县成立了专业剧团开始,四句推子才称作"推剧"。随后,在寿县、霍邱、六安等地也成立业余推剧团。尤其在寿县成立的业余推剧团就有几个,并在此基础上于1958年创建了"迎河推剧团"这个职业剧团,1959年改为"寿县推剧团"。1979年,寿县先后组建迎河、迎河青年、双桥、八公四个民间半职业推剧团,流动于寿春大地。① 由于推剧的曲调简单,便于配词,易学易唱,平时,老百姓也喜欢哼哼四句推子,以抒发情感。

(二)音乐与唱腔

推剧音乐由唱腔、过场音乐、打击乐三部分组成。

推剧的基本唱腔原名"四句推子",曲调来自民间,它汲取了流行于皖北一带的民歌、小调、曲艺"琴书"说唱等艺术营养,并受庐剧、吕剧、淮北梆子等剧种影响。推剧没有复杂的表演动作,仅有简单的唱腔结构,善于表现生活小戏。虽然故事情节单一,但它的表演艺术很有特色——抒情、明快、柔和,与花鼓灯舞蹈融合为一体,载歌载舞,唱做并重,细致而流畅,朴实而活泼,具有浓厚的生活气息和乡土情调。推剧的唱腔包括四句推子、一条线、新原板、重音、麦黄坪、腊月坪、腊梅花凋、腊花悲调、句句双等10余种,这些唱腔是在原四句吸收了淮河民歌和各种小调的基础上改编而成的。

推剧的唱腔有曲牌类和板腔类两种形式。

[四句推子]及其花腔小调均属曲牌类。[四句推子]为四句体,唱腔的起落规律为板起板落。例如:《渔舟配》中旦角渔姐的唱腔就是四句推子(即"一条线调")。代表剧目《送香茶》中有一个长达数十字的垛句,现已成为推剧的一支常用曲牌唱腔。推剧男女角同腔同调。女腔柔婉抒情,男腔朴实流畅,皆

---

① 许正英主编:《安徽省六安市戏曲志》,六安市文化局编印,1999年版,第66页。

用真嗓演唱。这是由于演员的音域、唱法、衬词运用各不相同，因此出现了许多结构落音相同，而旋律、节奏、情感大有差异的［四句推子］。

小调多见于曲调来自民歌的"三小戏"中。［四句推子］成为基本唱腔后，其花腔小调就作为戏中插曲，现多已变成基本素材。常用的有：［虞美佳人］［小五更］［二姑娘相思］［穿心调］［观花调］［下河调］及丰富多彩的花鼓戏。例如：《游春》中的旦角虞香女的唱腔［虞美佳人］即为小调。

推剧的板式唱腔包括［导板］［快板］［小快板］［散板］［清板］［慢板］［垛板］［虞美佳人］等。其形成过程是：推剧的各个行当（生、旦、净、末、丑）均以［四句推子］为基础唱腔，虽旋律各有差异，但其结构、落音等并无不同。随后在基本唱腔的基础上，加以节奏紧缩、变化旋律和扯散等，同时大量吸收其他剧种唱腔的结构或旋律，逐步形成了推剧的板式唱腔。

推剧的曲牌类和板腔类唱腔综合之后，［四句推子］仍为基本唱腔，花腔小调仅仅作为辅助唱腔；重点唱段则采用在［四句推子］基础上创造的导板——慢板——原板——快板，或垛板——散板，或原板等各种板式链接。

推剧的唱词句式多为七字句和十字句，韵脚用十三辙。唱念用方言吐字，学唱简单，填词自由。伴奏曲牌常用的包括：［游场］［慢游场］［肚里疼］［花游场］［油葫芦］［鸡啄米］［凡乙调］等，多取材于民歌或民间器乐。伴奏乐器初期仅用自制胡琴，音色类似板胡，后又增加了二胡、笙笛唢呐等乐器。主要包括板胡、笛子、锣鼓、二胡等，其中板胡为主乐，扇子、手巾为主要道具。随着推剧艺术的发展和丰富，"推剧"的伴奏编制逐渐强大，"文场"与"武场"各具伴奏特色：既可用吹、拉、弹拨弦管乐队伴奏"文场"音乐，也有能为"武场"演奏的民族打击乐队。①

---

① 《中国戏曲志·安徽卷》编辑委员会：《中国戏曲志·安徽卷》，中国ISBN中心，1993年版，第307—311页。

### (三)艺术特点和角色行当

推剧的唱腔是源于自然状态的地方民间小调,其表演形式活泼,融和花鼓灯、民间歌舞于一体,载歌载舞,唱做并重,旋律优美,具有五声音节之特点,尤其是多姿多彩的扇子花和优美婀娜的手巾花,形成了推剧表演艺术风格的一道独特的风景线。吐字清晰,易唱易懂,善于叙事,婉转动听、缠绵悠扬是其唱腔的主要特点。动作大起大落、场面奔放滑稽是其艺术特点。推剧的唱腔、旋律、手法、身段,充分体现了淮河人民能歌善舞、热情奔放的特点,具有浓郁的乡土气息和显著的地方特征。

推剧角色行当主要以生旦为主,原先只有生、旦、丑,后来增加了净、末等角色行当,与京剧的"生、旦、净、末、丑"相似,因"末"渐为老生行之次要角色,归为"生"行,实为生、旦、净、丑四大类。推剧中,已无"末"行,完全由生角代之。表演程式简单,没有复杂的舞台动作。唱腔结构简单,起承转合,四句无限反复,每句唱腔都是下行落板。

### (四)剧目种类

推剧剧目种类繁多,大约168部,剧本内容多表现沿淮儿女扬善惩恶、扬美抑丑的善良品格和崇高精神,如对善恶的爱憎、对美丑的扬抑、对是非的褒贬、对英雄的敬仰和赞美等。

推剧因形成时间较短,传统剧目不多,现流传下来的仅有《孟姜女送寒衣》《胡三保游春》《送香茶》《大扒缸》《拾棉花》《青蛇白蛇爱许仙》《洞宾戏牡丹》等小戏和《安安送米》《割肝救母》《白玉楼》《白灯记》等本戏。职业推剧团成立后,演出了《志愿军的未婚妻》《刘胡兰》《苦菜花》等多个大型现代戏,并移植了《小刀会》《姊妹易嫁》《白蛇传》《秦香莲》《打金枝》《枫叶红了的时候》和《春草闯堂》等剧目。[①]

---

[①] 《中国戏曲剧种大辞典》编辑委员会:《中国戏曲剧种大辞典》,上海辞书出版社,1995年版,第639页。

新中国成立初期,剧目多为歌颂新中国建立、社会主义建设以及赞美英雄人物的作品。改革开放以来,现代推剧小戏层出不穷,如《送情郎》《新春对歌》《赶会》《双回门》等常在民间传唱。

## 二、端公调与端公戏

### (一)历史沿革

端公戏,也称"端正戏",是流行于寿县、霍邱、六安等沿淮地区的一个古老而稀有的民间剧种。历史上,寿县、凤台等地盛行巫师活动。古代以舞降神的女子称"巫",男巫称为"端公"。端公在祭祀时,所唱有关神仙、鬼怪等荒诞故事和宣扬生死轮回等意识的曲调,人称"端公神调"。由于受地方戏和曲艺的影响,清代的这种戏曲形式,逐渐由一人说唱,变为多人分别扮演人物,遂为端公戏。端公戏是在由巫师跳神驱逐鬼疫和祈求祥福的歌舞形式基础上形成的民间小戏,先吸收倒七戏(即后来的庐剧)艺术,后又与庐剧合班一起长期演出。至1931年,由寿县艺人马杰成的父亲马德胜领班的端公戏,先与偶正标倒七戏合演,终于改唱庐剧。马德胜因领班唱端公戏而享有盛名,民间流传"河西马德胜,河东丁彩林,被窝里钻出刘国银,端公戏出了名"[①]。

端公戏艺人后来因形势变化而纷纷改唱倒七戏(庐剧),端公戏班解体,端公戏的剧目、曲调也为庐剧所吸收,只有民间业余艺人于农闲时演唱此戏。端公戏艺人因信仰石榴树,认其为保护神,因而崇拜石榴树雕像(即植物崇拜)。祭祀仪式时必唱"祭祀歌",是为了增强祭祀仪式的神奇色彩。端公戏艺人在演戏祭祀的同时,也借以娱人,招引观众。

端公戏这一剧种形成以来,始终无职业班社,大多是师徒

---

① 《中国戏曲志·安徽卷》编辑委员会:《中国戏曲志·安徽卷》,中国ISBN中心,1993年版,第118页。

两三人,长期流动于乡村而未进入过都市,且多数在祭天、祈祷丰收之时搭班演出,不少演员身兼两职,既是农民,又是端公。清末民初庐剧向淮河两岸发展,进入端公戏流行地后,便逐渐被前者替代。转入庐剧班社的一些端公戏艺人,还带去部分唱腔、剧目,如《观音修道》《河神》等。

端公戏的起源,曾流传有两种说法。一种是说由巫歌发展而来。春秋战国时期,曾为楚都的寿县,继承了殷商的巫风,卜巫盛行。俗称"端公"的巫师遍及乡里,手击"神鼓","下神""做事",专门从事为人祈福避祸、驱神祛鬼的迷信活动,其所唱巫歌曲调,称作"端公调"。另一种说法是端公戏是在太平天国时期洪山戏的影响下形成的。当时洪山戏因为配合太平军的反清廷活动而受到清朝政府的清剿,洪山戏艺人因造反的罪名被逮捕。从天长、来安等地逃至寿县的艺人冯某带着洪山戏剧目,如《魏九郎背表》《河神》《张相打嫁妆》等亲自授艺,最终将这些洪山戏剧目演变为端公戏的传统剧目。①

(二)音乐唱腔

在"一人一台戏"的早期,仅有一人一锣,自敲自唱。后来逐渐发展为多人结伴为伍,组织端公戏班社,分角坐唱,对唱或

---

① 《中国戏曲志·安徽卷》编辑委员会:《中国戏曲志·安徽卷》,中国ISBN中心,1993年版,第117—118页。

轮唱。端公戏班人数一般有八九人，乐器为一鼓一板，大锣、小锣各一面，无丝弦伴奏。在端公调的演唱及伴奏形式上，徒歌、帮腔和锣鼓助节是其主要特点。通常由师傅担任的主持，端公既是主要角色的承担者和领唱者，也是整场演出的指挥者和导引者。主持端公利用手中的"小神鼓"的手势和点数来指挥控制演唱、伴奏速度和曲牌的转换等。"大神鼓"和大锣分别由另外两位端公掌控，手持大锣者担任伴奏和帮腔，并依据剧情发展的需要而随时承担不同角色。

端公戏伴奏的主要乐器是"神鼓"（鼓面直径大小不一，但都装有长柄，其末端有一圆孔套着3个铁环，9个小铁环又分别套在这3个铁环上），又称"九环鼓"。端公左手持鼓，右手拿着鼓条，背面击打，并抖动铁环发出哧哧响声，形成强弱分明的节拍，一般强拍击鼓，次强或弱拍靠铁环有节奏的抖动发出。主持端公无论演何种角色，小神鼓始终不离手。①

在曲唱方面，端公的曲调有10多种，大多吸收其地方戏曲的唱腔和表演，一些民间小调体，或民歌体和舞蹈；加上弦乐伴奏，其艺术形式，始较完善起来。由于大量使用衬字虚词和下滑音，形成了端公调的一大特色。常用曲调有：[二凉调][丁香调][苦流调][花三七调][拉满台调][小生调][王婆骂鸡调]等。唱腔仅有"端公神调"，凄凉悲愁，酷似女人哭声。从首句的伸腔，转入叙述性的本腔，到最后落句，也有"大、小过台"。唱腔一结束，台上锣鼓齐响，在锣鼓声中，表演者有节奏地围绕台场作舞蹈状前后扭动，锣鼓声停，开始再唱，这就叫"过台"。过台的舞蹈身段，要做一个如打人、骑马、上船、上楼等比较复杂的动作，多在引导另一个角色上场。用过台的形式也能让嗓子唱得太累的演员得到休息的机会。这种锣鼓中的扭动姿态，与"花鼓灯舞"中唱花鼓时的舞蹈形式很相像。端公戏唱腔，即

---

① 许正英主编：《安徽省六安市戏曲志》，六安市文化局编印，1999年版，第61页。

[端公调],如今只有庐剧老艺人会唱,演唱的剧目大多是艺人口传身授,很少有抄本。

总之,端公戏的音乐,唱占其主导地位。在唱腔结构上,以非对称的上、下乐句(上句短下句长)为基础。一段唱腔则是对应的上、下乐句的多次变化反复。其特点是以上句旋律为基础,下句作自由展开,不断派生发展,并引入新材料,字多腔少,叙述性较强。唱腔的音调由五声音阶构成,多为五声羽调式。端公戏唱腔通常分为主调和花调,主调唱腔均为演出剧目所用,主要有"端公神调""端公叹调""喜神调"。其基本结构为:起腔锣鼓[长四条]——上句——下句——变化反复——落板锣鼓[长流水]。端公戏的声腔对庐剧的影响很大,庐剧的[端公调][神调]分别由[端公叹调]和[九郎神调]衍变而来,甚至一些庐剧艺人既唱庐剧,又唱端公戏。端公戏《休丁香》《双锁柜》等,包括曲调,很快被一些庐剧班社移植过来,并成为庐剧保留剧目,常演常新。花调则多为祭祀仪式时演唱,如"光棍溜子""老婆歌""凤阳歌""淮调""慢赶牛"等沿淮一带民歌小调。

(三)剧目概况

端公戏剧目不多,常演的剧目有《休丁香》《劝小姑》《薛凤英上吊》《张相打嫁妆》《王婆骂鸡》《薛仁贵打雁》《秦雪梅观画》等。端公戏的正宗本戏《观音修道》《九郎背表》因剧目内容离奇、表演程式繁杂,观众又不欣赏,未能流传下来。经过移植成为庐剧经典剧目保留下来的连台本戏仅有三本:《薛凤英》《河神》《休丁香》。一台本戏演出时间最长的要数《休丁香》了,可演唱十多天,甚至能唱个把月。所以也有人称端公班为"丁香班"的。[①] 至民国初年,端公戏班中出现丁香班,专唱《休丁香》一剧,在寿县闻名一时。

现如今庐剧中仍保留《薛凤英》《河神》《休丁香》三出端公

---

① 《中国戏曲剧种大辞典》编辑委员会:《中国戏曲剧种大辞典》,上海辞书出版社,1995年版,第633页。

戏剧目,演出时仍唱"端公神调"。《薛凤英》写前妻之女被后娘虐待,被逼吊死,游阴且还魂之事。《河神》写一个儿大女大、忙娶忙嫁的张相其人,为妹置购嫁妆,途中不幸被河盗杀死,遇害他乡,龙王封他为河神。县官包庇河盗,河神偕雷公、风婆惩罚之。虽冤魂得伸,张相一家却因无嗣而全部自杀,人去室空,惊动天庭,玉帝见怜而封之为神。演唱前的埋吊杆、杀鸡、放炮,阴森可怖;演出中有钉舌条(舌头)、吊死、游十殿,惨不忍睹。整个剧情凄凉悲怆,令人寻味。《休丁香》又名《张郎休妻》,源于民间故事。表现由天上的"聚财星"下凡转世到人间的郭丁香,嫁给由"败财星"转世的浪子张万郎,所发生的一系列的情节故事,如耕织乐、绣罗衫、拜寿、休妻、叹十里、荡产、再遇等。这个故事反映了一个贤淑女性虽严守封建伦理道德,却终究无法逃脱惨遭蹂躏的悲剧命运,活绘出一幅"越是忠于做贤妻,就越是一场悲剧"的"道德吃人画图"。内容较为健康,移植中将原来十多本的情节改唱为三本,仍唱"端公调"。① 此剧已由庐剧整理,成为经常上演的剧目。

### 三、黄梅戏

#### (一)历史沿革

黄梅戏,其名称较多,如"采茶戏""花谷戏""花鼓戏""二高腔""茶篮戏"等,旧时称"黄梅调"。源于湖北省黄梅县一带的采茶歌。清道光年间传入我省安庆、怀宁等地。在传播过程中,汲取了青阳腔和徽剧的音乐,以及民间表演艺术等,形成了独具风格的"府腔"(安庆府)和"怀腔"(怀宁县)两大黄梅调。黄梅戏曲调优美动听,流畅醇厚,主要唱腔有大戏和小戏之分:大戏有"平词""火工""二行""三行""彩腔"等;小戏多用各自独立的唱腔,常以戏名做调名,如《纺线纱》唱[纺线纱调],《打豆

---

① 许正英主编:《安徽省六安市戏曲志》,六安市文化局编印,1999年版,第77页。

腐》唱[打豆腐调]等。①

1953年始,黄梅调正式命名为"黄梅戏"。因这些曲调来自山歌小调等民间歌谣,以及高腔和舞曲等,故曲调丰富多彩,传统剧目居多,习惯称为"三十六大本""七十二小出",如《天仙配》《女驸马》《牛郎织女》《打猪草》《夫妻观灯》等经典剧目,深受喜爱,流传甚广。在表演特色上,黄梅戏长于抒情,载歌载舞,形式活泼,具有浓郁的乡土气息和显著的地方色彩。②

(二)皖西各地黄梅戏剧团

皖西的黄梅戏是新中国成立后从安庆流入的很受观众喜爱的剧种。早在抗日战争时期,安庆黄梅戏老艺人严松柏就曾带戏班来六安县毛坦厂一带和霍山等地演出。新中国成立后,1954年,安徽省黄梅剧团来皖西金寨和六安演出,严凤英、王少舫、潘景丽等著名演员到金寨梅山水库工地慰问演出《春香传》等剧目。返回途中经过六安,在皖西大剧院演出。他们的精湛表演,给六安观众留下深刻印象。③ 1955年,黄梅戏《天仙配》影片在皖西大地放映后,深受广大观众的普遍欢迎和喜爱,有些唱段如《满工》《路遇》等在六安城乡广为传唱。

1958年10月,六安县创办了文化艺术学校,试教黄梅戏唱腔及表演艺术,时有学员近百人。翌年元旦,艺校首次实习演出了黄梅戏《路遇》《小二姐做梦》《拾棉花》《牛郎织女笑开颜》,博得观众好评。同年2月,艺校挑选22名师生到安庆艺术学校培训,半年后回六安。于当年9月25日,创建六安县黄梅戏剧团。六安向无黄梅戏班社,该团的诞生,以新的剧种、新的剧目,满台青年演员的特有风貌呈现在观众面前。自此之

---

① 许正英主编:《安徽省六安市戏曲志》,六安市文化局编印,1999年版,第64页。
② 《六安地区文化志》编纂委员会编:《六安地区文化志》,黄山书社,1993年版,第56页。
③ 许正英主编:《安徽省六安市戏曲志》,六安市文化局编印,1999年版,第64页。

后,在皖西地区相继成立了几个黄梅戏剧团。1960年,先后成立了金寨县黄梅戏剧团和霍邱县黄梅戏演出队,后者后来发展为霍邱县黄梅戏剧团。至此,黄梅戏这朵艺术之花在皖西大地盛开怒放。

"文革"期间,六安县黄梅戏剧团改为"六安县工农兵文工团",古装戏剧服装被毁,剧目全部禁演。"十年动乱"之后,剧团恢复了原名称,优秀剧目得到了解禁,剧团进行了组织整顿,加强了纪律教育,建立和健全了一系列的规章制度,整个工作得以恢复与发展。7年中排大型戏曲共59台,演出2890场,上演的黄梅戏传统剧目或移植的剧目有《天仙配》《女驸马》《红楼梦》《白蛇传》《春草闯堂》《梁山伯与祝英台》等;现代戏剧目有《白毛女》《于无声处》《江姐》等,还有自己创作的《淠河恨》《河西风暴》等。剧团连续7次获得省、地、县领导机关的表彰。①

六安县黄梅戏剧团自建团以来,既排演了一批优秀的传统剧和新编的历史剧,还排演了不少现代戏。

排演的黄梅戏传统剧或移植的剧目主要有:《天仙配》《七仙女送子》《女驸马》《珍珠塔》《孝子冤》《罗帕记》《白蛇传》《白牡丹》《金鳞记》《红楼梦》《状元与乞丐》《猪八戒招亲》《窦娥冤》《封神榜》《环断案》《夫妻观灯》《春香闹学》《张羽煮海》《胭脂》《梅香》《鸳鸯谱》《屠夫状元》《蝴蝶杯》《费诅》《寻儿记》《梁山伯与祝英台》《夫妻冤》《打豆腐》《包公嫁女》等。

排演的新编历史剧和古装戏主要有:《擂鼓战金山》《小刀会》《红灯照》《赵匡胤困南唐》《杨八姐救兄》《孟丽君》《打金枝》《十一郎》《三盗碧玉瓶》等。

排演的现代剧主要有:《血泪仇》《白毛女》《夺印》《箭杆河边》《海防线》《江姐》《洪湖赤卫队》《平源游击队》《草原英雄小姐妹》《朝阳沟》《红灯记》《沙家浜》《于无声处》《蝶恋花》《南国

---

① 许正英主编:《安徽省六安市戏曲志》,六安市文化局编印,1999年版,第159页。

烽烟》等。①

### 四、京剧

#### (一)历史沿革

京剧,俗称"大戏",是流行全国最广、影响最大的剧种,一度称"国剧"。京剧有 200 余年的历史。清乾隆五十五年(1790),三庆、四喜、春台、和春四大徽班进京,同汉调艺人合作,彼此影响,又接受了昆腔、秦腔的部分曲调、剧目和表演艺术,还吸收了一些民间曲调,逐渐演变、融合、发展而成。唱腔以徽调的二黄和汉调的西皮为主,旧称"皮黄"。音乐上基本属于板腔体。

京剧传入六安地区较早。清同治元年(1862),舒城县练董吴维章在蔡家店建吴家圩子,为庆祝新圩落成,邀集京剧优伶唱戏作贺。后来这班京剧艺人便以吴维章为箱主,首创"全福班"。与此同时,金寨县斑竹园区牛食畈人周祖培,时任清协办大学士,在京雇佣娃娃班回乡唱堂会戏,以此组成"周小班"。周死后,家道衰落,无力供养此班,周小班遂脱离周家,在周边一带演出。这是本区最早创建的两个京剧戏班。

清光绪十五年(1889),京剧票友张金成在城隍庙创建京剧洪福班。之后,本地区城乡京剧班社应运而生,如"炎帝班"(苏家埠)、"太平班"(清凉寺)、"良友班"(流波䃥)、"三元班"(窦家楼)、"九如班"(太平集)、"同乐班"(霍邱县李家圩)、"双喜班"(寿县三义乡)等。② 这些班社时兴时废,有少数班社在新中国成立后改组为县级京剧团。

---

① 许正英主编:《安徽省六安市戏曲志》,六安市文化局编印,1999 年版,第 161 页。
② 《六安地区文化志》编纂委员会编:《六安地区文化志》,黄山书社,1993 年版,第 55 页。

## (二)皖西各地京剧团

新中国成立后,将旧社会遗留下来坐落于六安县城区的"新新俱乐部"改组为"六安新新大戏院",后发展为国营"皖西京剧团"。1949年10月,团、院合一的六安新新大戏院经过"三改"(改人、改制、改戏)面貌一新,1950年推出《洞庭英雄》《新大名府》《唇亡齿寒》《三世仇》《江汉渔歌》《云罗山》等7出新戏,为皖北区戏曲改革树立了榜样。之后,其他各县如寿县、霍邱、霍山、金寨、舒城都建有京剧团。经过1962年的精简和调整,全区仅保留皖西京剧团,1979年改为六安市京剧团并保留至今。

新中国成立前,京剧以演历史故事为主,上演京剧大多为传统剧目,据有关专家统计,约有1300多个,本区上演的京剧剧目也有300多个。代表剧目有《霸王别姬》《贵妃醉酒》《打渔杀家》《甘露寺》《盘丝洞》《大闹天宫》等,也曾演出过《大劈棺》《杀子报》等低级庸俗的剧目。新中国成立后,贯彻"百花齐放、百家争鸣"的方针,在坚持上演优秀传统剧目的同时,还上演了一些新编历史剧目,如《梁山伯与祝英台》《天河配》《红娘子》《李闯王》《白蛇传》《李定国》《花木兰》《血染的大旗》《卧薪尝胆》《淝水之战》等,并配合各个时期的社会活动,创作了一批反映现代革命斗争的现代京剧,如《白毛女》《血泪仇》《审椅子》《夺印》等。[①] 其中,《李定国》一剧于1956年参加了安徽省首届戏曲观摩演出大会,共获10项奖。《淝水之战》和《血染的大旗》参加了两届六安地区戏曲调演,均获剧本创作奖。这些京剧艺术的改革和创新为本地区戏曲艺术的繁荣与发展做出了积极的贡献。

---

① 许正英主编:《安徽省六安市戏曲志》,六安市文化局编印,1999年版,第63—64页。

### 五、其他剧种

#### (一)话剧

话剧早期名"新剧",亦名"文明戏"。民国年间,安徽省立第三甲种农业学校(简称"三农")在六安建立。六安县演出话剧肇自"三农"。翌年秋该校组织"爱国剧社",在城关演出《朝鲜亡国惨史》《新家庭》《不平鸣》等话剧剧目,这是话剧在境内演出之始。之后,土地革命战争期间,皖西苏区和抗日战争时期的立煌县、六安县等地建立了几个新剧团。这些文艺团体在城乡曾演出话剧《独山暴动》《卢沟桥》《夺取政权》《我们的故乡》《放下你的鞭子》《新生活》等剧目,有力地发挥了团结教育人民、打击敌人的战斗作用,激发了民众的抗日热情。

新中国成立后,各县城镇、乡村、机关、学校等单位话剧演出活动蓬勃兴起,为抗美援朝、治淮、贯彻婚姻法等政治运动和中心工作起到了有力的宣传和积极的推动作用,同时也促进了话剧艺术自身的发展。[1] 1949年秋,新安集的青年学生和居民组织了业余剧团,自编上演了《暗藏》《偿还血债》《土地还家》《躲也躲不掉》等剧目,推动了当时反匪反霸、土地改革等工作的开展。像皖西庐剧团、皖西京剧团和六安县黄梅戏剧团等本地区各类专业剧团和城镇、机关、学校虽排演过话剧,但尚未建立话剧专业剧团。

#### (二)采茶戏

采茶戏,又称"踩台戏",是流行于霍山漫水河等地区的一个剧种。它是由湖北黄梅的采茶歌与高跷、道情等民间歌舞相结合,经过长期发展演变,约于清嘉庆年间形成。清光绪九年(1883),先前来霍山县高山传授采茶戏和汉剧的英山艺人柯小儿(绰号)的徒弟张挥荣组成一个皮影戏班子,兼唱汉剧和采茶

---

[1] 《六安地区文化志》编纂委员会编:《六安地区文化志》,黄山书社,1993年版,第56—57页。

戏(草台班)。民国年间,张太山等人组成采茶班活动于漫水河一带。随后,栗树岭、蔡家河等地相继组建采茶班,演出活动范围有所扩大。

新中国成立后,郭庆善戏班子改为采茶戏业余剧团,有成员20余人,曾参加霍山县和六安地区的民间文艺会演,并获演出奖。1966年采茶戏被斥为封建糟粕而停演。采茶戏的唱腔与汉剧相近,道白多系方言土语俗话,行当生、旦、净、末、丑五角俱全。伴奏只有锣鼓,唱腔有上板、下板、裁板、定板、叹五更、二琴调、还魂调等调式。① 剧目有《女驸马》《袖香记》《紫金碑》《水阁亭》《大辕门》《胭脂血》《打金枝》《白扇记》等100余个。现濒临失传。

(三)楚剧

楚剧,旧称"西皮花鼓""黄孝花鼓"。1926年改名"楚剧"。流行于湖北,约有100多年的历史。楚剧是在黄陂、孝感一带的竹马、高跷等民间歌舞以及鄂东的"哦呵腔"的基础上发展形成的。楚剧原是人声帮腔,锣鼓伴奏,20世纪初进入武汉后,受到汉剧、京剧的影响,得到了逐步发展,随后改为丝弦伴奏。新中国成立后,楚剧经过不断改革发展,形成了以"迓腔"为主的板腔、高腔、小腔三大体系。②

新中国成立后,楚剧一度流行于皖西地区的金寨县。1959年元月,金寨县举办业余文艺会演,县委领导看了吴家店区(与湖北毗邻)代表队演出的楚剧后,认为楚调适合县境演出。同年2月,决定将县歌舞剧团改为"金寨县楚剧团",并分别于4月、12月两次派出业务人员到武汉楚剧院观摩学习。歌舞剧团还从楚剧院请来两位楚剧老艺人,帮助业务训练,曾演出《乌

---

① 《六安地区文化志》编纂委员会编:《六安地区文化志》,黄山书社,1993年版,第57—58页。
② 《六安地区文化志》编纂委员会编:《六安地区文化志》,黄山书社,1993年版,第58页。

金记》《打豆腐》《刘海砍樵》《打金枝》等15个楚剧折子戏。①1960年5月,楚剧团被并入"金寨县黄梅戏剧团"。现如今,楚剧不再上演。

## 第四节 皖西庐剧

### 一、庐剧源流沿革与形成发展

庐剧,是安徽地方戏中流行地区较广的主要剧种之一。原名"倒七戏",俗称较多,亦作"小戏""道七戏""小倒戏""小捣戏""倒祭戏""祷祭戏""稻季戏""小蛮戏"。江南人称"江北小戏",南京人称"和州戏"。它流行于江淮之间以及皖南和大别山部分地区。北至凤台、淮南等地;南至青阳、芜湖等地;东起有嘉山、滁县、马鞍山、当涂等地;西至六安、金寨、霍山等地,总流传约30多个县市,地域人口约3000万。它是以皖中语言为基础的,盛行于庐州府(今合肥)所在的皖中地区,故1955年经安徽省委批准,定名为"庐剧"。

庐剧究竟产生于何地,历来有多种说法,目前有三种:一是根据庐剧的主要流行地区,认为源于合肥一带;二是因阜南一带流行嗨子戏,其剧目和唱腔与庐剧相近,认为源于阜南一带;第三种认为是在大别山一带民间歌舞基础上,受湖北花鼓戏的影响而形成。更多倾向于第三种,源于淮河流域、大别山一带,也就是以六安、霍山为中心的皖西地区一带。②

庐剧起源于何时,原无史料可考,只有传说,没有定论。一般认为庐剧距今已有200多年的历史。有三个依据:一是艺人追述。据已故中路老艺人费业发生前追忆,他父亲在太平天国时期已搭班唱戏;西路老艺人熊矮子(约1830—1900)的徒孙

---

① 许正英主编:《安徽省六安市戏曲志》,六安市文化局编印,1999年版,第67页。
② 方敦寿编著:《民俗风情》,安徽人民出版社,2009年版,第576页。

唐正才(约1850—1938)曾回忆说:他师爷年轻时便常与师傅率庐剧戏班到周边的湖北、河南一带演出。二是碑刻材料。1985年,在皖中巢县烔炀河镇发现一块清代同治七年(1868)的石碑,碑文刻有当时巢县知县陈炳所颁禁约:"近倒七戏名目,淫词丑态,最易摇荡人心,关系风化不浅,嗣后如有再演此戏者,绅董与地保亦宜禀案本县捉拿,定将此写戏、点戏与班首人等,一并枷杖。"三是宗谱资料。据霍山县石子河乡查找到的修订于嘉庆年间的涂氏宗谱中有关家戒的文字记载,其中第九条规定"妇女不准入庙烧香,诵佛念经,听小戏"。在当地至今仍有人称"倒七戏"为"小戏",这说明"倒七戏"流入皖西、皖中也有近200年历史了。

总体上来说,庐剧是在大别山区和江淮之间的民歌、山歌、曲艺和民间歌舞的基础上,吸收了门歌、采茶戏、花鼓戏、端公戏、嗨子戏、徽调等曲种的唱腔与剧目,并在与京徽班合演过程中受到徽剧、京剧的影响,逐步丰富发展而成。

(来源:皖西博物馆)

庐剧音乐的形成,则是与皖中一带流行的锣鼓门歌、秧歌以及灯会的旱船、高跷、花篮等舞蹈音乐密不可分的。① 如大别山

---

① 《中国戏曲志·安徽卷》编辑委员会:《中国戏曲志·安徽卷》,中国ISBN中心,1993年版,第231页。

一带流行的锣鼓或锣鼓书,肥东、巢湖等地的门歌,寿县、凤阳的端公戏,无为的徽剧,阜南的嗨子戏等,这些都构成了庐剧形成的基础。例如庐剧《讨学钱》来自花鼓戏,曲调却源于大别山流行的[杨柳青调]。端公戏的曲调"端公神调"和《河神》《薛凤英》《休丁香》三个连台本戏剧目均移植于庐剧的传统剧目中。

在向皖西北的阜南和湖北麻城一带流传时,庐剧曾与嗨子戏艺人互相串班,《闹松林》《打长工》等剧目即源自嗨子戏。庐剧折子戏《放鹦哥》即为皖南花鼓戏《西楼会》的一折,《打瓦》《反情》《拜年》《上竹山》等折子戏也出自皖南花鼓戏的《余四覆情记》。此外,清末民初的一些艺人还曾与徽班合作过,学会了徽调的一些剧目。比如徽班唱完《连升三级》《龙凤呈祥》等四出戏后,庐剧便接演小戏《劝小姑》《送香茶》等。庐剧从中吸收了大量的徽剧表演艺术,原腔原调地套用一批徽戏剧目,如《滚鼓山》《九锡宫》《紫荆树》《斩经堂》《芦花絮》《打面缸》等。其中《九锡宫》套用西皮腔,《斩经堂》套用拨子调。可见庐剧的吸收性、包容性和普遍性很强。

在安徽长期流布过程中,庐剧深受各地方言、民歌、习俗、舞蹈、曲艺和民间音乐等方面的影响,逐步形成了西、东、中、北四路,即四种不同风格的流派。在音乐、剧目、演唱方法上各有不同,唱腔各具特色。①

西路庐剧(又称上路),发源于大别山区,以六安、霍山为中心,流行于皖西(六安、金寨、霍山、霍邱)一带。较有名的班社有三胜班、三义班、唐包子班、德胜班等。剧目以小戏为主,如《劝小姑》《放鹦哥》《采茶》《观画》《送香茶》《打蛮船》等。著名艺人有刘长林、唐包子、何代贤、宋策国、萧玉福、刘正元、戴志生、张金柱等。他们擅演二小戏、三小戏,最拿手的是花腔杂调。音乐唱腔上高亢粗犷,起伏跌宕,旋律跳跃而华丽,多用假

---

① 许正英主编:《安徽省六安市戏曲志》,六安市文化局编印,1999年版,第57—58页。

声,具有山区特色,人称"山腔",带有山歌风味。

东路庐剧(又称下路)以巢湖、芜湖一带为中心,由江北的职业班社和移民流入。流行于无为、巢县、含山、和县,以及南陵、繁昌、当涂、马鞍山等地。剧目多为连台本戏,如《孟丽君》《杨家将》《文素臣》《薛丁山征西》等。这一路有数十个戏班,盛名一时的有无为的董少轩班、含山的王四班、王海洲班。由于其长期流动于长江南北,与徽剧、京剧、扬剧交往密切,吸收其艺术之长,使自己壮大起来。音乐唱腔柔雅、清秀、婉转、流畅、甜美、细腻,小嗓子唱法多已淘汰,仅在落尾时用假声,具有水乡特色,称为"水腔"。

(来源:皖西博物馆)

中路庐剧以合肥一带为中心,是庐剧发展、繁盛之地。流行于安徽中部的肥东、肥西、长丰、舒城、庐江、定远等地。演出剧目多为宫廷袍带本戏,如《白玉楼》《状元谱》《二度梅》《彩楼配》等。清光绪初年,有萧家班盛极一时,后有丁家班、吕家班、二杨班等,先后进入大、中城市,演出以袍带戏为主,如《白玉楼》《白灯记》《彩楼记》等。音乐兼有东、西两路之长,唱腔以二凉、寒腔为主调,吐字行腔,旋律委婉、抒情,曲调明快、朴实,且在唱句落尾,饰以假音。

北路庐剧以寿县为中心,流行于凤台、淮南、蚌埠一带。著名班社有徐乱子班、高升班、义和班、戴玉林的戴家班、王家喜的王家班、同义班等。代表剧目有《休丁香》《河神》《秦雪梅》《合同记》《薛凤英》《白灯记》等。较有名的艺人有朱庆友、王道明、戴玉林、张少山、戴玉泉等。他们的唱腔粗犷、豪放、起伏跌宕,耐人寻味。也有人将北路庐剧并入西路庐剧。①

(来源:皖西博物馆)

庐剧初无固定的班社,多为草台班,临时自由结合,表演者几乎都是农民和小手工业者,忙时从农从工,闲时演艺。后来逐渐形成职业班社,人员很少,一人身兼数个角色,伴奏仅用锣、鼓、板,有"七忙八不忙,九人跑满堂"之说。演唱形式简单,角色均为男性扮演,全凭锣鼓衬场,击节而唱。艺人收入薄,地位低,生活清苦。新中国成立后,庐剧受到重视和发展。1952年,合肥的庆寿班被改组为安徽省庐剧团,并对庐剧进行改革。主要在音乐上增加了一些伴奏乐器,如丝弦等,由原来的锣鼓伴奏改为丝弦伴奏;改变在唱腔与表演方面的京、庐混杂现象,注重发扬庐剧的传统风格。同时建立导演体制和训练制度,培育青年演员,加强练功。从而推动了庐剧的改革,扩大了它的流行区域。当时所排演的《梁山伯与祝英台》产生的影响很大,就是成功一例。

---

① 《六安地区文化志》编纂委员会编:《六安地区文化志》,黄山书社,1993年版,第52页。

## 二、皖西庐剧音乐唱腔与艺术特点

皖西庐剧音乐丰富多彩,拥有唱腔、曲牌约 100 余种。唱腔多为五声音阶(即由宫、商、角、徵、羽五音构成的庐剧唱腔),可分"主调"和"花调"(又称"花腔小调")两大类,一唱众和,真假声结合。主调长于叙事,亦可抒情,多为表现那些较为复杂的戏剧冲突和人物思想感情的曲调,如[三七][二凉][寒腔]等。花腔曲调大多是民歌小调,优美、简朴、活泼,曲式一般固定,多为四句头反复演唱。在伴奏上"三打七唱",另有锣鼓、笛子、唢呐等形式。锣鼓助节,不用管弦。

### (一)主调

皖西庐剧的主要唱腔是主调,在主调唱腔中,其旋律进行的主要特点在于三度进行与音程大跳(由于不断用假声演唱而出现的)。它用于连台本戏的演出,能表现较为复杂的戏剧情节,并有板腔体的雏形,发展较为完整。主调唱腔采用混合体制——以曲牌连缀为主、简单板式变化为辅。传统戏里的主调可用于本戏或折子戏的唱腔。主调声腔包括[三七][二凉][寒腔](西路称[东流])、[端公调][老生调][老旦调][小生调][衰调][丑调]等几种。其中[三七][二凉]和[寒腔]是其主体唱腔,其余六种曲牌则是由这三个主体唱腔的不同调式之曲牌变化派生而来,是它们的重要补充。

[三七]是小旦、小生行当常用于抒情性的唱腔,善于表现喜悦、欢快之情绪,亦能叙事。常用的是[平三七],也有[花三七](即带有花腔部分的,情绪热烈、欢快,常有"吆台"予以烘托)、[寒三七](即情绪忧伤、激愤的)、[小生三七](即适于小生行当的)等。

[二凉]是花旦、青衣及小生行当常用唱腔,用于叙事性与抒情性的表达,有[平二凉](即曲调平稳、较为简单)、[寒二凉](或称[慢二凉],即稍带忧伤情绪)、[快二凉](即情绪比较强

烈)、[花二凉](即抒情性较强)、[小生二凉](即适于小生行当唱)等。

[寒腔]即庐剧中的悲腔,是小旦、小生行当常用唱腔。曲调、节奏多有哀叹悲伤之感。有[快寒腔][慢寒腔][寒腔连词]等。慢时如泣如诉,快时激昂悲愤。凡唱腔名目中带有"寒""慢"字样的,均用于抒发忧愁和悲伤情绪,带有"花""快"字样的,则用于表现欢快或激愤情绪。皖西庐剧团吴正明创作的[寒尺腔],虽然其行腔、板式、句法均与传统曲牌[寒腔]相同,但是在色彩及情绪的表现上变化较大,称为庐剧主调中具有鲜明色彩并达到广泛应用的保留曲牌。①

这些主调不光能表现各种不同角色的不同性格和情感,还能对表演上的一些专用唱腔进行行当划分。如[老生调]曲调简单多变,快慢自如,长于叙事,只能用于老生的角色;[小生调]曲调活泼,富于朝气,适合表现欢快与喜悦之情,可叙事,也可抒情,就只用在小生的角色上。端公调是一种悲腔,比寒腔还要悲,其结构形态独特,旋律风格自成腔系。该曲调凄凉,低回曲折,是小旦的常用悲调,常在悲痛欲绝时,作为[寒腔]的补充使用。花旦、青衣、彩旦都用[三七][二凉][寒腔]或[端公]等调。各个行当的专用调要依照适应各行当之特点而发展形成。如花旦、青衣音域很宽,唱时花腔多,有时还用小嗓子(假声)演唱,常用的有[二凉][三七][寒腔]等;[老生调]音域较窄,[老旦调]则给人以苍老的感觉。

主调曲牌的基本结构是:起板段(起板句/上句→还板句/下句)→中间段(循环反复)(上句→下句)→结束句(小过台→大过台),又有吃台(又称"邀台")、小嗓子、寻板、伸腔、抹拐、小

---

① 《中国戏曲志·安徽卷》编辑委员会:《中国戏曲志·安徽卷》,中国ISBN中心,1993年版,第241页。

过台、大过台、连词等形式。①

"吆台"是一种后台帮腔的演唱形式,即当唱腔唱到一定之处,由场上的伴奏者和后台演员帮腔齐声伴唱。往往在大、小过台时进行,一般用于唱腔结束或声音极高处,这时又配有和行腔相应的锣鼓,增强舞台气氛。这种演唱形式老艺人称之为"满堂戏",称高音为"蜜蜂钻天"。

类似吆台的还有一种演唱形式——"帮腔"。"帮腔"一般出现在某些唱腔的下句,即当演唱某个唱腔时,台上演员独唱上句,下句唱腔的后半句则和场上的伴奏者及后台演员齐唱,而旋律和唱腔不变。

"小嗓子",即皖西庐剧生、旦行当演唱的三种主调,在下句落音或上句寻板、伸腔时,都用假声唱。它的作用在于:第一,区别角色年龄。如"小嗓子"的唱法,在青衣、花旦、小生等所唱的曲调中用得比较多,而老生调和老旦调则没有;第二,表现"哀""乐"之内在情绪。如在主调中"三七"和"寒腔"是使用小嗓子最多的,其次是"二凉"和"小生调"等。在主调中,"三七"和"二凉"调子比较欢快,寒腔则比较悲伤,这些欢快与悲伤的曲调,虽同样都用上了小嗓子的唱法,但它们所表达的情绪却差别很大。有小嗓子的唱腔音域很宽,音程(一般七度、九度,最大的有十五度)跳跃较大,这就使得这些唱腔有更好的表现力。

"寻板",即散板,和京剧导板接近,用于人物未出场或在角色开唱前,作为唱段的引子能表达多种感情。

"伸腔",常用于唱腔开始的起板处,通过延长唱腔,来抒发人物感情,强调某句词意,用一种扩大乐句长度的行腔方法使旋律达到舒展与美化。一般句前加腔,称为"帽子头"。

"抹拐",又称"找腔",即用以角色情绪需要急速收唱时,不

---

① 《中国戏曲志·安徽卷》编辑委员会:《中国戏曲志·安徽卷》,中国 ISBN 中心,1993 年版,第 231—235 页。

把全句唱完,或者说在散唱的大过台上结束的称为"抹拐"。下句不唱,就是"切板"。

"过台",又称"放板",即唱段的结束形式。可分为"大过台""小过台"两种。他们是由民歌衍变为庐剧唱腔后的遗痕,是主调与常用花调中的一种结束式。"小过台"是唱段中预示结束的上句,半终止式的;"大过台"是唱段的结束句,即完全终止。过去每唱到大、小过台,锣鼓敲起,台上各个角色,都一起扭动。这种形式有两个作用:一是利于演员歇歇嗓子;一是为后台演员上台作准备。小过台与大过台之间,用"放板锣"连接;大过台之后,常用"收板锣"及"吆台"形式收束。

"连词",是人物在某种较紧张或需要倾诉的情况下,加快速度,下句落音不再用拖腔而连续唱出。也即突破四个乐句一落板的唱腔组织形式,在唱过一个上句之后,不接唱下去,而用原曲中带有上下呼应的乐句连词,待唱到唱词内容告一段落时再落板。各个主调都可以转入连词。①

主调曲牌的应用,具有明显的表情倾向,并受行当专用曲牌的限制。如悲痛时,生、旦都唱[寒腔];欢乐时,旦唱[三七],小生唱[小生三七]。老生一般唱[老生调],悲时,可唱[老生衰调]。一般叙事,旦唱[二凉],小生唱[二凉]或[小生调]。老旦、丑只有一种本行当的曲牌[老旦调]和[丑调],需要表达不同情感时,只在本行当曲牌旋律上加以变化,并在节奏上做快或慢的不同处理。主调中以[二凉]为基础的曲牌多为五声徵、羽调式,如[二凉][寒腔][小生调]等。以[三七]为基础的曲牌,多为五声角、羽调式,如[三七][寒三七][小生三七][老生调]等。②

**(二)花腔**

花腔既是对主调的丰富与补充,又起着对比、衬托作用。

---

① 安徽省庐剧团编:《庐剧音乐》,安徽人民出版社,1959年版,第1—8页。
② 吴正明编:《庐剧声腔系统》,中西书局,2012年版。

是早期两小戏、三小戏所用唱腔曲牌的总称,在旋律上接近民歌小调,多为专戏专调(或称"大嗓子戏",即不用小嗓唱才"串戏""找戏")的曲牌体,并因戏得名。大部分是民歌小调,如[担水调][三赶调][采茶调][打桑调][拦马调][长工调][对药调]等。一戏一曲或一戏多曲。如"打长工"就称[长工调],"小艾铺床"称[铺床调],"打桑"称[打桑调]等。还有从其他剧种吸收过来的"端公戏"的[薛凤英调][放鹦哥调][丁香调][河神调]等;从黄梅戏中吸收过来的[黄梅戏板][赶路调][分别调]等;还有大量来自民歌、山歌、秧歌、小调以及说唱音乐(花鼓、曲艺)等,有的就是原始的传统民歌,如"大别山山歌""茉莉花调""挖菜调""反情调""采茶调""孟姜女调"及曲艺类"门歌""汴梁花鼓"等。

花腔是三小戏的固定曲调,多数花腔小戏的唱腔曲牌亦互不通用,每个小戏都有自己的一个或几个专用曲牌。总计约四五十支,这些曲调大多是四句反复演唱,结束时有些是用虚字衬入。或简朴优美,或活泼轻快,或粗犷辽阔,用于演唱生活小戏。唱腔特点为:不断用"小嗓子";演唱中帮腔吆台,就是演唱到一定时候由场上和场下演员齐声帮唱;声势高亢,借以烘托剧情,渲染气氛。其唱腔板式丰富,落板常有帮腔、吆台。

花腔的基本应用形式有三种:第一,各小戏的专用曲牌,曲牌名随戏而定。如《讨学钱》一剧的曲调叫[讨学钱调];《点大麦》一剧有三个旋律不同的曲牌,也统称[点大麦调]。此外如[担水调][扒沙调][打长工][打桑][采茶][看相]等,也都出于同名小戏。第二,某些折子戏或折子戏片断专用的曲牌,如《挑菜》一折有[挑菜调];本戏《白灯记》中有[铺床调],《戏牡丹》有[对药调]等。第三,只用于某折中的一段插曲,并不直接表现戏剧内容,如《卖花计》中的[剪花调]。①

---

① 《中国戏曲志·安徽卷》编辑委员会:《中国戏曲志·安徽卷》,中国 ISBN 中心,1993年版,第236—237页。

常用的花腔小调中,有这样几类:叙事性较强的[对药调];欢快情绪的[担水调][采茶调]及[铺床调];抒情性强的[放鹦哥调][剪刀调];诙谐风趣的[骂鸡调][打补丁调][扒沙调][长工调][看相调][打桑调][点大麦调];表现赶路出走的[三赶调][拦马调][赶路调];表现忧伤、哀怨情绪的[薛凤英调][丁香调][河神调]以及[讨学钱调]等。

(三)伴奏乐器

伴奏有锣鼓伴奏、丝弦伴奏,另有管弦伴奏。传统的庐剧唱腔无丝、管乐器伴奏,只有锣鼓敲打。有大锣、小锣、板鼓、堂鼓、小钹等,较大班社增有唢呐。唱腔的起板、收板、情绪转换、小过台、大过台、吆台和转换曲牌等,都由锣鼓起奏、间奏和伴奏。艺人常说:"满台锣鼓半台戏。"可见在庐剧伴奏中"锣鼓"的重要位置。司鼓者尤为重要,除负责带动场上人帮腔、吆台,有的还能说戏,很受尊敬。

(来源:皖西博物馆)

庐剧常用的打击乐器有堂鼓、大锣、小锣、铙钹及单皮鼓(即板鼓)、牙板。后来增加配置了大鼓、水钗、大钗、木鱼、碰铃、筛锣。早期打击乐部都有演员兼职,新中国成立后才配有专职人员四五人。司鼓是打击乐的指挥者,一人操作板鼓、大鼓、水钗、牙板、堂鼓,并通过数点和手势统一乐队的强弱、快慢、起落、转合。大锣、小锣、铙钹,各有一人操作,并分别兼带木鱼、碰铃、筛锣、大钗。

锣鼓点有：[大过台][小过台][大切][小切][抹拐][哭皮][阴司锣][老八字][新八字][马锣][道情锣][四锤锣][争八][水底鱼][三单][三双][浪淘沙][扑灯蛾][天下同][鹅颈子][甜皮][八哥洗澡]等。其中[浪淘沙][扑灯蛾][水底鱼]等是吸收徽剧的。

庐剧锣鼓经分唱腔锣鼓经、舞蹈身段及念、表锣鼓经。其中，唱腔锣鼓经占绝大部分，分主调使用部分和花腔使用部分，并以绞丝类锣鼓为主。计有[大绞丝][小绞丝][叹绞丝][其板锣][分家板][平三槌][焊锣][小切][大切][惯板][衰锣][叹锣][争八][两头忙]等。① 舞蹈类锣鼓经有[一条龙][双场锣][三不见面][苦皮][甜皮]等。

**（四）皖西庐剧的演唱特色**

庐剧老艺人在长期的艺术实践中形成了一整套带有规范性的演唱程式，产生了具有皖西地域特色的声腔基本特征。第一，真假声结合的演唱方法。庐剧唱腔基本上使用真声。但皖西庐剧则为了区别剧中人物的年龄及行当，增强其艺术表现力而在有些角色上使用了小嗓子（即假声）的唱法，如小旦、青衣、小生在演唱时，经常性地运用真声转入假声，形成老艺人所称之的"阴阳腔"，这是皖西庐剧唱腔风格上的最大特色。第二，吆台（即一唱众和）和帮腔的演唱形式。为了烘托气氛，推进剧情，张弛有序，常让台上伴奏者和后台演员在伸腔后或曲调高潮处齐声帮腔。第三，不用管弦，锣鼓托腔。不用管弦伴奏，只有锣鼓伴奏成了皖西庐剧传统的伴奏方式。演出中，除了表现剧中人物的复杂情绪外，起板、落板、间奏、身段、托腔统统使用锣鼓伴奏。此外，充分吸收端公戏的传统剧目和"端公神调"，

---

① 《中国戏曲志·安徽卷》编辑委员会：《中国戏曲志·安徽卷》，中国ISBN中心，1993年版，第239页。

形成[寒尺腔]这种悲怆的曲调,也是皖西庐剧的一大特色。①

### 三、舞台表演与角色行当

早期艺人没有多少文化,全凭老艺人"口传身授"的方式传承大小剧目,几乎没有文字剧本。早期"小戏"多从民间歌舞中演变而来,唱一段舞一段。唱故事阶段,剧情与舞蹈表演几乎没有多少联系。唱的是当地民间小调"茶歌""花鼓""山歌";舞的是当地民间舞蹈"花鼓灯""挑花篮""旱船"等。从"三小戏"到生、旦、净、丑等角色,从"唱"故事到"演"故事,从表现劳动、家庭生活小戏到表现悲欢离合的民间传奇故事、宫廷史剧等大型连台剧目;庐剧,经历了一个从小到大,从简到繁,从低级到高级的发展过程。

早期庐剧无女演员,旦角均为男性扮演。当年观众主要是听故事,所以要求演员演唱一定声音洪亮,吐字清楚。由于生、旦、末、丑都由男性扮演,为了在演唱声音上区别行当、性别、年龄等,旦角或年少男性扮演者,演唱时多用真假声结合。

旧时庐剧班社大多是半职业性的,即农忙时种田,农闲时唱戏,并且长期流动于乡村闹市,因此一般艺人功底缺乏,仅凭一副好嗓子,会些"辙口"就行了,长期下来便形成了重唱不重做的倾向。20世纪初,庐剧演出场地简单,摆地摊"两打三唱"即可,常以对子戏、三小戏为主,演员身兼数角,轮番替换,还要兼打锣鼓,后来发展到"三打七唱""七忙八不忙",还没有形成固定的角色行当体制。由于以前庐剧无女艺人,男性演员起初多以唱旦角开始(主要是凭其年轻稚嫩,嗓音甜脆之优势),稍长即改唱小生,有时还要兼演老生,所以小生行有"三架口面"之说。此外,庐剧男女角色行当还有其他称谓,如:称旦角为"里帘子",称生角、丑角为"外帘子"。

---

① 许正英主编:《安徽省六安市戏曲志》,六安市文化局编印,1999年版,第105页。

20世纪20年代后期,庐剧班社开始进入城市,演出剧目不断丰富,角色行当也相应固定,形成了"六根台柱子",即花旦、老生、青衣、老旦、小生、小丑六行,进而又细分为:青衣、花旦、老生、小生、小丑等行。青衣,多扮演已婚中年妇女,重唱工,讲究"翻词调韵",做到能唱能演。花旦,多扮演花俏、风流青年女子,唱做兼重。念白多用方言,口齿流利;表演脸要笑、步要俏、腰要扭,多用碎步快步走,似风摆柳;常用伸懒腰、媚眼、打嚏等身段,否则就会"花旦唱戏不打嚏,观众看戏不动心"。老生,胡须有黑、黪、白之分,表演亦有所不同。挂黑须者多为中年男子,唱腔要求高亢明亮,刚劲有力,重喷口,念白要求清晰,有力度,表演要求神态庄重;挂黪须、白须者多演悲苦老人,表演时步法凝重拖沉,身背微躬,念白滞缓,唱腔多用低音、颤音,以示苍老。小生,有"磨筋"(即石磨中轴)之称,在庐剧中位置较重要,按戏路又可细分为正生、苦生和风流生三小行。丑行,多扮演滑稽幽默人物,动作灵活利索,表演时常有耸肩、耍眼、扭屁股等怪动作,依据人物年龄不同,步法亦有所变化,青年人用拖步,活泼的孩童用跳步。①

### 四、剧目概况

#### (一)皖西庐剧传统剧目

皖西庐剧的传统剧目大约有200出,可分为花腔小戏、折子戏、本戏和连台本戏。

花腔小戏大多以反映劳动人民生活情趣和爱情生活为主要内容,多为"二小戏""三小戏",如:《点大麦》《打桑》《卖杂货》《借罗衣》《小辞店》《卖纱线》《打补丁》《送香茶》《打长工》《采茶》《蓝桥会》《捣松》《思春》《放风筝》《恨大脚》《恨小脚》《打窑》《小补缸》《王小过年》等。

---

① 《中国戏曲志·安徽卷》编辑委员会:《中国戏曲志·安徽卷》,中国ISBN中心,1993年版,第368页。

观众戏称"辞不尽的'店'(指《小辞店》),观不尽的'画'(指《观画》),劝不完的'嫁'(指《劝嫁》)"[①]。这些戏中,有不少具有较鲜明的思想内容,如《小辞店》,写的是湖北书生蔡鸣凤,因不满包办婚姻离家出走,借贩红花草籽至古时三河小镇,在小镇胡氏饭店一住三年,其间与店主胡翠莲暗结情缘。一日蔡奉父命返乡探亲,二人依依难舍。不料蔡返乡之夜便惨遭在家早有外遇的妻子朱氏与其奸夫的杀害。三河胡翠莲得知凶信后,赶至湖北蔡的家乡,在蔡的坟前撞碑殉情。庐剧《借罗衣》是一出讽刺喜剧,是写二嫂子要去走娘家,为了向娘家摆阔气,特地向人家借了罗衣和金花,并在她母亲和姐姐的面前夸耀这些东西都是她自己买的,但是结果却被同来的小叔子无意中揭穿了。《打桑》是庐剧的一个小型传统剧目,通过小毛母女采桑养蚕的故事,表现了劳动人民的生活情趣。这个剧目,保留着庐剧传统小戏载歌载舞的表现形式。

皖西庐剧偶有一些讽刺喜剧和闹剧,如:《讨学钱》《放鹦哥》《借鸡》《王婆骂鸡》等。皖西庐剧《讨学钱》是传统小戏,它通过一位老塾师在年三十去向学东讨学俸钱的故事,以生动的语言,揭露了东家娘子的刻薄、吝啬的嘴脸。此剧的语言富有民歌特色,并有其自己独特的曲调"讨学钱调"。此外,还有部分反映清末人民斗争生活的剧目,如揭露鸦片烟毒害人民的《打烟灯》等。

折子戏多为从本戏中抽出的"戏胆",具有独立性的精彩部分,如《秦雪梅》中的《观画》,《梁祝》中的《闯帘》,《张四姐闹东京》中的《捣松》,《三元记》中的《教子》等。还有其他折子戏,如《花园扎枪》《张太和休妻》《英台醉酒》《站花墙》《韩信算命》《打茶馆》《王兰英祭灵》《马蹄金》《三戏茅棚》等。庐剧《花园扎枪》写的是南宋皇帝赵匡胤将其妹赵美蓉许与一时落难的高怀德

---

① 中国大百科全书总编辑委员会《戏曲·曲艺》编辑委员会:《中国大百科全书·戏曲曲艺》,中国大百科全书出版社,1983年版,第230页。

为妻,赵美蓉仗着自己是皇姑御妹,心高气傲,在游花园时处处为难高怀德,高再三忍让,并借习枪比武之机教训之,赵认错,从此夫妻和睦、相敬如宾。

本戏和连台本戏以反映家庭悲欢离合、伦理、爱情为主要内容,往往从生离死别的悲剧情节展开,以大团圆结尾。如《安安送米》《白玉楼》《手巾记》《万花船》《花绒记》《茶碗计》《秦雪梅》《双丝带》《三隔帘》《二隔帘》《合同记》《红灯记》《彩楼记》《双合镜》《珍珠塔》等。本戏绝大部分无固定台词,不同艺人口述,情节大致相同,词句则不一样。连台本戏多根据鼓词列出提纲,艺人自己编词演唱。庐剧《秦雪梅》反映的金童玉女星违犯天规,贬下人间投胎,商林、秦雪梅,从小定亲,爱情受挫,使商林百日相思命终,秦雪梅忠贞不渝,吊孝公子不返。艾玉产一女,视如亲生,含辛茹苦,反不讨欢心。辛勤教子成才,自己守节终身。庐剧《合同记》,又名《王清明招亲》,主要写明嘉靖年间,御史王友玉与吏部尚书田某指腹婚姻。后田家生女名素贞,王家生男名清明。双方正式订婚,并立下合同为凭。十年后,王家衰落。王清明持合同投亲,途遭盗窃,丢失合同。为张春拾得,冒名前往田府认亲。适清明亦至,因无合同被逐。素贞私会清明,并赠银嘱其去寻崔氏乳娘作证,不料事泄,被关入死牢。素贞闻知,无可奈何,只得自己改扮男装偕仆女丹红出走,去寻崔氏乳娘。之后,王清明出狱改名考中状元。于返乡祭祖时,遇到了仆女丹红,找到了乳娘崔氏,携证面君,真相大白,夫妻团圆。另有一些公案戏,如《乌金记》《卖花记》《荷花记》等。其中《乌金记》系据桐城发生的一件冤案编写,鞭挞了封建统治者草菅人命的生活现实。①

(二)新中国成立后皖西庐剧团创作的剧目

新中国成立后,皖西庐剧团创作排练演出众多优秀的剧

---

① 方敦寿编著:《民俗风情》,安徽人民出版社,2009年版,第576—577页。

目,如《程红梅》《姊妹冢》《妈妈》《点状元》《霜天红叶》《山乡恋》《杜鹃啼血》《刘邓在皖西》等。新编古装戏《点状元》写的是古代举子徐建业为人廉洁、耿直,立志终身报国,然而却遭到了命运的一再嘲弄。他虽然满腹经纶,才华横溢,赴试却名落孙山。一个偶然的机遇才使他踏入仕途。十五年后,这个曾经落第的举子偏偏当上了主考官。他决意匡正朝风,为社稷选拔真正的贤才。可是那些皇亲、国戚、同僚、亲友却让他把状元点给自己的子弟。徐建业不肯就范,他们就或明或暗地威逼他、打击他,终使他在悲愤中倒下。

大型革命现代戏《程红梅》是一个在真实故事的基础上编创的反映大别山革命斗争的大型庐剧新戏,也是皖西庐剧人创作的第一部反映革命题材的剧目。1929年,大别山在秋收起义的影响下,爆发了一声撼天惊雷——立夏节起义。一时间火光冲天,万山红遍。程红梅,一个普通的山村热血妇女,为了追随革命,保护革命成果,在革命处于低潮,星星之火刚刚燃起而又可能被扑灭的危急关头,断然作出了大义灭亲、除死叛徒丈夫的英雄行动。该剧1958年参加安徽省第二届戏曲观摩演出大会,1960年赴京参加全国现代戏观摩演出,并以"安徽省演出团"名义赴福建前线和新疆慰问边陲军民。

大型现代戏《妈妈》反映的是大别山革命斗争的故事,由皖西庐剧团演出。剧情写1934年,红军离开了大别山。此时,敌人乘机反扑,对老区人民进行了疯狂屠杀。为了救护一革命烈士遗孤,年青山姑贺冬兰毅然把他认作自己的私生娃,未婚夫背离她,敌人审问她、迫害她,重重打击一齐袭来。然而,她没有动摇,为了保护这一革命后代,她逃出了家乡,四方流浪。她栉风沐雨,耗尽了青春年华。13年后刘邓大军南下,贺冬兰才见到了希望。她为了送还手中的娃娃,不料路遭敌手,危急关头,她用生命保护了这革命的后代。妈妈是老区人民的代表,是大别山的象征。1981年调省参加辛亥革命70周年纪念演出,翌年9月赴京为中国共产党第十二次全国代表大会演出,中央和省电视台录像播映。

(来源:皖西博物馆)

《杜鹃啼血》是大型庐剧现代戏。剧本通过革命老区一个普通家庭的遭遇,反映了皖西革命老区人民为革命做出的巨大牺牲和无私奉献。从女主人公娟子的身上体现了老区人民不屈不挠的革命精神,颂扬了大别山的英雄儿女。该剧于1984年霍山县庐剧团首演。2010年6月,经皖西庐剧团重新改编,并演出。同年11月,由剧团改制后成立的皖西演艺传媒有限公司再次打造,并参加安徽省第九届艺术节比赛,荣获优秀编剧奖、优秀导演奖、作曲一等奖、舞美设计奖、表演一个一等奖一个二等奖,是安徽省第九届艺术节上参演剧目获奖最多的剧目。[1]

## 五、皖西庐剧的主要价值

作为国家级非物质文化遗产项目,皖西庐剧深深地扎根于人民群众之中。那些来自广大农村的观众,在民间戏曲逐渐衰落的状况下,对庐剧的喜爱始终未变。这与他们的生存状况和

---

[1] 王德兵:《安徽庐剧的传承与发展研究综论》,《文教资料》,2014年第16期。

文化背景有关。江淮地区,特别是大别山地区,是江淮分水岭,历史上频遭天灾人祸,生存条件十分恶劣,农民文盲、半文盲的比例较大,对民间文化的选择和接受使他们总是割舍不开庐剧这一土生土长的文化形式。群众是戏曲繁荣的基础,庐剧的发展离不开人民群众的生活土壤。

皖西庐剧作为国家级的非物质文化遗产,它的崇高价值主要体现在文化价值、历史价值和艺术价值三个方面。

(一)文化价值

庐剧虽只有数百年历史,但它内在的人文精神、生活习惯、行为范式、言语传承、心灵契合却是多种因素的历史积淀、交汇融合而成。皖西庐剧来自民间,具有浓郁的地方特色。其表演形式和内容充分反映当地的民风民俗。在唱腔方面,皖西庐剧诸多的花腔小调融入并保留了大量的大别山山歌、茶歌、情歌、江淮民歌小调等。尤其是一些已消亡多年的古老剧种,在皖西庐剧里都有传承,如新中国成立之初消亡的端公戏唱腔"端公调""神调"。还有高腔的演唱,徒歌、帮腔、真假声结合,一唱众和及滚唱等伴奏形式,以及形式和内容上原生态的东西。可见,皖西庐剧传统剧目及声腔、曲牌中,储藏了诸多有价值的原生态文化遗产。从庐剧的产生来看,它是在大别山一带的山歌、淮河一带的花鼓灯歌舞基础上,吸收了锣鼓书(门歌)、端公戏、嗨子戏的唱腔发展而成。其剧目充分反映了江淮地域戏曲文化的特点。

(二)历史价值

庐剧的剧目更多表现的是我国历史上反侵略战争、反压迫斗争或富有生活情趣的题材。丹纳曾说,艺术的起源和发展,与地域密切相关。一定的地理环境、自然环境、气候条件制约着当地人们的生产生活方式,同时也会形成相应的文化形态,当这种文化形态渗透入该地区民众的精神层面时,便形成有独特区域色彩的人文风貌。

皖西庐剧从它的起源、发生到发展，至今已有200多年的历史，由于早期是普通百姓自娱自乐的手段，在表演形式和内容中很自然地记载了百姓所经、所知的历史文化。许多优秀的传统剧目，都是当地劳动人民在长期生活实践中创造的文明成果和智慧结晶。弘扬真善美，鞭挞假丑恶，利用身边发生的故事，在给民众带来欢悦的同时，潜移默化地宣扬中华民族的传统道德准则。如小戏《姑嫂采茶》《借罗衣》《劝小姑》《劝赌》《打烟灯》，大戏《合同记》《休丁香》等。这些，都从不同角度反映了历史的变化。

皖西庐剧有幸生长在中国革命的摇篮之———大别山革命老根据地，根据地军民为革命事业的胜利付出了巨大的牺牲，也产生出许多可歌可泣的故事，涌现出无数革命英烈。这些就成为刚刚迈入新社会的戏剧工作者最好的创作素材。几十年来产生了直接讴歌革命战争的《程红梅》《妈妈》《尼姑投军》《霜天红叶》《鸳鸯鞋》《刘邓在皖西》，以及间接表现革命战争的《野菊花》等新编剧目。

（三）艺术价值

一是通过皖西庐剧可以看出许多姊妹艺术、相关艺术的艺术特色。二是经过创新，皖西庐剧既继承了传统庐剧的精华，又融合了其他剧种的优点，形成了自己独特的艺术风格。长期以来，外地的和当地的一些民间表演艺术互相影响、借用，从而产生了庐剧的雏形，又推动了庐剧的发展。安徽庐剧向北与"花鼓灯"艺术形式互为影响，在安徽西部与楚文化艺术形式接触，在安徽南部又与徽文化艺术形式相通。安徽境内庐剧的四路流派中，西路是其主要发源地，中路则是其流行的核心地带，东路和北路是其流行范围的扩张和延伸。作为主要发源地的皖西庐剧，就是多种文化艺术的融合和创新，具有综合的艺术价值。

### 五、皖西各地庐剧团

新中国成立后,党和人民政府高度重视庐剧艺术的发展。1951年夏季,六安县组建"德庆剧团"。1952年,霍山县文教科将倒七戏"新民剧社"改组成"霍山县倒七戏剧团",后改为霍山县庐剧团。1953年,六安专区在城关建立了场团一体的"六安地方戏实验剧场",后分别改为皖西倒七戏剧团,1955年易名皖西庐剧团。不久,寿县、舒城、霍邱相继建立了庐剧团。从此,庐剧从乡村进入都市,由地摊搬上了舞台。在剧本、音乐、舞美、灯光、服装、道具、排演诸方面做了创新、改革的尝试。艺术质量显著提高,流行区域更为广泛,影响日益深远。

皖西庐剧团已成为皖西庐剧流派表演的代表。该团自建立以来,致力于庐剧艺术的继承和发展,对庐剧的音乐、唱腔和表演艺术进行改革和创新,形成鲜明的特点和风格,成为庐剧艺术西路派的代表,曾演出剧目390多个。1954年10月,庐剧参加了华东地区戏曲观摩演出大会,演出了《讨学钱》《打桑》《打面缸》等剧目。1956年9月,皖西庐剧参加了安徽省第一届戏曲观摩演出大会,演出了《双丝带》《李华英》《休丁香》《杨金花夺印》等。

1957年4月,由安徽省庐剧团与蚌埠市泗州戏剧团组成赴京汇报演出团,庐剧演出了《休丁香》《借罗衣》《讨学钱》等。艾芜、戴不凡等分别在《人民日报》《光明日报》《北京晚报》上发表文章,给予很高的评价。在怀仁堂演出时,剧团全体演职员工受到了毛泽东、刘少奇、周恩来等中央领导人的接见,庐剧演员丁玉兰,应国务院邀请,参加"五一"国宴,并登上天安门观礼台。

1958年12月,皖西庐剧参加安徽省第二届戏曲观摩演出大会,演出了《牛郎织女笑开颜》。1959年10月,皖西庐剧参加安徽省举办的新中国成立十周年献礼演出。1960年编演的大型现代戏《程红梅》赴北京参加全国现代戏会演,还曾先后到福建前线和新疆慰问演出,并被拍摄成纪录片选段,收入"戏剧集锦"。1982年编演的大型现代戏《妈妈》,再度赴北京,向中国共产党第十二次全国代表大会汇报演出。1984年排演的大型古装剧《点状元》,参加安徽省首届戏剧节演出,获创作、演出一等奖,被摄制成电视节目播放。皖西庐剧一些剧目的唱段还被中央人民广播电台、安徽省人民广播电台录音插放。皖西庐剧团涌现出一大批拔尖的艺术人才,如武克英、汪宏云等。

2010年8月,皖西庐剧团与皖西大戏院整合,组建成立皖西演艺传媒有限公司,该公司在传承和创新皖西庐剧方面,做出了新的贡献,改编和新编了一批剧目,涌现了白树龙、宋琼、冯晓薇、张娟、孟宪琼、郑媛媛、赵明亮等一批优秀的中青年皖西庐剧传承人,使皖西庐剧又充满了生机与活力。

走过这些辉煌,皖西庐剧仍在不断地通过改革促发展,但传承和保护这一非物质文化遗产的任务还很艰巨。总而言之,在庐剧传承与发展的对策和措施方面,诸如对庐剧艺术资源的全面调查、对庐剧传统剧目与创作剧目的整理编制、对庐剧唱腔和表演的地方特色与美学特征的保护与创新、对庐剧文化的综合价值与发展前景的正确认识、对庐剧文化的生态保护与艺术传承的多方重视等,问题的研究与措施的实施等都亟待加强。①

**思考与练习**

1. 说说锣鼓书的来历。
2. 锣鼓书书目结构是怎样的?有哪些艺术表现特点?
3. 寿州锣鼓有哪些艺术特色?
4. 说说小调胡琴书的形成及其艺术特色。
5. 简述淮词的演唱形式及其词本结构。
6. 说说老婆歌的形成及其表演特点。

---

① 王德兵:《安徽庐剧的传承与发展研究综论》,《文教资料》,2014年第16期。

7. 四弦书是怎样形成的？

8. 说说四弦书与小调胡琴书的关系。

9. 四弦书的舞台表演是怎样的？它在艺术表现上有哪些特色？

10. 举例说明四弦书的剧目内容主要表现在哪些方面？

11. 说说推剧的来源及其与花鼓灯的关系。

12. 简述推剧音乐的形成及其唱腔特点。

13. 端公戏是如何形成的，端公调对皖西民间戏曲有何影响？

14. 说说黄梅戏是如何流入六安境内的？它在六安的流传情况如何？

15. 简述京剧与安徽地方戏的关系及其在六安的流传情况。

16. 简述庐剧四大流派的形成情况及其唱腔特点。

17. 皖西庐剧有何艺术特色？

18. 庐剧主调唱腔主要有哪些曲调？各有什么功能表现？

19. 说说庐剧花腔小调的形成特点及其主要功能。

20. 列举皖西庐剧演出剧目中的主要代表作品及其影响。

# 主要参考文献

[1] 中共中央宣传部.习近平总书记在文艺工作座谈会上的重要讲话学习读本[M].北京:学习出版社,2015.

[2] 钟敬文.民间文学概论[M].上海:上海文艺出版社,1980.

[3] 钟敬文.民俗学概论[M].上海:上海文艺出版社,1998.

[4] 段宝林.立体文学论——民间文学新论[M].北京:高等教育出版社,2007.

[5] 段宝林.非物质文化遗产精要[M].北京:中国社会出版社,2008.

[6] 段宝林.中国民间文学概要(第四版)[M].北京:北京大学出版社,2009.

[7] 乌丙安.中国民俗学[M].沈阳:辽宁大学出版社,1985.

[8] 张紫晨.中国民俗与民俗学[M].杭州:浙江人民出版社,1985.

[9] 张余.民间文学与民俗学基础[M].太原:山西高校联合出版社,1994.

[10] 王娟. 民俗学概论[M]. 北京:北京大学出版社,2002.

[11] 黄涛. 中国民间文学概论[M]. 北京:中国人民大学出版社,2010.

[12] 张亮采. 中国风俗史[M]. 北京:东方出版社,1996.

[13] 胡适. 白话文学史[M]. 北京:东方出版社,1996.

[14] 郑振铎. 中国俗文学史[M]. 上海:上海书店,1984.

[15] 张正明. 楚文化史[M]. 上海:上海人民出版社,1987.

[16] 黄永林. 民间文化与荆楚民间文学[M]. 武汉:华中师范大学出版社,2005.

[17] 许响洪. 中国非物质文化的非常态研究[M]. 上海:百家出版社,2008.

[18] 袁珂. 中国神话传说(上下)[M]. 人民文学出版社,1998.

[19] [美]丁乃通. 中国民间故事类型索引[M]. 武汉:华中师范大学出版社,2008.

[20] 刘守华. 中国民间故事史. 武汉:湖北教育出版社,1999.

[21] 陈克. 中国语言民俗[M]. 天津:天津人民出版社,1993.

[22] 曲彦斌. 中国民俗语言学[M]. 上海:上海文艺出版社,1996.

[23] 丁军杰. 中国对联·谜语故事全书[M]. 西安:三秦出版社,2007.

[24] 商礼群. 古代民歌一百首[M]. 上海:上海古籍出版社,1979.

[25] 陈鼎如、赖征海编. 古代民谣注析[M]. 南昌:江西人民出版社,1985.

[26] 吴钊,刘乐升. 中国音乐史略[M]. 北京:人民音乐出版社,1993.

[27] 胡朴安等. 俗语典[M]. 上海：上海书店印行，1983.

[28] 叶大兵，乌丙安. 中国风俗辞典[M]. 上海：上海辞书出版社，1990.

[29]《中国戏曲剧种大辞典》编辑委员会. 中国戏曲剧种大辞典. 上海：上海辞书出版社，1995.

[30] 杨敬东. 六安旅游大辞典[M]. 合肥：黄山书社，2007.

[31] 中国人民政治协商会议霍山县委员会. 霍山大辞典[M]. 合肥：安徽教育出版社，2010.

[32] 清同治十一年版六安州志[M]. 合肥：黄山书社，2008.

[33] 清嘉庆二十一年版霍山县志[M]. 合肥：黄山书社，2011.

[34] 六安县地方志编纂委员会编. 六安县志[M]. 合肥：黄山书社，1993.

[35] 安徽省金寨地方志编纂委员会. 金寨县志[M]. 上海：上海人民出版社，1992.

[36] 安徽省六安县文化局. 六安县文化志[M]. 合肥：安徽省出版总社，1988.

[37]《六安地区文化志》编纂委员会编. 六安地区文化志[M]. 合肥：黄山书社，1993.

[38] 安徽省文化局编辑. 中国地方戏曲集成·安徽省卷（上下）[M]. 北京：中国戏剧出版社，1959.

[39] 沈晓富主编. 安徽省六安地区曲艺志[M]. 合肥：黄山书社，1999.

[40] 许正英主编. 安徽省六安市戏曲志[M]. 六安市文化局编印，1999.

[41] 姚治中. 皖西古代史探索[M]. 合肥：安徽人民出版社，2003.

[42] 姚治中. 走进古代皖西[M]. 合肥：黄山书社，2009.

[43] 姚治中.从皋陶到刘安——汉文化成型期的皖西[M].合肥:黄山书社,2013.

[44] 姚治中.重评"淮南狱"[M].合肥:黄山书社,2014.

[45] 许正英.皖西民俗[M].合肥:黄山书社,2012.

[46] 史红雨.皖西概览[M].合肥:安徽人民出版社,1993.

[47] 史红雨,徐航.皖西漫步[M].北京:解放军出版社,2003.

[48] 史红雨.六安民间故事全书[M].合肥:黄山书社,2011.

[49] 徐元华,徐航.六安歌谣集成[M].北京:中国文联出版社,2011.

[50] 徐元华,徐航.六安谚语集成[M].北京:中国戏剧出版社,2014.

[51] 《大别山民歌精选》编辑委员会.大别山民歌精选[M].北京:中国文联出版社,2012.

[52] 刘家松.人杰地灵话皖西[M].合肥:黄山书社,1989.

[53] 田耀农.皖西锣鼓研究[M].合肥:安徽文艺出版社,2002.

[54] 孟埊.古寿春漫话[M].合肥:黄山书社,1989.

[55] 孟埊.寿州故事传说[M].合肥:黄山书社,1991.

[56] 寿县文化广电新闻出版局编.璀璨寿春·寿县文化遗产精粹(上下)[M].合肥:安徽美术出版社,2012.

[57] 杜继坤.皋陶故里搜奇[M].北京:大众文艺出版社,2009.

[58] 伍篪胜.皖西风物志[M].六安地区行署文化局编印,1988.

[59] 安徽省庐剧团编.庐剧音乐[M].合肥:安徽人民出版社,1959.

[60] 吴正明编.庐剧声腔系统[M].上海:中西书局,2012.

[61] 管亚伟.六安大别山民歌精选与赏析[M].香港:中国文化出版社,2010.

[62] 管亚伟.根在大别山——庐剧[M].香港:中国文化出版社,2011.

[63] 管亚伟.大别山的话[M].西安:三秦出版社,2013.

[64] 管亚伟.大别山俗礼[M].西安:三秦出版社,2013.

[65] 马启俊.民间文化述论[M].合肥:安徽人民出版社,2009.

[66] 马启俊,马宗祥.金寨县莲花山民俗文化述要[M].合肥:安徽教育出版社,2012.

[67] 马启俊.语言与文史散论[M].合肥:安徽人民出版社,2015.

[68] 马启俊主编.名人与寿县文化[M].合肥:安徽大学出版社,2016.

[69] 赵鸿斌.诗联集锦[M].合肥:安徽人民出版社,2009.

[70] 淮南市地方志办公室编著.长淮古韵[M].合肥:黄山书社,2010.

[71] 方敦寿.锦绣安徽·八公山下[M].合肥:安徽教育出版社,1999.

[72] 顾笃璜.昆剧史补论[M].南京:江苏古籍出版社,1987.

[73] 吴寿祺.安徽历史人物[M].合肥:黄山书社,1990.

[74] 马德俊.六安精神读本[M].合肥:安徽人民出版社,2011.

[75] 安徽省民政厅主编.江淮英烈传[M].合肥:安徽人民出版社,1982.

[76] 时洪平.人物英华[M].合肥:安徽人民出版社,2009.

[77] 时洪平.寿县历史名人[M].合肥:安徽美术出版社,2012.

[78] 寿县住房和城乡建设局编.中国历史文化名城·寿县[M].北京:中国铁道出版社,2011.

[79] 中共寿县县委党史办公室编.寿县革命史[M].合肥:安徽人民出版社,1992.

[80] 中共寿县县委党史办公室编.寿县革命史话[M].合肥:黄山书社,1995.

[81] 叶春生.活化民俗遗产,使其永保于民间[J].民间文化论坛,2004,5.

[82] 胡传永.大别山的歌唱[J].皖西乡音,2012春.

[83] 王德兵.安徽庐剧的传承与发展研究综论[J].文教资料,2014,16.

[84] 黄克顺.皖西民间朱元璋传说探析[J].皖西学院学报,2010,4.

[85] 黄克顺.民间传说:百姓记忆、地方解释和民间教化[J].天中学刊,2011,4.

[86] 黄克顺.朱元璋"夜陷麻湖"考[J].皖西学院学报,2012,4.

[87] 马启俊.金寨县莲花山民间歌谣调查与研究[J].皖西学院学报,2011,4.

[88] 马启俊.金寨县莲花山民间故事调查与研究[J].皖西学院学报,2012,4.

[89] 马启俊.皖西民间文学遗产保护与传承研究[J].皖西学院学报,2012,6.

[90] 马启俊.金寨县莲花山民间谚语调查与研究[J].皖西学院学报,2014,4.

[91] 程东霞.金寨县春节期间祭祀民俗初步研究[J].皖西学院学报,2015,3.

[92] 陈良亭.皖西农歌艺术成就初探(上)[J].皋陶文化,2012,2.

[93]刘继平.皖西大别山民歌——霍山原生态歌曲概况[J].科技信息,2011,16.

[94]王韵.安徽山歌"慢赶牛"的音乐分析[J].天津市经理学院学报,2008,5.

[95]段友芳.论大别山风情民歌的特点及风格[J].理论月刊,2007,4.

[96]孙四化、陆伟.皖西地区革命歌曲的发展研究[J].皖西学院学报,2012,4.

[97]鲍传龙.神味别具的皖西童谣[N].皖西日报,2011-2-18.

[98]陈良亭.蕴流民间的古老明珠[N].大别山晨刊,2008-1-24.

[99]马启俊.发挥高校职能 推进文化强国[N].皖西日报,2012-11-23.

[100]马启俊.永远的传承与创新[N].皖西日报,2012-10-26.

# 后　记

皖西自然环境优美,自然资源丰富,历史发展漫长,文化积淀深厚,可谓物华天宝、人杰地灵。皖西的文学艺术就是在这样的环境和氛围中孕育、产生、成长的,并且不断地积累和丰富,成为中外文学史上颇具地域特色的组成部分。

皖西文坛,名家众多;皖西文苑,星光灿烂。皖西民间文学同样精彩纷呈,动人心魄。近年来皖西地方政府文化宣传部门和本地专家学者重视对皖西民间文学的调查搜集、整理研究、宣传介绍、教育教学,开展了大量卓有成效的工作,取得了丰硕的成果。

皖西学院作为坐落于大别山北麓、淠河水之滨的皖西唯一的省属本科院校,是知识分子密集的文化阵地和学术高地,历来重视发挥人才培养、科学研究、社会服务、文化传承与创新的四大职能,在推动本地文化建设和社会经济发展方面做出了应有的贡献。

《皖西民间文学概要》一书就是皖西学院 2013 年度立项的校级质量工程优秀(特色)教材项目的建设成果,同时又作为皖西学院 2013 年度立项的校级质量工程特色课程培育计划项目《皖西民间文学研究》的配套教材。本书得到了这两个项目的经费资助,还得到了皖西学院教务处、文化与传媒学院领导和教师们的鼓励和支持。皖西学院文化与传媒学院院长马启俊教授担任本书主编,该院马启俊、王德兵、黄克顺、李莉、张虹 5 位教师承担了全书的编写任务。本书编写具体分工情况如下:

马启俊:序言,第一章《皖西民间文学概述》、第四章第四节《皖西民间对联》、主要参考文献、后记。

黄克顺:第二章《皖西民间故事》。

李　莉:第三章《皖西民间歌谣》。

张　虹:第四章《皖西民间谚语、歇后语、谜语、对联》的前三节《皖西民间谚语》《皖西民间歇后语》《皖西民间谜语》。

王德兵:第五章《皖西民间曲艺和戏剧》。

本书编写组成员通过实地调查采访、文献搜集研究、网络搜索研判、专家走访面谈、会议座谈交流、通讯咨询补正等方式,尽可能详尽地搜集、记录与皖西民间文学相关的材料。获取的资料主要是六安市本地各种相关方志年鉴、资料汇编,六安市各级政府网站,六安市本地各种媒体所登载和播发的资料,还有实地调查获得的第一手资料。编写人员对这些资料进行了系统梳理、归纳、分析和研究,在此基础上做出详细的书面文字介绍、论述和图片穿插、展示。编写人员分工合作,认真撰写修改书稿,先后四易其稿,最终完成了书稿的撰写、修改、统稿、定稿等项工作。

本书理论探讨与举例分析并重,内容深入浅出,浅显可读,既可以作为皖西高校和中小学校的校本教材和乡土教材,把皖西民间文学资源和相关研究成果引入课堂,丰富教育教学资源,强化乡土教学和民族文化教育;又可以为六安市各级政府相关部门的文化宣传工作提供成果支持,促进地方文化建设和文化产业开发,推动皖西地方社会经济发展;还可以为六安市本地和外地从事皖西历史文化、民间文学研究的工作者和爱好者提供资料帮助和成果借鉴。

本书具有一定的理论意义和应用价值,符合当前讲好中国故事,弘扬中国精神;保护非物质文化遗产,传承中华民族优秀文化;繁荣发展社会主义文艺,建设社会主义文化强国,实现中华民族伟大复兴的中国梦的时代主题。

本书作为皖西学院校级质量工程项目的研究成果,可以很好地推动相关课程建设和教材建设,同时还可以很好地推动皖西学院中国语言文学重点建设学科的教学科研和人才培养,皖西学院第二批科技创新平台寿县楚文化研究中心的社会服务和文化扶贫,为校地政产学研用合作提供支持,为皖西历史文化传承与创新做出新的贡献。因此,本书的出版,对皖西学院发挥高等教育四大职能起到了积极的推动作用。

本书的编写出版工作前后历时两年半,其间得到了从事皖西民间文学调查研究的众多专家学者的大力支持,借鉴和运用了他们的调查研究成果。我们还得到了六安市各级政府宣传文化部门领导、社会各界人士和广大基层群众的热心帮助,他们关心支持本书的编写工作,多次邀请我们参加有关研讨交流会和民间文艺演出活动,积极提供皖西民间文学作品材料和研究成果资料,协助我们联系调查地点和人员,宣传介绍和推荐发表本书的部分研究成果,为本书的编写提供了多种便利。安徽大学出版社为本书的出版提供了大力支持和多种帮助。在此,我们要向在本书编写出版过程中给予大力支持和热情帮助的各位领导、专家、同仁、朋友一并表示衷心的感谢。

本书参考和引用了相关党政部门工作人员、专家学者和民间文学爱好者搜集汇编的资料和整理研究的成果,还使用了部分从网络、书籍、报刊、博物馆等渠道获得的图片资料,因为体例和篇幅限制,未能一一注明,在此向有关人员表示真诚的谢意和歉意。请相关人员与出版社联系,我们赠送样书两本以表谢意。

因为受制于调查范围不广、研究资料不足、编写时间仓促、编者水平有限等不利因素,本书肯定还存在诸多疏漏错讹之处,敬请广大读者朋友批评指正。

马启俊
**2016 年 5 月 21 日**

## 补充说明

就在本书编写完毕,进入后期统稿定稿时,经国务院批准,六安市的行政区划进行了调整。2016 年 1 月,寿县正式从六安市分离,划归淮南市管辖。2016 年 2 月,六安市叶集区正式揭牌成立,8 月初叶集区又新增加了管辖对象,即原霍邱县的姚李镇、洪集镇。我们每一次都及时对教材中的相关内容做了相应的调整,以符合六安市行政区划连续三次的变化情况。

叶集区和霍邱县的行政区划和管辖范围虽然有了变化,但是仍然都还属于六安市和皖西地区,对研究其民间文学影响甚微。寿县的行政归属变了,政区已不属于六安市管辖范围了,但是其地理位置和地域概念是无法改变的,仍然与六安的土地接壤、河流接界,因此仍然属于皖西地区。其地域文化与皖西的历史文化血肉相连、方言习俗骨肉相亲,因此也仍然属于皖西文化范畴。这也符合目前国际学术界关于文化区域的定位,即比较重视流动的河流与相对静止的聚邑。因此,我们保留了本书中已写好的有关寿县民间文学的内容,仍然将其作为皖西民间文学的关照和研究对象,未作删减。

不仅如此,本书出版以后,我们对寿县历史文化,特别是寿县楚文化和民间文化的研究热情不会因为寿县的行政归属不同而改变,皖西学院第二批科技创新平台寿县楚文化研究中心的相关调查研究和社会服务工作依然会坚持做下去,并争取做出更大的贡献。

马启俊

2016年8月28日